初中化学教学中融合生命教育的探索与实践研究

臧奕 / 著

东北师范大学出版社

长 春

图书在版编目（CIP）数据

初中化学教学中融合生命教育的探索与实践研究 /
臧奕著. — 长春：东北师范大学出版社，2021.11
ISBN 978-7-5681-8541-7

Ⅰ.①初… Ⅱ.①臧… Ⅲ.①中学化学课—教学研究
—初中 Ⅳ.①G633.82

中国版本图书馆CIP数据核字（2021）第227132号

□责任编辑：石　斌　　　　　□封面设计：言之凿
□责任校对：刘彦妮　张小娅　□责任印制：许　冰

东北师范大学出版社出版发行
长春净月经济开发区金宝街 118 号（邮政编码：130117）
电话：0431-84568023
网址：http：// www.nenup.com
北京言之凿文化发展有限公司设计部制版
北京政采印刷服务有限公司印装
北京市中关村科技园区通州园金桥科技产业基地环科中路 17 号（邮编：101102）
2021年11月第1版　2022年1月第1次印刷
幅面尺寸：170mm×240mm　印张：15.75　字数：236千

定价：45.00元

序 言

教育的本质是生命教育。生命教育是一种全人教育，核心目标是通过生命管理，把生命中的闪光点逐步挖掘出来，最终实现自我的生命价值提升，为社会、为人类增添独特的光芒。

"以生命唤醒生命，以生命塑造生命"是教育工作者的天然使命。学校教育是生命教育的舞台，关注生命，培养生命意识，是学生丰盈核心素养的"必需元素"。化学是一门以生产实践和科学实验为基础的自然学科，蕴含大量生命教育资源。随着现代科学技术的迅猛发展，化学的作用与地位日益显著，它与材料、能源、环境、生命等科学相互渗透。科学安全地使用化学物质，既能改善我们的生活质量，又能提高我们的生活水平，更能提升生命的品质。但在现实生活中，煤矿安全、食品安全、消防安全、人居环境安全等问题日益突出，如在最近抗击新冠肺炎战役中，由于人们不当使用酒精和消毒水，导致火灾或中毒事件时有发生，这些事故的发生是由于人们了解和掌握的化学知识较少，安全防护能力较差。因此，在初中化学教学中依照化学学科的特点，融合生命教育元素，具有十分重要的现实意义。

化学课程标准明确指出，化学不仅与公民的日常生活密切相关，也是材料科学、生命科学、信息科学、环境科学和能源科学等现代科学技术的重要基础，是推进现代社会文明和科学技术进步的重要力量。化学在缓解人类面临的一系列问题，如能源危机、环境污染、资源匮乏和粮食供应不足等方面，做出了积极的贡献。

化学教学应结合学生的生活实际，将有关生命安全事例与化学教学内容有机融合，借助化学发展史、社会重大事件、热点问题、化学实验等将生命教育知识融入化学教学之中，让学生自发运用所学化学知识从化学视角关注社会重大事件，对与化学知识有关案例进行分析，强化学生的生命意识，引导学生感受生命、认识生命、尊重生命、珍惜生命、关爱生命和提升生命质量。因此,从现实社会发生的安全问题层面上看,在化学教学中融合生命教育,势在必行,刻不容缓。

本书共分四章。第一章论述了化学教学中融合生命教育的研究意义、研究现状、研究目标及研究方法。第二章阐述了化学史、化学与生活、化学与健康、化学教学与生命教育的关系。第三章展示了部分学生实践活动和化学教学中融合生命教育的教学设计方案及生命教育视野下的初中化学教学。第四章收录了作者部分已发表的教育教学文章。本书可以作为中学化学教师教学参考用书,也可以作为中学生或大学生的课外读物。

本书在编写和出版过程中,得到深圳市福田区红岭中学领导的大力支持与帮助,在此表示感谢。由于编者水平有限,书中缺点和错误在所难免,恳请各位读者批评指正。

编 者

2021年3月31日

目 录
CONTENTS

第一章

概　述

第一节　研究意义

一、研究背景

1. 依据《义务教育化学课程标准（2011年版）》，研究具有现实意义

《义务教育化学课程标准（2011年版）》指出：在化学教学中教师要引导学生观察和探究一些身边常见的物质，帮助学生了解它们对人类生活的影响，体会科学进步对提高人类生活质量所做出的巨大贡献；增强学生对化学的好奇心和探究欲望，使学生初步认识物质的用途与性质之间的关系，帮助学生从化学的角度认识和理解人与自然的关系，初步形成科学的物质观和合理利用物质的意识；教学中要注重从日常生活和生产中选取学生熟悉的素材，注重引导学生通过观察和实验探究活动认识物质及其变化；用丰富多彩的化学物质和化学变化，让学生体验化学美，通过化学教学，使学生认识学习化学的重要意义。

化学科学的发展增进了人类对自然的认识，促进了社会的发展。但有的物质或某些化学变化对人类的生活和社会的发展可能会产生一些不利影响，因而帮助学生正确认识化学与社会发展的关系是十分重要的。

随着现代科学技术的快速发展，化学的作用与地位日益显著，它与材料、能源、环境、生命等科学相互融合。科学安全地使用化学物质，既能改善我们的生活质量，又能提高我们的生活水平。教学中教师要使学生知道自然资源并不是"取之不尽，用之不竭"的，人类要合理地开发和利用资源，树立保护环境、与自然和谐相处的意识，保证社会的可持续发展。

在教学中，教师要注意用具体的真实事件引导学生体会化学科学与社会发展的关系，认识学习化学的重要性。

化学是一门与生命、物质息息相关的自然学科，化学教学不能缺少生命教育的内容，两者的有机结合有利于学生树立正确的生态文明观念，促进学生的全面发展。化学课程标准倡导学科教学要促进每一位学生体面而有尊严地生活。初中化学教学应在助推每一位学生提高化学学科素养的同时将生命教育与化学教学融合，促进学生更加关注生命质量，提高生命品质，创造生命精彩。因此，在初中化学教学中，教师更应该认识到生命教育的重要性，促进其与初中化学知识相互融合。义务教育阶段的化学教育，强调激发学生学习化学的好奇心，引导学生认识物质世界的变化规律，形成化学的基本观念；引导学生体验科学探究的过程，启迪学生的科学思维，培养学生的实践能力；引导学生认识化学、技术、社会、环境的相互关系，理解科学的本质，提高学生的科学素养。

教师在化学教学中要让学生以愉快的心情去学习生动有趣的化学，激励学生积极探究化学变化的奥秘，增强学生学习化学的兴趣和学好化学的信心，培养学生终身学习的意识和能力，树立为中华民族复兴和社会进步而勤奋学习的志向。教师要为学生提供平等的学习机会，使他们都能具备适应现代生活及未来社会所必需的化学基础知识、技能、方法和态度，具备适应未来生存和发展所必需的科学素养，同时注意使不同水平的学生都能在原有基础上得到发展。教师要注意从学生已有的经验出发，让他们在熟悉的生活情境和社会实践中感受化学的重要性，了解化学与日常生活的密切关系，逐步学会分析和解决与化学有关的一些简单的实际问题。教师要让学生有更多的机会主动地体验科学探究的过程，在知识的形成、相互联系和应用过程中养成科学的态度，学习科学方法，在"做科学"的探究实践中培养学生的创新精神和实践能力。教师要为学生创设体现化学、技术、社会、环境相互关系的学习情境，使学生初步了解化学对人类文明发展的巨大贡献，认识化学在实现人与自然和谐共处、促进人类和社会可持续发展方面所发挥的重大作用，相信化学必将为创造人类更美好的未来做出重大的贡献。

在初中化学教学中教师要引导学生做到以下几点：

（1）保持和增强对生活和自然界中化学现象的好奇心和探究欲望，发展学习化学的兴趣。

（2）初步建立科学的物质观，增进对"世界是物质的""物质是变化的"等辩证唯物主义观点的认识，逐步树立崇尚科学、反对迷信的观念。

（3）感受并赞赏化学对改善人类生活和促进社会发展的积极作用，关注与化学有关的社会热点问题，初步形成主动参与社会决策的意识。

（4）增强安全意识，逐步树立珍惜资源、爱护环境、合理使用化学物质的可持续发展观念。

（5）初步养成勤于思考、敢于质疑、严谨求实、乐于实践、善于合作、勇于创新等科学品质。

（6）增强热爱祖国的情感，树立为中华民族复兴和社会进步学习化学的志向。

无处不在的自然现象，蕴含着研究物质及其变化的丰富素材。引导学生认识和探究身边的化学物质，了解化学变化的奥秘，是初中化学启蒙教育的重要内容。

2. 从化学学科的特点上看，许多知识与生命教育相关，可操作性强

首先，化学课堂上的探究实验都需要学生动手操作，亲自实践，而实验操作必须按照一定的操作规程进行，不得随意改变实验步骤，不得任意混合药品，否则有的会发生爆炸事故，危害学生的生命安全。其次，化学药品有的有毒性，有的有腐蚀性，有的易自燃，若学生使用不当，会产生各种安全隐患，甚至会危害学生的生命健康。化学学科还涉及能源、环保、资源、食品、材料等方面的知识，教师在教学中应做好有机融合，从而让学生认识到生命的意义，感悟到生命的可贵，处理好生命与自我、生命与社会、生命与自然之间的关系，走好人生每一步，促进他们健康成长。

3. 从化学教师的专业成长来看十分必要

红岭中学一贯倡导教师要在研究状态下工作。俗话说"教而不研则浅，研而不教则空"。由于初中化学课程只有九年级开设，面临着升学的压力，许多化学教师全身心投入紧张的教育教学中，以学生考试成绩好坏评价教学水平的高低，在教学中忽视学生的实验安全教育。许多在化学课上发生的安全事故有时是由于化学教师对生命教育的重视程度不够而造成的。一些一线教师教学中没有"研"的意识，只能周而复始地教，没有"研"的能力，教学经验得不到及时总结提升。"教"而不"研"，教师只能成为熟练的"教书匠"，却不能成为专家型教师，提升教学成绩的空间也会越来越小。因此，教师要在化学教学中不断研究，思广则能活，思活则能深，思深则能透，思透则能明，同时在研究中教学，使教学与研究"共生互补"。研源于教才有活力，教基于研才有生命力。无教之研空洞乏味，无研之教坐井观天。因此，本课题研究可有效促进教师的专业发展与成长。

4. 从学生学习化学的心理层面上看，是渗透生命教育的有利时机

一方面，很多学生都比较喜欢学化学，对化学这门学科都能产生极大的兴趣，但做实验时，往往缺乏自我保护意识，或觉得现象比较好玩，而忽视老师的要求，发生意外事故。另一方面，学生的逆反心理较强，往往对老师强调的错误操作，抱着试一试的心态，结果会发生意想不到的事故。因此教师在化学教学中对学生进行有效的心理疏导，促其形成健全的人格十分必要。

二、应用价值

把化学知识与生活实践相结合，会使学生感受到化学就在我们身边，化学是有用的，学习不再只是为了考试。初中化学课程中蕴含着很多生命教育的题材，如火场求生、一氧化碳中毒的预防与紧急处理方法、天然气（或煤气）泄漏的处理等。我们要意识到"教育的使命，正是为了准备未来，使教育对象学会生存"，主动挖掘、丰富化学课程中生命教育的内容，提高学生的生存技能。我国正处于高速发展时期，空气污染、食品安全、生态环境恶化等问题对人们的身体健康和生命安全构成很大伤害和威胁。在平时的教学中融合相关知识，提高学生自我防范意识，把因此而产生的危害降到最低，对于促进青少年茁壮成长具有重要意义。

所以化学教学要结合学生的生活实际，将生命教育知识融入化学教学之中，引导学生对能源危机、环境污染等社会问题加以关注，树立环保意识，教育他们从身边小事做起，做对社会有用的人，实现社会的可持续发展。

三、学术价值

本着"尊重生命、珍爱生命、欣赏生命、敬畏生命"的宗旨，化学教师要深入挖掘教材中生命教育的素材，在课堂和各项教育活动中落实生命教育，引领学生尊重生命，快乐成长。

本课题研究对象是深圳市初三学生，他们既面临中考的升学压力，又处于青春期。因此化学教师在进行课堂教学设计，尤其在制定教学目标的时候，要突出生命教育，将学生情感、态度、价值观的培养作为教学目标制定的重中之重，把以学生为本的教学作为课堂教学的主要方式。2020年深圳中考化学试卷重点考查了化学与生活的关系。2020年广东中考化学试题着重展现中国成就，增强民族自豪感和文化自信，又凸显化学价值，增强科学理解力和社会责任感。酿酒工艺、冶铜工艺、制墨工艺、火药应用、长征五号B运载火箭……这些都是2021年中考化学试题中的一些关键词。因此教学中教师要培养学生的动手操作能力和创新精神，这对于学生更好地适应深圳市新中考改革具有现实意义。

生命教育是充满人性关怀的教育，用生命去温暖生命，用生命去撞击生命，用生命去滋润生命，用生命去灿烂生命。

本课题研究既有福田区教科院课程与教学研究部正高级教师张玉彬部长参与指导，又有红岭中学园岭初中部李会桥部长主持指导，红岭中学园岭初中部熊丽华副部长全力支持，红岭中学园岭初中部办公室汪明全主任理论指导并参与，红岭中学园岭初中部和深康部化学组全体老师参与探索与实践研究。

本课题研究充分让学生去体验生命历程，感悟人生道理，唤醒生命意识，激扬人生目标，使学生在获得对各种生命现象及自身认识的同时，逐步养成良好的行为习惯、珍惜生命的意识和态度，并获得一定的自我保护的能力。本课题研究对培养学生良好的行为习惯和积极的情感态度，增强广大学生的生命意识都具有十分重要的意义。

第二节　研究现状

生命教育是一种全人教育，核心目标是通过生命管理，将人生命中的爱和亮点展示出来。人，最宝贵的东西是生命。将有限的生命，奉献到有意义的工作中，"以生命唤醒生命，以生命塑造生命"，是教育工作者的天然使命。2020年一场突如其来的疫情打破了大家平静的生活，无数医务、科研工作者以及基层人民群众为了保护大多数人的生命，无私奉献自己，为广大青少年深刻了解生命的意义做了现身说法。同年两会期间，全国人大代表尤立增建议将生命教育纳入中小学课程体系，引导青少年正确认识"生与死"，让每个生命都有积极的意义。

一、国外研究现状

美国自20世纪60年代开始，吸毒、自杀、他杀等案件频发，在这种社会背景之下，"生命教育"应运而生。1968年，杰·唐纳·华特士在进行广泛调研和深入分析之后率先提出了"生命教育"这一理念，同时在美国加州创办了一所名为阿南达的学校，面向学生开展生命教育。该校通过死亡教育、健康教育、品格教育、个性化教育以及挫折教育，使学生树立直面生命、珍惜生命、尊重生命、张扬与发展个性、正确对待逆境的人生观，营造关怀生命成长的学习环境和校园文化，引导学生认识生命的可贵和平等的伟大，教育学生学会学习、学会关心、学会创造、学会生活。为此美国制定了生命教育计划和政策法规，设立了专门进行生命教育的学校和未成年人心理服务机构，生命教育得到家庭、医院、社区、媒体和其他公众组织的认可和支持。美国生命教育大致分为情绪教育、品格教育和迎向生命挑战的教育三部分。到1976年美国已有1500所中小学开设了生命教育课程，20世纪90年代生命教育在美国的中小学基本普及。

澳大利亚的生命教育由Ted Noffs于1979年在雪梨首次开展，最初的目的是供学校用于反毒品教育，重点在于吸烟和吸毒的预防，强调生存能力教育，加强学生的社交技巧，提高解决问题的能力；英国的生命教育最初是为了消除青少年吸毒带给社会的负面影响，由澳大利亚传至英国；新西兰的生命教育开始于1988年，其目标是将生命教育精神传送到每一所学校。新西兰的生命教育基金会虽然和其他国家的生命教育中心名称不同，但两者所实施的生命教育的内涵是相同的，都源自澳大利亚的生命哲学理念。生命教育基金会结合学校开设的健康和体育课程，开发生命教育资源，向学生介绍身体的功能，培养健康的生活方式。

日本是亚洲国家中较早实行生命教育的国家。20世纪60年代中期，日本教育家谷口雅春提出了生命教育的理念。之后日本政府在1989年新修改的教学大纲中，正式将生命教育定在教育的首位，且定为道德教育的首要目标。其中"余裕教育"是日本生命教育中的主要内容，宗旨是通过对青少年心理和身体的磨炼，使其珍爱生命并敬畏生命，从而更加懂得生命的可贵。

二、国内研究现状

与国外生命教育研究相比较，我国的生命教育在理论和教育实践方面起步较晚。随着社会对生命教育重要性认识的加深，政府继续深化基础教育改革，一系列法律法规陆续落地，我国生命教育体系日趋完善。国内生命教育思想源自陶行知先生的《生活教育》，文中的"生活即教育"的思想为我国生命教育的理论发展奠定了基础。我国内地首次出现"生命教育"一词是在20世纪90年代中期。

2004年部分省市率先启动了中小学生命教育工程，制定了中小学生命教育专项工作方案。方案指出，生命教育的目的是"引导学生认识生命的独特性、生命的可贵和人与自然的关系，感受生命的喜悦，体验生命的意识，树立正确的人生观和价值观"。该方案以心理健康、青春期、毒品预防、安全、公共卫

生、预防艾滋病、环境保护、性教育、国际理解教育等为内容，开展生命教育
与指导。

2005年上海市出台了《上海市中小学生命教育指导纲要（试行）》（以下
简称《纲要》），对"开展生命教育的重要性和紧迫性、指导思想、原则、内
容、保障机制等"提出了指导意见并做出了详细规定。《纲要》以认识生命、
珍惜生命、尊重生命、热爱生命，促进身心健康发展为主旨，涵盖了青春期教
育、安全教育、情感态度等多方面内容，但没有固定的教材，也不单独开课，
通过课程教学、专题教育和课外活动三大途径进行生命教育；围绕"生命与性
别、生命与安全、生命与生活、生命与生存、生命与尊严、生命与关怀、生命
与价值"等内容，对中小学生进行生命教育。专题教育包括健康教育、预防艾
滋病教育、环境教育、青春期教育、安全教育。课外活动可借助班团队活动、
节日和纪念日活动、仪式教育活动、学生社团活动、社会实践活动多种课外活
动载体。

2005年，湖南省颁布《湖南省中小学生命与健康教育指导纲要》，要求
全省中小学融生命与健康教育于学校教育教学的全过程，寓生命与健康教育于
丰富多彩的教育活动中，建设突显生命与健康的校园文化，构建学校与家庭、
社会共同实施生命教育的机制，优化生命与健康教育的方式和方法，帮助学生
理性分析和处理在学习生活、人际交往、升学就业等方面遇到的各种困惑和问
题，培养积极进取的人生态度。

2008年，某省开展"三生教育"，即生命教育、生存教育、生活教育。随
后，全国20多个省（自治区、直辖市）相继开展"三生教育"。此外，"三生
教育"也产生了积极的国际影响，受到国际教育界的高度关注。

三、化学教学融合生命教育的研究现状

作为一门典型的实验性学科，初中化学主要研究物质的组成、结构、性质
以及变化规律。教材中含有许多和生命知识具有较强关联性的内容，尤其和生
命组成、生命保护、环境问题、食品安全问题等之间具有较强关联性。教师在
日常化学教学活动中开展生命教育时，可在此基础上选用合适的方法和策略，

将生命教育更好地融于教学活动之中，实现生命教育和化学教学的有机融合。

1. 文献分析

在知网数据库中，以"生命教育"和"化学"作为关键字进行检索，结果显示，1990—1999年间收录的生命教育相关文章仅有96篇，生命教育相关的论文研究从21世纪才开始逐渐增多，在近十年发文量暴涨，这表明生命教育的研究热度不断上升。然而，与化学相关的发文量占生命教育总发文量比例不足1%，近十年化学生命教育的研究活动并没有呈现明显增长趋势。由此可以看出，目前国内在生命教育方面的研究较少，且现有的书籍、文章大多停留在意识及理论层面，较少涉及实际教学，更少涉及中学化学课堂教学中生命教育的渗透。

表1-2-1　国内文献统计（来源：知网）

时间	关键词	
	生命教育	生命教育、化学
1990—1999年	96	2
2000—2009年	5144	30
2010—2020年	14913	103

2. 研究现状

不少研究者将生命教育等同于安全教育。赵喜骞在《在化学教学中如何渗透生命安全教育》中提到，"安全教育即生命教育"，在化学教学中以学生学习为中心，同时结合学生的生活实际，将衣、食、住、行等方面存在的安全问题，与化学教学内容有机融合，能有效渗透安全知识，强化学生的安全意识，避免悲剧的上演。在此基础上，学生除了学习利用相关化学知识保证自身生命安全外，还可以更好地理解化学对社会发展的作用。因此，如何将生命教育体验和化学课堂教学进行有效融合是研究的重点之一。

李月在《初中化学教学渗透生命教育的方法和路径》中提出，可通过实践学习，即个人的生活实践、课堂上的化学实验，实现对知识具体化、深刻化记忆与理解。如在学习"燃烧与灭火"时，学生将通过对燃料、燃烧反应进行全面的学习，明白两者的概念与特性所在。教师在此章节进行生命教育的渗透时，则可以采用体验学习的方式，为学生创设一个社区防火的环境，让学生根据燃料的特性排查社区内危险的可燃物，同时理解与表达自我对社区防火的重要性与必要性的认识。如此一来，学生能够将化学知识运用到实际之中，也能够通过对防火的了解，认识到"火"对生命的巨大威胁，遏制这种危害生命的事情发生。

吴伟强在《探究初中化学教学中的生命教育》中提出，要借助课外活动，结合教学内容，组织贴近生活实际、有关生命教育的课外活动，使学生在完成活动的同时，真切地感受到生命教育。例如，在学习"燃烧与灭火"后，邀请消防官兵到学校指导学生参与火海逃生演练，掌握遭遇火灾的自救方法。这种课外实践的方法能够取得较好的效果，但需要满足特定的场地和人员条件，无法在课堂中开展，并且会占用较多的教学时间。

张亚鹏在《初中化学教学中注重生命安全教育的研究》中提出，要结合化学课程的内容，开展生命教育。他提出利用引起广泛关注的社会事件，模拟真实场景开展教学。以氯气泄漏为例，教师可以把事件引入教学中，让学生通过各种方式去搜集和氯气相关的知识，对氯气的化学性质有一个科学的认识；结合化学课堂中对酸通性的认识，来设计实验探索在逃离时是否用浸有低浓度的碳酸钠溶液的湿布捂住口鼻效果会更好；结合地理环境和氯气的密度引导学生分析撤离的地点；还可以引导学生思考，在氯气浓度大的情况下，如何采用化学方法降低其浓度。

中国教育学会名誉会长、北京师范大学资深教授顾明远提出：教育的本质是生命教育，其核心在于教育理念。我们要通过生命教育来转变教育观念，更新教育方法，使我们的孩子幸福生活，健康成长。

随着科学技术的进步，社会生活发生了翻天覆地的变化。因此，教师在授课过程中需从学生实际生活出发，采用学生感兴趣、能听懂的方式，结合时事热点、生活常识等，激发学生的学习热情。同时，教师需进一步挖掘初中化学课程内容与生命教育的整合点，将学科教学与生命体验进行有效融合，引领学生树立正确的价值观、人生观和世界观。

随着我国课程改革的不断深入，生命教育作为核心素养教育的突破口，走进课堂，近年来已成为研究者关注的焦点，也逐渐得到人们的重视。但在研究的视角上，它还存在着一些问题：

（1）目前国内对生命教育的研究是从"预防自杀"而不是从"发展"的视角看生命教育，缺乏可操作性。在家庭教育、学校教育和社会教育中，人们往往只重视对青少年的应试教育、成才教育而忽视了生命教育，缺乏对初中生的人文关怀。与成人相比，初中生的心理更娇嫩，更脆弱，更容易受到一些突发事件的影响，产生心理疾患的比例更高。

（2）从现实来看，生命教育体验和课堂教学融合研究中仍然存在"结合模式单一，定位不够清晰，特色不够鲜明，不能有效融合常规教学，与课程融合度不高"等问题。学科教学与生命体验的融合有效性不高，未能凸显生命的意义，实现个体生命的升华。

（3）生命教育的实施形式单一。目前把生命教育单独作为一门德育课程来实施研究得比较多，而在学科教学中渗透得较少。课题组查阅的资料显示，目前有关化学教学中融合生命教育的研究在国内外都很少。

（4）绝大部分学科本身就蕴含着丰富的生命教育资源，直接在课堂教学中渗透会节省较多时间，而要单方面开设生命教育课程则要另调整课程时间安排，会比较浪费时间。

因此，本课题以初三学生为研究对象，结合化学学科的特点，探究如何在化学教学中融合生命教育，具有十分重要的现实意义。

参考文献：

[1] 吴金燕. 新课程中学语文教学中的生命教育研究 [D]. 桂林：广西师范大学，2014.

[2] 张文祥. 高中生物教学中渗透生命教育提高学生对生命价值的认识 [D]. 呼和浩特：内蒙古师范大学，2014.

[3] 毕华林，亓英丽. 化学学习心理学：促进学生高效学习的实证研究 [M]. 济南：山东教育出版社，2012.

[4] 郑金洲. 教学方法应用指导 [M]. 上海：华东师范大学出版社，2006.

［5］刁美玲.在高中生物教学中渗透生命教育的实践研究［D］.济南：山东师范大学，2015.

［6］吕素平.包头市青山区高中生物教学中渗透生命教育的调查研究［D］.呼和浩特：内蒙古师范大学，2015.

［7］邸多强.浅谈高中历史教学中生命教育的策略［J］.新课程（中），2016（3）：15.

第三节 研究目标

一、总体目标

通过课题研究，帮助学生理解化学对社会发展的作用，并以化学的视角去认识科学技术与社会生活等多方面的有关问题，了解化学物质对人类健康的影响，懂得应用化学知识和方法，合理地开发和利用身边的化学资源，增强对自然和社会的责任感和使命感，使学生日后面临与化学有关的健康问题、安全问题和社会问题的挑战时，能保护自己并能做出理智、科学的选择，促进人与生态、社会和谐、可持续发展。将研究成果撰写成论文、著作、研究报告，拟将研究成果汇编制作成视频、校本教材等供学生观看使用。

二、阶段性目标

（1）结合学生的生活实际，将有关生命安全事例与化学教学内容有机整合，有效渗透安全知识，强化学生的生命意识，让学生关爱生命，珍惜生命。

（2）借助各种主题活动的开展，培养学生的安全保护能力，使学生掌握必要的安全防护技能。

（3）通过研究，拓展课程资源，开阔化学教师学术视野，提高化学教师教育科研能力，提升化学教师的专业化发展水平。

三、突破的重点

1. 挖掘初中化学课程内容与生命教育的整合点

明确进行生命教育与学生核心素养教育的必然联系。生命教育和核心素养教育是密不可分的，关注学生核心素养的同时，必须关注学生的生存和发展状况，指导学生"尊重生命、珍爱生命、欣赏生命、敬畏生命"。

2. 优化化学课堂教学设计，进行有效融合，保证课堂生命活力

课堂教学是课题研究的主要渠道。化学教师在进行课堂教学设计尤其在制定教学目标的时候，要突出生命教育，将学生情感、态度、价值观的培养作为教学目标制定的重中之重，把以学生为本的教学作为课堂教学的主要方式，让学生在学习过程中享受生命的体验，让学生尝到成功的喜悦。在教学过程中教师也要根据学生的个人经验、学习兴趣、知识水平、理解能力和现有条件，选择恰当的教学方法和手段，力求保证化学课堂的生命活力，保证学生的生命成长。

3. 借助化学发展史、社会重大事件、热点问题、化学实验精心设计和融合生命教育

引导学生从化学视角关注社会重大事件，对与化学知识有关案例进行分析，指导学生撰写化学小论文。

四、解决的关键问题

化学教学中要结合学生的生活实际，将有关生命安全事例与化学教学内容有机融合，将生命教育知识融入化学教学之中。从目前其他学科让学生"认识生命、尊重生命、关怀生命、悦纳自我、接纳他人"升华到让学生自发运用所学化学知识从化学视角关注社会重大事件，对与化学知识有关案例进行分析，强化学生的生命意识，引导学生感受生命、认识生命、尊重生命、珍惜生命、关爱生命和提升生命，学会"关心自然、关心社会，理解生命的意义和价值"及"提升学生的生存能力和生命质量"。结合化学实验特点，强调化学实验的规范性、安全性。

坚持科学性原则，尊重生命科学，尊重教育科学，抓住生命教育核心概念作为课程及教学研究的依据和延伸，以提高学生的生存能力、生命质量、生命价值为目的，进行开拓性探索。

五、主要创新之处

1. 有助于教师转变教育观念，树立"以学习者为中心"的思想

化学是一门研究物质及其变化规律的科学，对提升学生的生存能力和生命质量，引导学生认识人与自然和社会的关系，引导学生感受生命、认识生命、尊重生命、珍惜生命、关爱生命和提升生命具有重要的意义。

2. 有助于教师更充分认识与生命教育相匹配的化学知识内容，把握教育契机

根据人教版化学教材中所涉及有关生命教育的内容及现实生活中出现的案例进行对照分析，从而激发学生学习化学的兴趣。

3. 有助于促进学生生命观念、创新精神和实践能力的自然生发

兴趣是最好的老师，本课题从学生已有经验出发，将学生实际生活和课本知识有机整合，用鲜活的案例，拓宽了学生的视野，增强了学生的好奇心，形成持续的化学学习兴趣，体会化学对提高生活质量和保护环境的积极作用，形成合理使用化学品的意识。如：学生在购买食品时，学会了注意食品的生产日期和包装上的成分说明，拒绝不洁食品，少食用含有致癌物质亚硝酸盐的腌制食品，注意食品安全；家居装潢时，能建议家长使用环保材料；提醒家长安全使用煤气；了解吸烟的危害性，并向家人和家人的朋友宣传吸烟危害健康；化学实验时能按要求正确进行操作等。

4. 有助于提高化学教学的效率和质量

融入生命教育的化学课堂气氛活跃，学生学习兴趣浓厚，学会了主动学习、自主学习、探究学习，在学习过程中提高了发现问题、提出问题、解决问题的能力。通过安全教育，了解常见的安全标志，掌握了常见的易燃物和易爆物的存放知识和危险性，使学生在生活中能够更有效地感知危险，自我保护。

初中化学主要是研究物质的组成、结构、性质以及变化规律的实验性科学。教材中含有许多和生命知识具有较强关联性的内容，尤其和生命组成、生命保护、环境问题、食品安全问题等具有较强关联性。在中考中，生命教育相关的知识点同样是永恒的主题。因此，将生命教育融入化学课堂中，不仅增强了学生的生命意识，提高了学生的生命质量，还能有效激发学生学习化学的兴趣，丰富化学教学内涵，提升教学质量。

第四节　研究方法

一、研究方法

本课题研究采用理论学习、教学实践、自我积累、专题研讨、案例分析、经验总结和专家咨询等方法，多角度、多层次、全方位进行，确保科学性和实效性。

1. 行动研究法

召开课题组研究会议，进行专题性的研究讨论与学习，总结各个阶段的研究成果，拟订下一阶段的研究方向。同时要创造性地处理教材，积极开展化学与生命教育的研究课，边行动边研究，边研究边实践。根据化学学科特点，通过教学中进行教师演示实验及学生分组实验引导学生正确实验操作，结合深圳市中考化学实验操作考试要求对学生进行指导。

2. 文献研究法

阅读大量关于生命教育的文献资料，分析生命教育的理论基础，并收集近年来国内外有关生命教育在教学中渗透的论文专著，提高课题组成员的理论素养。

3. 调查研究法

运用调查的方法，调查当前学校化学课堂教学中渗透生命教育研究的现状，并通过一些教师的典型教学案例来分析课堂教学中存在的主要问题。对实践研究中所取得的经验进行总结归纳，提升到理论，揭示其规律，最后用来指导实践。

4. 案例分析法

生活离不开化学，化学离不开生活，生活中可选取的事例十分广泛。在教学中以一些热点问题为背景，选择适当的题材和方式，培养学生对自然和社会的责任感。针对媒体报道的现实生产生活中煤矿安全、食品安全、消防安全、人居环境安全等案例，适时巧妙地把它们引入课堂教学中，从事件存在的问题出发，引出化学学习的内容，从而进行安全教育。如：①新装修的住房甲醛超标；②劣质奶粉事件；③不法企业以苏丹红冒充食用添加剂辣椒红色素，销售给辣味制品生产企业；等等。以上事例，使课本上抽象、枯燥的理论知识在生动的生活事例中得以形象化、直观化，以此激发学生的学习兴趣，加深学生对课堂知识的理解与巩固，进而引导学生关注身边的、与自己生活息息相关的问题，引导学生用所学的化学知识来进行分析和判断，培养学生发现、解决问题的能力和水平。

二、研究手段

（1）开展专题培训，促进"生命教育"专业发展。

（2）注重科研引领，拓展"生命教育"实施渠道。

（3）加强平台构建，丰富"生命教育"实施载体。

（4）整理提炼资料，形成"生命教育"研究成果。

①

②

③

④

图1-4-1　臧奕广东省教育科学规划课题开题会议照片

参考文献：

［1］中华人民共和国教育部.义务教育化学课程标准（2011年版）［M］.
　　北京：北京师范大学出版社，2012.

［2］刘慧.推进学校生命教育的实践理路［D］.北京：首都师范大学，
　　2015.

［3］王建伟，刘银春.初中化学实验教学渗透生命教育浅析［J］.新课程
　　（上），2013（7）：168.

［4］林森.把生命教育融入初中化学课程［J］.科学大众（科学教育），
　　2014（5）：3.

［5］冯建军.生命与教育［M］.北京：教育科学出版社，2004.

第 二 章

化学与生命的品质

第一节　化学史

一、"现代化学之父"拉瓦锡

1.九年级化学教材（人教版）相关知识

（第二单元）测定空气成分

（第五单元）质量守恒定律

2.名人简介

安托万–洛朗·德·拉瓦锡（Antoine–Laurent de Lavoisier，1743年8月26日～1794年5月8日），法国贵族，著名化学家、生物学家，被后世尊称为"现代化学之父"。

（1）他的发现，开辟了一个新的化学

翻开初中化学课本，出现的第一位化学家就是拉瓦锡。而这位被后世称为"现代化学之父"的天才化学家，他的成就绝对不止"确定空气的成分"这么简单。

拉瓦锡原来是学法律的。1763年，年仅20岁的拉瓦锡就取得了法律学士学位，并且获得律师从业证书。拉瓦锡的父亲是一位颇有名气的大律师，家境富有。但是拉瓦锡没有马上去做律师，而是对植物学和气象学产生了兴趣。后来，在地质学家葛太德的建议下，拉瓦锡师从巴黎著名的化学家鲁伊勒教授。从此，拉瓦锡就和化学结下不解之缘。

拉瓦锡对化学的第一个贡献是从实验的角度验证并总结了质量守恒定律。早在拉瓦锡出生之时，俄罗斯科学家罗蒙诺索夫就提出了"物质不灭定律"，其中含有更多的哲学意蕴。但由于"物质不灭定律"缺乏丰富的实验根据，特别是当时俄罗斯的科学还很落后，西欧对其科学成果不重视，"物质不灭定律"没有得到广泛的传播。

拉瓦锡用硫酸和石灰合成了石膏，当他加热石膏时放出了水蒸气。拉瓦锡用天平仔细称量了不同温度下石膏失去水蒸气的质量。由此，他总结出质量守恒定律，并成为他进行实验、思维和计算的基础。为了表明守恒的思想，他用等号而不用箭头表示变化过程，如将糖转变为酒精的发酵过程表示为下面的等式：

$$葡萄糖（C_6H_{12}O_6）= 二氧化碳（CO_2）+ 酒精（C_2H_5OH）$$

而这，正是现代化学方程式的雏形。

（2）拉瓦锡最重要的发现：燃烧原理，他对化学研究的第二大贡献

那个时代人们对化学的认识，就是简单粗暴地等同于炼金术。普世的概念是，"燃烧"这一现象，是物质失去"燃素"，而空气得到"燃素"的过程。虽然没人知道"燃素"是什么，但是整个化学界对这种理论都深信不疑。

拉瓦锡却"不走寻常路"，他大胆假设了一下，燃烧真的是因为"燃素"吗？会不会是因为别的原因，只是思考还不够，他觉得必须亲自玩火试一下。

机会很快出现了，1773年，英国化学家普利斯特里无意中提起了自己的实验，他将氧化汞加热时，得到了一种气体，这种气体使蜡烛燃烧得更明亮，还能帮助呼吸。根据这一说法，拉瓦锡很快在自己的实验室里，重复了氧化汞加热实验，并得到了相同的结论。但是他并不认可燃素说，所以他判断这种气体是一种元素。

4年后，拉瓦锡向巴黎科学院提交了一篇划时代的《燃烧概论》报告，里面详细阐述了氧化学说，并将他发现的神秘气体正式命名为氧气。由此，拉瓦锡的氧化学说，彻底推翻了燃素说。

拉瓦锡对化学的第三大贡献是否定了古希腊哲学家的四元素说和三要素说。作为一个打假能手的拉瓦锡，除了"燃素说"，"四元素说"也是他的打假对象。看过《蜘蛛侠2·英雄远征》的同学应该对电影里面神秘客用无人机制造的"元素众"印象深刻。但其实在历史上，人们确实被这四种元素骗了很多年。

　　四元素也就是土、水、风、火，四元素说可以说是中世纪炼金术的理论基础，炼金术士们认为只要改变物质中这四种元素的比例，即可使普通金属变为黄金。而且有很多学者都支持四元素说，认为水经过长时间加热会生成土类物质，拉瓦锡便将蒸馏水密封加热了543天，发现有微量固体出现，但产生的固体质量其实是容器减少的质量，而水的质量没有变化，从而破解了水变土之谜。通过这个实验，拉瓦锡可谓给"四元素说"一记重拳，为近代化学发展铺平了道路。

　　经过一连串的发现和耗费半生的研究成果，拉瓦锡终于拿着他的著作《化学基本论述》，向那时的世界证明：铅永远不能变成金子，而燃烧反应也不是"燃素"这个妖怪在其中作祟。于是，炼金术的时代结束了。化学自此切断与古代炼金术的联系，揭掉神秘和臆测的面纱，取而代之的是科学实验和定量研究。化学这门学科正式进入"定量化"的时期，开启了新的篇章。而拉瓦锡也被后世尊称为"现代化学之父"，他在化学界的地位，就相当于物理界的牛顿。

　　（3）科研道路上，他的妻子功不可没

　　1771年，拉瓦锡与同事的女儿玛丽-安娜·皮埃尔波泽结婚。这位当时仅有13岁的少女，在拉瓦锡的科研道路上起到了至关重要的作用。

　　玛丽的父亲是拉瓦锡的同事，兼有议会律师和金融家两个身份。母亲去世后，小玛丽在修道院接受了非常正规的教育，是一位充满智慧的女性。她精通英语、法语，是位优秀的文献翻译小助手，能把资料从英文翻译成法文，其中就包括约瑟夫·普利斯特里和亨利·卡文迪什的著作。拉瓦锡的研究离不开她翻译的文献，据说推翻"燃素说"也是得益于她的工作。

　　更令人惊喜的是，她还是位优秀的科普插画家。她师从当时鼎鼎有名的新古典主义画派奠基人——雅克-路易·大卫，有堪比电脑软件的绘制水平，为拉瓦锡画了大量的文献插图，比他之前的实验笔记清晰明确多了！

　　结婚后，两人就天天一起在实验室里工作。而他们俩日常的工作场景，竟成为一幅名画：1788年，拉瓦锡的妻子花7000里弗尔（据说相当于现在的11万人民币）请自己的美术老师——当时法国的著名画家雅克-路易·大卫来给夫妻二人画了一张肖像画：《拉瓦锡伉俪》。这幅画不仅被选到化学课本上，还被很多外国小说的中文版拿来做了封面，堪称科学界最出名的情侣照。

有了他妻子的神助攻，拉瓦锡开始心无旁骛地搞起了科研，取得了非凡的成就。然而谁也没有想到的是，在这位天才化学家的风光时刻，在这对科研眷侣伉俪情深的时候，一场悲剧却发生了。

（4）这位伟人的生命，结束在断头台上

在燃素说横行的年代，有另外一位血气方刚，想成为科学家的热血青年——保罗·马拉。他也是一位想中途转专业的中二青年，跟拉瓦锡一样不爱自己的本行——医生，而想为科学研究事业添砖加瓦。

说干就干，1780年，马拉向英国皇家科学院递了一篇有关燃烧理论的论文。他认为火焰是一种燃素，并试图通过自己的著作获取更多的名誉，谁知却被拉瓦锡的实验啪啪打脸。就这样，马拉的笔没能让他成为科学家，反而将他转向了第三阶级。而拉瓦锡的傲慢已在马拉心中埋下了仇恨的种子。

1789年7月，法国大革命爆发之际，马拉已经成为革命领袖。这时，科学界掀起了一股反文化的狂潮。马拉抓住人们的反抗情绪，趁机写了一本小册子抨击拉瓦锡，高喊"埋葬这个人民公敌的伪学者"！于是，在革命者的撼动下，法兰西科学院被迫解散，拉瓦锡及其他27个税务官也被送上了断头台。1794年5月8日的早晨，拉瓦锡登上断头台，泰然受刑而死。

据说，拉瓦锡和剑子手约定头被砍下后尽可能多眨眼，以此来确定头砍下后是否还有感觉，拉瓦锡一共眨了十一次。这是他最后的研究，也是他给世界开的一个充满黑色幽默的玩笑。

著名数学家拉格朗日无比惋惜地评价说："他们可以一眨眼就把他的头砍下来，但他那样的头脑一百年也再长不出一个来了。"

而玛丽虽免于一死，但失去了父亲和丈夫的她，被新政府没收了全部财产。这还不算，所有的实验笔记和设备也被通通收走。经历了这样一场劫难，她几乎一无所有。但她即使后来改嫁，也仍然没有改掉原来丈夫的姓氏，而是克服诸多磨难，坚持出版了拉瓦锡的回忆录。她在去世之前，几乎能够还原出拉瓦锡全部的实验笔记和仪器。

不过，其实先被埋葬的不是拉瓦锡，而是马拉。1793年7月，他被一位反对暴政的女士刺死在浴室，这个场景被画成了《马拉之死》。而绘制这幅画的画家，正是那幅《拉瓦锡伉俪》的作者、玛丽的绘画老师雅克-路易·大卫。

法国前总统密特朗曾经说："法国大革命就像生活本身一样，是一个混合体。它既激励人心，又令人痛心。在大革命中，希望与恐怖交织，暴力与博爱杂陈。"

虽然大革命结束后恢复了拉瓦锡的名誉，但失去的终将无法挽回。纵观拉瓦锡的生平，生命不止，事业不停，他花费毕生心血改变那些根植人心的错误理论，将自己生命的一点一滴融入这门神秘而未知的自然科学，使其有了革命性的突破。虽然这个伟大生命的逝去显得有些仓促，但时至今日，"拉瓦锡"这个名字，依然在巴黎铁塔之上和麻省理工的庭院里沐浴风雨，也依然在月球正面风暴洋西侧的一处环形山上熠熠生辉。

二、侯德榜：清华学神，打破欧美70年的技术封锁

1. 九年级化学教材（人教版）相关知识

（第十一单元）盐　化肥

2. 我的一切发明都属于祖国！——侯德榜

关于侯德榜，大部分人的印象可能只有九年级化学课本中提到的"侯氏制碱法"。区区5个字，包含了一个国家几十年的屈辱和一位科学巨擘数十年的艰辛。

1890年，侯德榜生于福建闽侯县坡尾村，祖父侯昌霖是个读书人，希望他读书修德、荣登金榜，故取名"德榜"。侯德榜自幼就酷爱读书，

图2-1-1　侯德榜资料图

聪慧过人。可偏偏家里一贫如洗，他只读了两年私塾就被迫辍学，在家里帮父母干农活。因为老一辈人总会给他讲凿壁偷光的故事，所以就算辍学之后，他也放不下那颗爱学习的心。在放牛时，侯德榜抓紧时间读书；在帮妈妈烧火时也不忘背诵；即使在水车上双脚不停地车水，他也不忘读书，留下了"挂车攻读"的典故。

1903年，侯德榜的姑妈为侯德榜的进步打开了一片新天地。在姑妈资助下，侯德榜进入福州的新式学堂——福州英华书院读书。在进入英华书院的第二年，侯德榜经历了一件终生难忘的事。在一个雨天，侯德榜在江边码头看见几个洋人正在用皮鞭和枪托驱赶着上百名中国苦力上船，这些苦力上身裸露，每人胸上都烙有号码，他们在暴雨中拖着沉重的脚步，艰难地向轮船移动。侯德榜目睹这一切，心中激愤无比。他回到学校后，找到黄先生，向他谈起了码头上的所见所闻。

黄先生是谁呢？黄先生刚回国不久，见多识广，学问渊博，又平易近人。侯德榜最佩服的就是他。侯德榜总喜欢和他在一起。黄先生看着他年轻而愤怒的眼睛说：“这全因清王朝腐败，政治黑暗，科学技术和经济落后，你看，英、美、德、法、日，他们都有先进的科学技术，有强大的军队。将来如果我们也有这一切，谁还敢欺侮我们！”黄先生接着语重心长地说：“天下兴亡，匹夫有责。我们要刻苦学习外国先进的科学技术。用科学技术来振兴我们的事业，砸碎洋人加在祖国母亲身上的桎梏！”黄先生一席肺腑之言，深深打动了少年的心。他狠狠发誓，一定要努力学习，壮大民族工业，将列强逐出祖国！他曾积极参加反帝爱国的罢课示威，后被学校开除转入爱国人士陈宝琛开办的中学学习。

1907年，侯德榜被保送到上海闽皖铁路学校学习，毕业后在英资津浦铁路当实习生，工作期间，他又再次眼睁睁看着中国人被洋人欺负却丝毫没有办法，他深深明白“只有科技才能兴国”！

1911年，侯德榜决意弃职并一脚踢开清华大学的大门（清华大学留美预备学堂）。在这个本就人才辈出的清华，他却能从中脱颖而出，考出过10门功课，门门100分，总分1000的逆天成绩，创造了中国教育史上的一段神话！他轰动了整个清华园，无人不知，无人不晓。这已经不是学霸级别了，而是被同学们赞叹为“学神”！

同年，由于辛亥革命，清政府挪用学堂经费作镇压革命的军费，清华学堂因经费来源断绝，于11月9日宣布停课，侯德榜被迫回福建老家自学。

1912年，袁世凯窃取了辛亥革命的果实，在北京就任“中华民国”临时大总统，南北实现了统一。清华学堂改名为清华学校。1913年，清华学堂公布第一批高等毕业生名单，16人赴美留学，侯德榜榜上有名，并被保送入美国麻省理工学院化工科学习。侯德榜依旧开启"学神"模式：1917年毕业，获学士学位，再入普拉特专科学院学习制革，次年获制革化学师文凭；同年参与哥伦比亚大学研究院研究制革，1919年获硕士学位，1921年获博士学位。

由于学习成绩优异，侯德榜被接纳为美国SigmaXi科学会会员和美国PhiL ambda Upsilon化学会会员。

侯德榜的博士论文《铁盐鞣革》，围绕铁盐的特性以大量数据深入论述了铁盐鞣制品易出现不耐温、粗糙、粒面发脆、易腐、易吸潮和起盐斑等缺点的主要原因和对策，很有创见。《美国制革化学师协会会刊》特予连载，全文发表，成为制革界至今广为引用的经典文献之一。此时的侯德榜可谓炙手可热，美国的大好前程在等着他。

再看看那时的中国呢？第一次世界大战结束，英国等国家的产业进入中国，许多民族企业纷纷倒闭。英国的卜内门公司仗着占据中国市场，把纯碱的价格抬高到平时的六七倍。那时在老百姓中流传着一句话：吃不起馒头，用不起玻璃。永利制碱公司作为我国第一家碱厂，天价买回了简要图纸、设备，然而机器坏了外国人都不管维修，就更别提技术指导。1921年，侯德榜应永利制碱公司的创始人范旭东的邀请，放弃了国外优秀的学术环境和已有建树的化学工业成果，即赴衰贫的祖国，走上了一条艰难创业的中国制碱之路。

20世纪初，我国所需纯碱全依赖进口。在第一次世界大战期间，欧亚交通梗阻，英国在华的卜内门公司为了攫取暴利，大肆囤积纯碱，以纯碱为原料的民族工业被死死地卡住命脉，严重影响国计民生。由于当时的索尔维制碱法被几个国家垄断，那时一吨纯碱在中国的价格相当于一盎司黄金价格。

虽然从化学方程式上看着很简单，但是每一道生产工艺却被他们严格保密起来。所有的生产工艺，都只能自己摸索。且不说工艺设计、材料选择、设备的挑选和安装等，仅从试生产的过程就可略见一斑。例如干燥锅结疤了，浑圆的铁锅在高温下停止了转动，时间长了后果是很严重的。侯德榜埋头苦干，身先士卒，同工人一起操作。

1923年初，他被任命为总工程师兼制造部长。1924年8月13日，经过6年的艰苦奋斗，永利碱厂正式投产。但是，正当大家等着洁白的纯碱出炉时，出现在眼前的却是暗红色的纯碱。这是怎么回事呢？

作为总工程师的侯德榜，冷静地去寻找事故的原因。经过分析他很快就发现纯碱变成暗红色，是由于铁锈污染所致。随后他们以少量硫化钠和铁塔接触，致使铁塔内表面结成一层硫化铁保护膜，再生产时纯碱变成纯白色了。永利碱厂终于摸索出了索尔维制碱法。

1926年6月29日，永利碱厂第二次试车生产，成功生产出了中国自己的优质纯碱，纯碱碳酸钠含量高达99%！产品迅速超过30吨，打破了英商卜内门公司的垄断。

同年，永利碱厂生产的"红三角"牌纯碱在美国费城万国博览会上为中国赢得了一枚金质奖章，被誉为"中国近代工业进步的象征"。

侯德榜本可以高价将这个工艺，卖给需要的国家，成为超级富翁，但是他没有这么做。他不仅放弃专利申请，还总结制碱经验，无偿地用英文写了本《纯碱制造》，并于1932年在纽约出版。把索尔维制碱法分享给了全世界的人，这本书的出版打破了先前掌握制碱法的几个国家的垄断，让全世界都能够用得上相对廉价的纯碱。

1934年3月，永利制碱公司改名为永利化学工业公司。随后，侯德榜准备率队去美国进行铵厂的设计工作。出国前，他和范旭东进行了一次会谈。范旭东再三强调，日本帝国主义侵占我国东北已经3年了，华北也岌岌可危。大敌当前，即使遇到优质、快速、廉价的日本货也不应该要，决不能贪小利而失大义。

在侯德榜的带领下，工厂再创辉煌，1936年，生产出了中国制造的第一批化学肥料，堪称中国工业史的创举，同时打破了西方对中国硫酸市场的垄断。

可惜好景不长，不久以后，抗日战争就爆发了。他们看上了侯德榜在南京的硫酸铵厂，为此想收买侯德榜，但是遭到了拒绝。工厂被日本飞机3次轰炸，无法生产之后，为了不让设备被破坏，侯德榜又组织职工紧急拆迁设备，并将人员和资料一同送往内地，在四川五通桥新建了一个永利川西化工厂。

但是因为制碱的原料是食盐，四川离海很远，主要的食盐来源于井盐，不仅量少，还需要浓缩后才能使用。所以制碱成本大大提高，并且索尔维制碱法对盐的利用率极低，将近30%的盐会被白白地浪费掉。

因此，索尔维制碱法并不适合在四川使用。于是侯德榜决定放弃索尔维制碱法，寻找更加有效的制碱法。1939年，他率队远赴德国，准备购买先进的察氨法制碱专利。没想到德国和日本人早有勾结，故意刁难他，价格高得离谱就算了，还要他答应一个丧权辱国的条件：产品不得在东北三省出售。这等于是要他承认，东北三省不是中国的领土主权，他一听就直接拒绝了，气愤地说：你们黄头发、蓝眼珠的人能搞出来，难道我们黑头发、黑眼珠的人就办不到吗？

为了探索新的制碱方法，他首先分析了索尔维制碱法的缺点，发现主要在于原料中各有一半的成分没有利用上，只用了食盐中的钠和石灰中的碳酸根，二者结合才生成了纯碱。

食盐中另一半的氯和石灰中的钙结合生成的氯化钙，却都没有利用上。那么怎样才能使另一半成分变废为宝呢？他设计了好多方案，但是一一都被推翻了。就在他苦思冥想时，一道灵感从脑中闪过，能否把索尔维制碱法和合成氨法结合起来，这样氯化铵既可作为化工原料，又可以作为化肥，还可以大大提高食盐的利用率。

在连温度计都买不到的落后环境里，他带领团队进行了500多次实验，分析了2000多个样品，凭着一股中华儿女的骨气，硬是研究出了新的制碱方法：盐的利用率提高到96%，纯碱成本降低了40%，污染环境的废物可以转化为化肥。

全世界都被轰动了，纷纷效仿。1943年，中国化学工程师学会一致同意将这一新的联合制碱法命名为"侯氏联合制碱法"又称侯氏制碱法、循环制碱法或双产品法。它带领中国人进入世界化工史册，更开辟了世界制碱工业的新纪元。直到今天，它依然是世界上最先进的制碱技术。

1943年6月，美国纽约哥伦比亚大学授予侯德榜荣誉科学博士，同年12月，他被选为英国皇家化学工业学会名誉会员。英国皇家化学工业学会在全世界化工界享有崇高威信，该学会自1881年成立以来，被授予名誉会员称号的总共才12人。国际化工界均以获此称号为无上的光荣。

抗战刚一胜利，侯德榜立即找到美国麦卡锁将军索要设备。他甚至直捣日本东京总司令部，硬生生把设备给要了回来。他说：哪怕一块废铁也要拉回去，这是我们中国人的态度！

抗战胜利后，范旭东、侯德榜来到宋子文家求见，宋子文却沉湎于和姨太太打牌，范旭东梦寐以求的复兴中国工业计划落空了，他忧愤成疾，黄疸病和脑血管病同时发作，数日之后就去世了，床头还叠放着十大化工厂的蓝图，他留下遗嘱，"齐心合德，努力前进"。

当时正在重庆谈判的毛泽东也敬上了挽联，上书"工业先导，功在中华"。

范旭东去世后，侯德榜接替了他未竟之事业，继任永利公司总经理。1945年起，经公司同意，侯德榜多次赴印度塔塔公司进行技术援助。印度人说起他都竖起大拇指："名不虚传的专家，真诚友好的帮助。"印度的塔塔公司十分钦佩他，想聘请他为总工程师，给出高达10万美元的年薪。在那个年代，10万美元，对很多人来说已经是天文数字，可他眼睛不眨地就拒绝了。他说："年薪10万美元，可谓丰厚，但我不能接受。我决不能离开自己的国家和20年来荣辱与共的事业而留在印度，请你们理解并原谅我的难以从命。"字字句句，皆是赤诚的爱国心！

1949年5月，侯德榜收到国内来信，想要他回来为祖国做贡献。在各方有关人士协助下，侯德榜得以乘英国轮船北上，辗转经朝鲜仁川，历时近50天，于7月22日抵达天津塘沽新港，当即受到天津市党政负责人的热情接待，休息数日即乘火车赴北平。为欢迎侯德榜自海外归来，聂荣臻亲自前往正阳门火车站迎接。随后，周恩来也专程到东四七条胡同永利公司驻北平办事处看望侯德榜。

中华人民共和国成立后，侯德榜被选为中国科学院学部委员（今中科院院士），历任中央财政经济委员会委员、化学工业部副部长等多个职位。

1972年后，侯德榜身体虚弱，日渐病重，行动不便，但仍多次要求下厂视察，帮助解决技术问题。他不顾病魔缠身，还经常邀请科技人员到家里开会，讨论小联碱技术的完善与发展等问题。他呕心沥血，直至生命的最后一刻。

弥留之际他却对好友说："我久久不能安宁的是搞了一辈子碱，没有把碱搞上去，现在每年还要从外国进口纯碱，我有愧于国家！"

他的一生共获得20多项荣誉，撰写了10余部著作，发表60多篇论文。

1974年8月26日，侯德榜在北京病逝，终年84岁。

朱德、周恩来、叶剑英、郭沫若等领导同志送了花圈，聂荣臻代表中共中央和国务院出席了追悼会。侯德榜是化学巨擘，永世楷模。

第二节　化学与生活

一、雨后小清新的味道从何而来

1. 九年级化学教材（人教版）相关知识

我们周围的空气（第二单元）。

2. 生活中应用

我们都有过这样的体验，雨后的空气，总是弥漫着一股小清新的气息。那么，聪明的你是否想过，这种气味究竟从何而来呢？

第一种，"清洁"味，特别是一场暴雨过后，这是臭氧所产生的。臭氧本身有刺激性气味，散发着强烈的味道，通常认为和氯味道相近。有些人会在暴雨来临前嗅到臭氧的气味。在雷雨到来前，闪电会将周围的氮分子和氧分子剥离出来。这会产生小规模的臭氧，然后它们被风带到了地面上。大气层中的紫外线也会将氧气分解，自由的氧原子有时会和氧分子结合，形成臭氧。

必须指出的是，我们说臭氧有刺激性气味并不是夸张，只要浓度达到10 ppb（亿分之一），一般人就能闻到臭氧独特的气味。虽然它有时候有着舒服而干净的气味，但纯臭氧是很危险的，而且浓度稍微高一点，它就会对肺造成伤害。幸运的是，雷暴前后臭氧的浓度基本不会给你造成持续性的影响。

回头来说雨后的气味，第二种是重重的泥土味，特别是久旱逢甘霖和瓢泼大雨之后。这种气味是由泥土中的细菌产生的。一些微生物，特别是链霉菌，会在极度干旱的情况下产生孢子。干旱时间越长，孢子就越多。而这种味道却并不是孢子本身产生的，而是在孢子生成的过程中所释放的化学物质，名为

"土臭素"。它和臭氧一样有着刺激性气味，浓度达到5 ppt（万亿分之五）时就能嗅到，这就是为什么森林里气味如此之重。

雨后第三种味道来源于不同植物分泌的油。这些油积累着，直到下雨天，油中的一些化学物质（和土臭素一起）释放到空气中，形成熟悉而令人愉悦的香气。到底是油里的哪些物质造成了"雨后气息"，目前还没有完全掌握。其中一种是2-甲氧基-3-异丙基吡嗪，该物质20世纪70年代由Nancy Gerber分离出来，有着非常"雨后"的味道。Nancy的研究建立在20世纪60年代澳大利亚化学家Isabel Bear和R.G Thomas的研究之上。

1864年，Bear和Thomas着手研究干燥泥土所产生的独特的雨后气息，并从土中提炼、分析了油性物质。最后，他们发现一种"黄色的油性物质"，闻起来有点雨后的味道。有趣的是，Bear和Thomas将其命名为"潮土油"（petrichor，久旱逢甘霖的泥土味），只是因为他们必须得找个词儿来描述它。这个词源于希腊语"petros"，意味着"石头"和"溢浆"，也是希腊神话中神所流出的金色血液。

经过测试发现，这种油性物质会阻碍部分植物的生长，借此研究者推测该物质的目的是阻止植物在不理想、过于干旱的土地上生长。

二、氧气浓度大小与人体健康的关系

1. 九年级化学教材（人教版）相关知识

我们周围的空气（第二单元）。

2. 生活中应用

氧气是我们赖以生存的气体，因此有人会想当然以为氧气浓度越高越好。殊不知，氧气浓度过高是会引起中毒的。这主要是因为氧气可以产生氧自由基，氧自由基会损伤生物膜结构，导致人类衰老，长期吸入高浓度的氧气会对人体造成永久性损伤甚至导致死亡。医学上的氧疗多采用60%以下的氧气，以避免纯氧对人体的伤害。

氧气是一种氧化剂，而生物体是由具有还原性的有机物构成的，所以氧气势必会对生物体造成一定损伤。我们今天的生物体长期生活在氧气浓度为21%

的环境中，已经适应了，我们体内的抗氧化酶以及维生素C、维生素E能帮助我们消灭氧自由基，保护我们的机体正常运转。

常压下，当氧的浓度超过40%时，就可能发生氧中毒。吸入40%～60%的氧时，人会出现胸骨后不适感、轻咳，进而胸闷、胸骨后烧灼感和呼吸困难，咳嗽加剧；严重时可发生肺水肿，甚至出现呼吸窘迫综合征。吸入氧浓度在80%以上时，人会出现面部肌肉抽动、面色苍白、眩晕、心动过速、虚脱，继而全身强直性抽搐、昏迷、呼吸衰竭而死亡。人长期处于氧分压为60～100 kPa（相当于吸入氧浓度40%左右）的条件下可发生眼损害，严重者可失明。

相反，氧气浓度过低会造成人体缺氧，常见的症状是头晕易困，做事提不起精神，易暴怒急躁。长期的氧气不足，会导致血氧含量低，大脑皮层首先会受到最直接的伤害，大脑出现病变的话对人体的危害最为明显，会出现心博骤停、心肌衰竭、血液循环衰竭等一系列的严重后果。

三、潜水用气的成分

1. 九年级化学教材（人教版）相关知识
我们周围的空气（第二单元）。

2. 生活中应用
一般的潜水活动（又可称为水肺潜水），潜水者沉潜至水面下活动所背负的压缩空气成分与自然空气相同，其中有1/5的氧气和4/5的氮气。水下每10米，压力大约增加一个大气压，即使是最简单的空气，其两种主要组分都可能对潜水员造成危险。气瓶中的氮气在高压下进入体内，除了因上升过快来不及排出而造成众所周知的潜水病以外，在过大深度下（一般在超过30米深度即4个大气压后发生，但也有较大的个体差别）氮分子会进入神经细胞而造成不同程度的麻醉性。大约停留在水下30米的压力一个小时后，人体就会开始产生所谓"氮醉"的麻痹现象。但若使用纯氧潜水，在30米水深的压力下，停留一个小时以上时，也会引发人类脑部的氧中毒。所以当潜水者在深海中需要停留相当长的时间时，就必须以氦气取代氮气，依适当的比例使用氦–氧混合气体潜水，称之为氦氧潜水。

醉人的还不光是氮气，除了氦气之外的几乎所有气体都有醉（narcosis）的效果，包括氧气和呼吸产生的二氧化碳。氧气的效果与氮气几乎相当，而二氧化碳的效果高于这二者许多倍。在通常的呼吸气体配比中，氧气的比例都低于氮气，因此只需要考虑醉氮。呼吸产生的二氧化碳浓度一般也不会高到让效果超过醉氮，但在紧急情况下，如果人体过量运作，积累过多二氧化碳来不及排出，就可能产生醉（narcosis）的效果，因此潜水教程都会一再强调动作要有控制，有节奏，不能惊慌，尽量避免剧烈动作。

只有深水潜水的氧气瓶中才必须填充氧气和氦气。氦气不容易发生深海麻痹现象，在深海潜水中氦气是用来代替氮气的。氦极难溶解在水中，100体积的水在0℃时，大约只能溶解1体积的氦，人体的血液绝大部分是水，所以氦在血液中的溶解度也非常小。因此，人们把氧气和氦气按照一定比例混合，就制成了人造空气，潜水员呼吸各种人造空气，即使下潜到离水面一百米以下的水底，也不会再患潜水病。

四、为什么绿豆汤南方是绿色，北方是红色？

1. 九年级化学教材（人教版）相关知识

我们周围的空气（第二单元）。

2. 生活中应用

北方和南方的印象中，绿豆汤好像颜色不一样，居然一个是红色，一个是绿色！为什么同样是绿豆，煮出汤有的是红色，有的是绿色？

绿豆中富含维生素和矿物质，特别是维生素B1、维生素B2和钾元素含量比较突出。夏季饮用绿豆汤，首先可以给身体补充充足的水分，其次还能补充由于夏季高温出汗丢失的营养物质（维生素和矿物质）；另外可以帮助身体调节水盐代谢平衡，避免出现脱水、发晕的情况，预防中暑的发生。

绿豆煮出绿色的汤这没什么稀奇的，可是为什么会变成红色呢？绿豆汤变为红色主要是由于其接触了空气，然后发生了氧化反应。绿豆皮当中的多酚类化合物很容易被氧化生成醌类物质，然后继续聚合成颜色更深的物质。颜色越绿，被氧化的程度相对就会越低。

另外，南方和北方两地的水质不同也是造成绿豆汤色差的主要原因。有人做过实验：分别用自来水、矿泉水、纯净水、去离子水煮绿豆汤，结果是去离子水颜色最绿，而且长期不变。自来水样本的颜色变化最快，在接触空气后几乎是每一分钟都肉眼可见地变深。如果把自来水调成不同的pH再用来煮绿豆汤，发现酸碱度能够极大地影响变色效果。酸性自来水煮后变色很慢，而微碱性的自来水煮后变色非常迅速。而北方的水偏碱性，南方的水偏酸性。这也就是为什么北方的绿豆汤常见红色的原因。

怎样煮绿豆汤可以不变红？

熬煮绿豆汤的过程其实非常简单：水煮沸后放入绿豆，然后盖上盖子继续熬煮8～10分钟即可。想煮出来是绿色的，下面这些细节都要注意：

（1）注意用水和时间：熬煮绿豆汤，选择不同的水质，熬出来的汤汁颜色"完全不同"，经过简单的实验对比，其中使用最纯净的"蒸馏水"熬制出来的绿豆汤颜色是最绿的，而且在一定时间内不会出现变色的情况；除了蒸馏水，大家也可以使用纯净水和矿泉水。

（2）把锅盖盖上：绿豆汤变红是因为发生了氧化反应，也就是说只要减少它跟氧气的接触就不太容易变红了。实现这一点并不难，煮的时候把锅盖盖上就行了。熬煮绿豆汤的过程中，酸碱度会不同程度地影响颜色变化，故在熬制的过程中可以加入少量的柠檬汁和白醋。一般情况下，熬煮绿豆汤的时间越短、密闭性越好，相对而言更能保持绿色。所以，熬煮绿豆汤时最好使用压力锅。

绿豆是好东西，夏天喝绿豆汤补水又消暑。有的人认为绿豆汤变成了红色是因为其中生成了有害物质，但实际上并不是这样。绿豆汤无论红的还是绿的，喝下去其实都一样！

五、红酒中的二氧化硫

1. 九年级化学教材（人教版）相关知识

我们周围的空气（第二单元）。

2. 生活中应用

这个常常跟酸雨、空气污染物相关联的"二氧化硫"竟然堂而皇之地出现在了典雅的葡萄酒中？葡萄酒中的二氧化硫会不会对人体有害？为什么葡萄酒一定要加二氧化硫呢？

想知道葡萄酒为什么含有二氧化硫，需要先知道葡萄酒是如何酿造的。葡萄酒是由葡萄汁发酵而成的。葡萄汁中有大量的糖，在发酵过程中酵母菌会把它们转化成酒精。所以，发酵越充分，转化就越完全，最后的成品中酒精就越多，糖就越少。糖的残留量决定了葡萄酒的"干"度。比如，"干红"是指糖含量很低的红葡萄酒，而含糖量高的叫作"甜葡萄酒"。不同的"干度"和其他微量成分，比如单宁、多酚化合物等，构成了葡萄酒的千差万别。

葡萄汁的发酵由酵母菌来完成，但还有一些杂菌也可以在其中生长。所以，要让葡萄汁按照人们的希望转化，必须得有一只"魔手"来控制它们。比如说，在葡萄刚刚榨出汁，还未发酵之前，需要"保鲜"，否则，人们扶植掌控的"好酵母"还没开工，葡萄汁中天然存在的细菌已经不甘寂寞，把葡萄汁破坏掉了。而另一方面，葡萄汁一旦开始发酵，就会有"不把糖吃光耗尽绝不收兵"的趋势。所以要想在成为"干葡萄酒"之前，留下一些糖，成为"甜葡萄酒"或者"半甜葡萄酒"，就需要提前终止酵母菌的活动。

即使酿造好了葡萄酒，事情也还没有完。一方面，葡萄酒中依然有糖（哪怕是干葡萄酒，也多少还是有点糖的），同样可以成为细菌的乐园。另一方面，酵母菌往往不能赶尽杀绝，可能还会有一些劫后余生的幸存者。它们继续生长，会改变葡萄酒的口味。此外，还可能有其他微生物把酒精转化成醋酸，把葡萄酒变成"葡萄醋"。在这种情况下，进一步灭菌是必不可少的。加热当然不行——加热固然可以灭菌，但也会破坏葡萄酒的风味，在葡萄酒酿造中并不适宜。所以，加入某种"保鲜剂"或者"防腐剂"，也就是不得已而为之的事情。

除此以外，葡萄酒的风味和传说中的"保健功能"，很大程度上取决于其中的抗氧化剂。而抗氧化剂的特点就是，自己容易被氧化。所以要保护这些成分的抗氧化活性，就需要加入更强大的抗氧化剂来做"护花使者"。

以上提到的"保鲜剂""防腐剂""抗氧化剂"，从技术角度来说可以通过不同的方式来实现。但是，在葡萄酒工艺的发展进程中，人们发现：原来二氧化硫可以单枪匹马地搞定所有任务！

将二氧化硫用于葡萄酒中已至少有几百年的历史，生产工艺发展到今天，也没有找到更好的替代方案。所以，不管人们对于二氧化硫有多大的疑虑，葡萄酒行业还依然广泛使用着它。

其实二氧化硫对于葡萄酒来说，如同保护伞一样不可缺少。简单地说，如果没有SO_2，所有的葡萄酒都将会在短短的几个月之内坏掉。

尽管SO_2对葡萄酒的酿制有很大作用，但是SO_2含量过高会使葡萄酒产生如腐蛋般的难闻气味，人体饮用后会引起急性中毒，严重的还可能引起肺水肿、窒息、昏迷。因此，葡萄酒中的二氧化硫含量一直属于葡萄酒检测中要严格监控的项目。每个国家对酿酒过程中能加入的SO_2最大限度都有专门的法律规定。欧盟规定红葡萄酒中SO_2的最高含量为160 mg/L，白葡萄酒和粉红葡萄酒为210 mg/L。由于SO_2对人类身体有一定的毒性作用，世界卫生组织规定每人依体重算，每天吸入SO_2的最大量应控制在0.7 mg/kg。也就是说，如果一个人体重是50 kg，那么他每天吸入SO_2的量以不超过35 mg为宜。另外，更加重要的是，在开瓶后你摇杯的时间里，葡萄酒中有30% ~ 40%的SO_2会跟氧气结合而消失。

目前对市场上所出售的葡萄酒，很多人都存在误区，认为二氧化硫是对人体有害的。但是事实上，完全不添加二氧化硫的葡萄酒，基本上可以说是不存在。葡萄在发酵的过程中也会自然地产生硫化物，只要量不超过一定的标准，转化后的硫酸盐其实对人体是有好处的。

六、醋为什么是酸的？

1. 九年级化学教材（人教版）相关知识

酸和碱（第十单元）。

2. 生活中应用

醋是中国各大菜系中传统的调味品，酸味能给人以爽快、刺激的感觉，具有增强食欲的作用。据现有文字记载，中国古代劳动人民就以酒作为发酵剂来发酵酿制食醋，醋起源于中国，据文献记载，酿醋历史达三千年以上。

醋呈酸味主要是因为其内含有醋酸。醋酸的学名叫乙酸，化学式为

CH_3COOH，是一种有机一元酸，水溶液呈弱酸性。在水溶液中，由于水分子的作用，醋酸会部分解离成氢离子（H^+）和醋酸根离子（CH_3COO^-）。

为什么含有醋酸就是酸的？因为酸味是无机酸、有机酸及其酸性盐等物质所特有的味道。呈酸味的物质其实是氢离子。

相关研究表明，氢离子有三种可能方式刺激味觉细胞：通过离子通道或自由扩散进入味觉细胞；阻止钾离子通过离子通道；通过与离子通道结合，打开离子通道使其他阳离子通过离子通道进入味觉细胞。然后，氢离子通过改变细胞膜电势，引起神经信号传导。但是，这究竟是哪一种方式或者是哪几种方式共同作用的结果，科学家们尚没有得出定论。

七、自来水是如何"洗白"的？

1. 九年级化学教材（人教版）相关知识

自然界的水（第四单元）。

2. 生活中应用

自来水可谓是改变我们生活的一大便民工程，只要打开水龙头，水就能"哗哗"地流出来，卫生、安全又方便。享受便利的同时，我们不禁会产生这些疑问：每天常用的自来水是怎么来的？又是经过哪些工序一步步"洗白"，变成安全的饮用水的呢？有时我们可能会发现家里的自来水是浑浊的乳白色，或是烧开后有水垢，这样的自来水还安全吗？

自来水的源头，也就是水源地，通常为江河湖泊及地下水、地表水。水源地的选择需要经过多方面的考量，不仅要求水质良好、便于卫生防护，而且必须符合水源水质标准的要求。未经处理的原水中含有诸如藻类、腐殖质、泥沙之类的轻微颗粒，经水厂的取水泵站从水源地取出后，首先要进入自来水厂经历一番"历练"才能进入千家万户。

常规处理主要包括混凝、沉淀、过滤和消毒。混凝是向原水中投加混凝剂，使水中难以自然沉淀的悬浮物和胶体颗粒相互凝聚，生成大颗粒絮体并沉淀在沉淀池中，成为污泥从而进行排除。过滤是利用颗粒状滤料截留经过沉淀后水中残留的颗粒物，进一步去除水中的杂质，降低水的浑浊度。混凝、沉淀和过滤处理能降低水的浑浊度，同时，还能去除细菌和病毒等。自来水还需要经过消毒处理，将水中的病原微生物灭活，才能达到饮用水的水质要求。常用的消毒剂有氯、氯胺、二氧化氯等。

需要注意的是，一些地区由于水质存在先天不足，因此对水的处理操作也更复杂，对水厂的水处理系统也有更高的要求。另一方面，水厂为了出水水质更好，也在逐渐改善传统常规的处理工艺。

水处理时，一些水厂在常规处理工艺之前会先进行生物预处理，通过微生物的新陈代谢来去除水中的氨氮、有机污染物、异臭、铁、锰等，达到净化水质的目的，为后续常规工艺水处理减轻负担。

水厂还采用活性炭作为滤池的深度处理技术。活性炭无色无味，有着巨大的比表面积和大量微孔结构，从而可以高效地吸附水中的非极性化合物。其中，颗粒活性炭（GAC）不易流失，可再生重复使用，常用于连续运行的水处理工艺，而粉末活性炭（PAC）价格便宜，不需要增加特殊的设备和构筑物，尤其适用于水质季节性及突发性事故的水源净化处理。

同时，由于臭氧预氧化反应时间短、投加量少，利用臭氧对原水进行预处理的工艺也逐渐开始广泛应用。臭氧具有强氧化性，能够直接氧化并产生具有氧化性的羟基自由基，可以氧化分解水中许多有机污染物，而且臭氧还具有较强的杀菌、脱色、除藻和助凝等作用。

此外，近年发展起来的新技术——膜法水处理技术也逐渐应用于自来水厂。膜法水处理技术利用膜两端的压差作为动力处理污染物，依据污染物大小、所受压力不同又可以分为纳滤（NF）、微滤（MF）、超滤（UF）以及反渗透（RO）技术，不同的膜孔径大小不同，可以截留相应的污染物，阻挡在膜的一侧。膜处理技术不仅仅作用于大颗粒的杂质，对于一些微生物、细菌等也有很好的截留效果，因此能够大大提高水的安全性。但是膜处理工艺也存在着不尽人意的缺陷，比如成本高、易堵塞等，膜污染也是膜处理技术存在的问题，这些都限制了膜技术的发展。

通过上面的介绍，我们知道了自来水通常都会经过氯等消毒剂的消毒。那么，自来水中会有残留的氯吗？烧开的水是否要静置散去余氯才能喝？

自1950年至2006年，我国生活饮用水水质标准曾进行6次修订，目前执行的饮用水标准为《生活饮用水卫生标准》（GB 5749-2006），指标总数达106项，包括常规指标42项，非常规指标64项，来确保水质的安全。合格的自来水从水厂到居民家中的水龙头，还要经过供水管网和二次供水设施，比如高楼水塔、水箱等，为了保证自来水的微生物安全，抑制水中细菌的再次滋生，出厂水通常会添加一定的余氯量，对供水管网进行持续消毒，确保自来水在"长途跋涉"中不会二次污染。

根据《生活饮用水卫生标准》（GB5749-2006）的规定，水厂出厂水总余氯标准为0.5～3.0 mg/L，管网末梢的余氯值不低于0.3 mg/L。所以自来水略带氯味属于正常现象，自来水在煮沸的过程中，余氯会得到挥发，自然不需要额外静置。

有时候水龙头流出的自来水呈浅黄色或是乳白色，特别是在停水后，自来水会尤其浑浊，这样的自来水还安全吗？

自来水会呈浅黄色，可能是由于管道、水龙头使用时间过久，存在铁锈，或是供水路段有施工。一般情况下，打开水龙头放一会水就好。目前大部分新铺设的供水管道采用的都是不易锈蚀的塑料管、优质的铸铁管和不锈钢管，因此，发生自来水变黄的情况已经大大减少。

有时我们还会发现家里的自来水是浑浊的乳白色，伴随很多小气泡，这是由于供水系统的二次加压，溶入的气体经压力作用分解成微小气泡，导致水看起来变成了乳白色，其实静置数分钟后，气泡就会自行消失，水质也会变清，这种现象也不会影响水质。

八、哪些火灾不能用水扑灭

1. 九年级化学教材（人教版）相关知识

燃烧及其利用（第七单元）。

2. 生活中应用

在普通人的意识里，只要是着火就应该用水灭火。这种想法是错误的，甚至是危险的。以下几种火灾不能用水扑灭：

（1）电器火灾

电器发生火灾时，首先要切断电源，在无法断电的情况下千万不能用水或泡沫灭火器扑救，因为水和泡沫都能导电。应用二氧化碳、干粉灭火器或者干沙土进行扑救，而且要与电器设备和电线保持2米以上的距离。

（2）油锅火灾

油锅起火时，千万不能用水浇。因为水遇到热油会形成"炸锅"，使油火到处飞溅。扑救方法是，迅速将切好的冷菜倒入锅内，火就自动熄灭了。另一种方法是用锅盖或能遮住油锅的大块湿布遮盖到起火的油锅上，使燃烧的油火接触不到空气而熄灭。

（3）汽油火灾

汽油的密度比水小，如果汽油着火用水扑救，密度大的水往下沉，轻质的汽油往上浮，浮在水面上的汽油仍会继续燃烧，并且汽油会随着水到处蔓延，扩大燃烧面积，危及其他货物和周围建筑物的安全。

遇到汽油着火，应立即用泡沫、二氧化碳或干粉灭火器等灭火工具灭火，严禁用水扑救。

（4）油漆火灾

油漆起火千万不能用水浇，应用泡沫、干粉或1211灭火器或沙土进行扑救。

（5）化学危险品火灾

学校实验室常存放有一定量的硫酸、硝酸、盐酸，碱金属钾、钠、锂及易燃金属铝粉、镁粉等。这些物品遇水后极易发生反应或燃烧，是绝对不能用水扑救的。碳化钾、碳化钠、碳化铝和碳化钙以及氢化钾、氢化镁等遇水能发生化学反应，放出大量热，可能引起着火和爆炸。

① 碱金属火灾

水遇碱金属后，发生剧烈化学反应生成大量氢气，释放出大量的热，容易引起爆炸。这种火灾，要正确选择灭火剂，合理利用本地资源。

② 金属碳化物、氢气物火灾

如碳化物（电石）遇水分解并释放出大量的热，易使燃烧扩大或发生爆炸。

③硫酸、硝酸、盐酸火灾

此类火灾不宜用强大的水流扑救，因为酸遇水冲击，易引起飞溅、流出伤人，流出的酸与可燃物质接触后，有扩大燃烧的危险。但在必要时，可用喷雾水流扑救。比水轻或不溶于水的易燃液体火灾：此类火灾原则上是不可以用水扑救的，但原油、重油可以用喷雾水流扑救。

（6）熔化的铁水、钢水火灾

灼热的物体与水接触，有引起爆炸的危险。因为水遇上千摄氏度的高温，很快汽化，体积突然膨胀到5000倍以上，引起物理性爆炸。同时水蒸气在1000摄氏度以上时，能分解成氢和氧，引起化学性爆炸。

（7）高压电器装置火灾

在没有良好的接地设备或没有切断电源的情况下，一般是不能用水扑救的。一是水有导电性，易造成电器设备短路烧毁；二是容易发生高压电流沿水柱传到消防器械上使消防人员触电造成伤亡。

九、开火做饭时勿喷杀虫剂

1. 九年级化学教材（人教版）相关知识

燃烧及其利用（第七单元）。

2. 生活中应用

事例：一位主妇在厨房煮饭，发现有几只蟑螂在煤气灶下面。她顺手抓起一瓶杀虫剂朝正着火的煤气炉位置喷射，结果发生了爆炸。厨房迅速被大火侵袭，主妇全身85%被烧伤。

喷雾型的杀虫剂可分为有机溶剂型与无机溶剂型。其中有机溶剂型一般常用煤油与乙醇作为溶剂。杀虫剂的有机溶剂喷雾喷出来的是直径在50微米左右的小液滴，这些小液滴遇见明火就会迅速与空气中的氧气结合发生燃烧，其产生的高温使空气膨胀，产生爆炸效果。

十、银饰变黑相当于排毒？

1. 九年级化学教材（人教版）相关知识

金属和金属材料（第八单元）。

2. 生活中应用

古代的中国人就已经学会了使用银针探毒，这应该感谢当时的法医宋慈，他在《洗冤集录》中明确记载了银针验尸的实践案例，通过银针与砒霜接触变黑的原理发掘死亡原因。很多人都因此记住了银能验毒的窍门，但这个方法究竟有多奏效，却是近代化学才揭示的。

银饰在空气中也会缓慢变黑，这是因为尽管银的化学性质比较稳定，但还是会缓慢地被氧气氧化，从而形成黑色的氧化银。如果所处的环境中，空气中硫化物的含量偏高，由于银与硫的亲和力更强，那么银饰变黑的速度还会加快。这个简单的现象，也正是银饰验毒的原理。

砒霜的化学成分是三氧化二砷，而传统上生产砒霜的方法是冶炼砷的硫化物，由于提纯技术有限，或多或少都会含有些单质硫或者硫化物，银针接触之后，便会出现黑斑：

$$S + 2Ag \xlongequal{} Ag_2S$$

当然，出现误判的可能性也不小，毕竟在验尸的时候，身体中产生的硫化物也会带来干扰。事实上，这样的干扰我们现在还经常会碰到，不少生活百科专家也曾提醒说，佩戴银饰，如果银饰变黑了，那就证明是身体在排毒了。

不过，正如前面所说，由于身体分泌物中多少也含有一些硫化物，长期与银饰接触，导致其变黑，这其实是正常现象。且不说这些化学原理，单论所谓的"排毒"，哪怕确实存在这么一个过程，其实与银饰的验毒也没有直接关系，因为在实践过程中，用银针验毒也只是对古代的砒霜有用。因此，用银饰判断自己的身体是否在"排毒"，实属空口无凭。

十一、碘与指纹破案

1. 九年级化学教材（人教版）相关知识

溶液（第九单元）。

2. 生活中应用

我们在电影中常常看到公安人员利用指纹破案的情节。其实，只要我们在一张白纸上面用手指按一下，然后把纸上手指按过的地方对准装有少量碘的试管口，并用酒精灯加热试管底部。等到试管中升华的紫色碘蒸气与纸接触之后，按在纸上的平常看不出来的指纹就会渐渐地显示出来，并可以得到一个十分明显的棕色指纹。如果把这张白纸收藏起来，数月之后再做上面的实验，仍能将隐藏在纸面上的指纹显示出来。

我们的手指上总含有油脂、矿物油和汗水等。当用手指往纸上面按的时候，指纹上的油脂、矿物油和汗水就会留在纸面上，只不过是人的眼睛看不出来罢了。而纯净的碘是一种紫黑色的晶体，并有金属光泽。有趣的是，绝大多数物质在加热时，一般都有固态、液态和气态的三态变化。而碘却一反常态，在加热时能够不经过液态直接变成蒸气。像碘这类固体物质直接气化的现象，人们称之为升华。碘还有易溶于有机溶剂的特性。由于指纹含有油脂、矿物油等有机溶剂，当碘蒸气上升遇到这些有机溶剂时，就会溶解于其中，因此指纹也就显示出来了。

十二、蚊虫叮咬后涂肥皂水可以止痒

1. 九年级化学教材（人教版）相关知识

酸和碱（第十单元）。

2. 生活中应用

蚊子并不是"咬"我们，而是把它们长长的"吸管"一样的口器刺入我们皮肤下的血管中，然后吸食我们的血液，就像我们喝饮料一样。我们之所以感到痒，是因为蚊子在吸血的同时，为了预防血液凝固，就把一些口水吐在我们的皮肤里，这些口水携带着蚊子的毒液。蚊子的毒液与蚂蚁、蜜蜂等昆虫的毒液相似，其中都含有一种叫蚁酸的物质，蚁酸是一种腐蚀性很强的酸性液体。很少量的蚁酸在肌肉里，虽然不会使人致命，但是它会引起皮肤和肌肉局部发炎，使皮肤上出现疙瘩，并产生痒和痛的不良感觉。肥皂水呈碱性，能够中和蚊子口水中的蚁酸，这就是为什么被蚊子叮咬后，可以用肥皂水清洗患处的原因。

十三、顶级毒药鹤顶红和砒霜，主要化学成分竟然都是它

1. 九年级化学教材（人教版）相关知识

酸和碱（第十单元）。

2. 生活中应用

喜欢看影视剧的朋友肯定都对鹤顶红不陌生，在很多宫斗剧中都有这种毒药的存在，堪称毒药之王，一旦服下，分分钟都会丢了性命，所以大家都非常好奇，这传说中的鹤顶红究竟是什么东西，为什么会叫这样的名字呢？

鹤顶红这个名字，自然而然地会让人联想到丹顶鹤，因为丹顶鹤的头上就有一部分红色，可事实上鹤顶红的成分跟丹顶鹤头上的红色没有一丝关系，鹤顶红实际上就是未加工的不纯的砒霜，来自自然界中一种名叫红信石的矿物。它的主要成分是三氧化二砷（As_2O_3），日常呈现出红色的状态，有剧毒。

三氧化二砷，无臭。白色粉末或结晶，有非晶系、等轴晶系、单斜晶系三种晶形，它们既容易被还原也容易被氧化。微溶于水，溶于酸、碱。

古代的提炼技术有限，鹤顶红和砒霜之所以颜色不相同，是因为提炼出的三氧化二砷的纯度不同，纯度不高的三氧化二砷，会呈现出红色的结晶，也就是我们所说的鹤顶红，高纯度的三氧化二砷会呈现出白色，也就是砒霜。所以说到底，鹤顶红跟砒霜的成分都是三氧化二砷。

现在随着科技的发展和进步，我们已经研发出了可以对付鹤顶红的特效解毒剂——二巯基丙醇。二巯基丙醇能够与三氧化二砷反应，生成稳定、不溶而无毒的砷化合物排出体外，起到解毒的效果。

二巯基丙醇，无色或几乎无色的黏稠液体，主要用于含砷或含汞毒物的解毒，也可用于某些重金属（如铋、锑、镉等）的解毒。

那鹤顶红（As_2O_3）会不会和胃酸（HCl）反应呢？会！主要化学反应方程

式为：

$$As_2O_3 + 6HCl === 2AsCl_3 + 3H_2O$$

其中$AsCl_3$有剧毒！能破坏某些细胞呼吸酶，使组织细胞不能获得氧气而死亡；还能强烈刺激胃肠黏膜，使黏膜溃烂、出血；亦可破坏血管，发生出血，破坏肝脏，严重的会因呼吸和循环衰竭而死。

十四、豆腐中蕴藏的化学奥秘

1. 九年级化学教材（人教版）相关知识

溶液（第九单元），盐化肥（第十一单元）。

2. 生活中应用

豆腐可以补充蛋白质，麻婆豆腐、豆腐干、小葱拌豆腐……全国各地都可以吃到。豆腐好吃，做好豆腐难！那么豆腐在制作过程有什么化学知识呢？

豆腐的制作过程通常包括：泡豆，磨豆浆，煮沸，点豆腐，压包。

点豆腐就是让豆浆凝固，豆浆凝固剂有很多，如石膏、卤水以及葡萄糖酸内酯等。大豆蛋白颗粒被水簇拥着不停地运动，又因为带有相同电荷而相互排斥，无法聚沉，就形成了"胶体"。

卤水也叫盐卤，味苦，是由海水或盐湖水制盐后，残留于盐池内的母液。晒盐后，氯化钠绝大部分成为晶体，而水中的氯化镁、氯化钙等由于溶解度较大，仍存在于水中，所以通常卤水中含有氯化镁、硫酸钙、氯化钙及少量氯化钠。

盐卤或石膏进入豆浆后，形成的阳离子或阴离子会中和胶体粒子所带的电荷，使胶体逐渐聚集成较大颗粒从水中聚沉，化学上称为胶体的凝聚。分散的蛋白质聚沉到一起，就形成了我们说的豆腐脑（豆花）；豆腐脑再挤出水分，就是豆腐。豆腐、豆腐脑就是凝聚的豆类蛋白质。

一般来说，高价离子比低价离子使胶体凝聚的效率高。

$$Fe^{3+} > Ca^{2+} > Na^+，PO_4^{3-} > SO_4^{2-} > Cl^-$$

所以用硫酸钙（石膏点豆腐）的效果要好于氯化钙或氯化镁（卤水点豆腐）。在制作豆腐的过程中，豆乳的凝固剂是影响豆腐质量的关键因素之一，也是各种豆腐之间形成质构差别的主要原因。市场上还有一种嫩豆腐——日本豆腐特别受欢迎，据说最早来自日本，这种豆腐使用的凝固剂是葡萄糖酸内酯。这种凝固剂水解和释放正电荷（氢离子）的过程很缓慢，豆浆凝固得不好，所以做好的豆腐口感特别滑腻。

十五、你吃菠萝的时候，菠萝也在吃你！

1. 九年级化学教材（人教版）相关知识

化学与生活（第十二单元）。

2. 生活中应用

在吃完一整个新鲜的菠萝后我们会发现好几个问题，比如舌头有点麻，而口腔黏膜、牙龈包括嗓子都像火烧一样，特别难受！这是为什么呢？

菠萝体内，有一群菠萝蛋白酶保护着菠萝。简单来说，蛋白酶对我们的牙龈、口腔黏膜等结构不友好，它会给我们带来伤害，如果你吃得少便不会感觉得到，吃得多的话便会感到疼痛。也就是说，你吃菠萝的时候，菠萝也在吃你。

酶是一种有催化作用的活性物质。菠萝蛋白酶的特殊活性是水解肌肉组织，溶解肌肉中的纤维蛋白。当你咬碎菠萝时，菠萝汁液内的菠萝蛋白酶瞬间释放，开始毫不客气地分解人体蛋白质，"消化"你的舌头和口腔，以及嘴唇内侧的脆弱黏膜，你吃它，它也吃你。

要想让菠萝吃起来不扎嘴，就得干掉这群酶。引起蛋白质变性的因素有高温、紫外线、强酸、强碱、重金属盐（银离子、铜离子、汞离子、钡离子）、有机物（甲醛、酒精）等。在生活中，可以采用盐水或开水浸泡、高温加热等方式使菠萝蛋白酶失去活性。

十六、84消毒液和洁厕灵为什么不能一起用

1. 九年级化学教材（人教版）相关知识

化学与生活（第十二单元）。

2. 生活中应用

为防止新冠病毒传播，人们经常使用84消毒液，它是一种高效消毒剂，主要成分为次氯酸钠（NaClO）及少量表面活性剂。通常为无色或淡黄色液体，被广泛用于宾馆、医院、家庭等的衣物、仪器、餐具的卫生消毒。之所以叫84消毒液，是因为这种消毒液是北京的地坛医院于1984年研制的。

洁厕灵主要成分是盐酸（HCl），同时含有少量表面活性剂、香精、缓蚀剂。对陶瓷类日用品，如便器、瓷砖、水池表面具有良好去污除垢作用，尤其对尿垢、尿碱尤为有效。

两种日用品混用则会产生氯气（Cl_2）：$NaClO + 2HCl == NaCl + Cl_2\uparrow + H_2O$。氯气是黄绿色的有毒气体，第一次世界大战中被作为化学武器，造成了大量人员伤亡。吸入少量低浓度氯气可导致咳嗽胸闷，高浓度的氯气则会引起窒息。此外，氯气还可能引发眼部和皮肤不适或者病变。

十七、奶茶里的椰果——人造细菌的产物

1. 九年级化学教材（人教版）相关知识

化学与生活（第十二单元）。

2. 生活中应用

椰果最初被叫作"椰子凝胶"，它是一种细菌在椰汁里发酵分泌的细菌纤维素凝胶物质。由于其口感好，纯度高，因此成为大家熟悉的奶茶伴侣。

这种细菌名叫木质醋酸菌。椰子水被用来喂养这些细菌，让它们代谢产出细菌纤维素。椰子水由95%的水、4%的碳水化合物，1%的蛋白质、脂肪和微量元素组成。细菌在发酵过程中会把培养基中的糖分转化为纤维素，这些纤维素积聚在培养基表面形成一层乳白通透的凝胶。一片片凝胶经过机器切割，就变成了一粒粒椰果。

值得一提的是，细菌纤维不仅能吃，还是一种可再生环保材料，它拥有比植物纤维更精细的结构，抗张强度更大，保水能力也更强，和植物纤维混合造纸可以提升纸质，还能用来制造扬声器膜片。而且细菌纤维拥有很好的生物相容性，因此可以用来修复或制造器官组织，比如人造皮肤、血管。细菌纤维和

植物纤维一样都是人体无法消化的成分，不仅热量低，还能够促进肠道蠕动。

十八、吸烟的危害

1. 九年级化学教材（人教版）相关知识

化学与生活（第十二单元）。

2. 生活中应用

吸烟对健康的危害有多大？

（1）对呼吸系统的影响

香烟烟雾中的有害物质会刺激并损伤呼吸道黏膜，细菌等微生物易于进入并引发呼吸系统疾病。目前认为，吸烟是慢性支气管炎、肺气肿等呼吸道疾病的主要诱因之一。

（2）对心血管系统的影响

烟草中的尼古丁可兴奋肾上腺髓质，导致血压升高。烟雾中的一氧化碳可以和红细胞结合，使红细胞丧失携氧能力，导致心肌细胞获氧量减少，最终增加心脏冠状动脉粥样硬化和心肌梗死的发病率。

（3）对生殖系统的影响

烟草中的镉使男性睾丸代谢功能旺盛，改变男性性激素的分泌平衡，这种改变引起的阴茎局部血流动力学改变，可能是引发勃起功能障碍等疾病的主要原因。对于女性，烟草中的尼古丁及代谢产物会导致妇女卵巢功能下降，生育能力降低。

（4）诱发癌症

吸烟是导致人类发生肺癌的首要危险因素，它会增加癌症的发生率，因为烟雾中的"苯并芘"等是一级致癌物。此外，吸烟还能诱发口腔癌和咽喉癌。当我们认识到吸烟对健康的严重危害后，才能更加坚定戒烟的决心。

头晕、恶心，为什么戒烟这么难？

众所周知，吸烟有百害而无一利，但，戒烟为什么如此之难呢？因为吸烟成瘾属于烟草依赖，其依赖性与香烟里的成瘾物质——尼古丁有关。尼古丁能被肺黏膜吸收后直接进入血液，然后随血液一起流动，最后透过血脑屏障进入大脑，对脑神经生理活动产生复杂的影响，促使脑内产生更多的多巴胺。而多巴胺是一种重要的神经递质，能提高神经信号的传递速度，使人的思维活动更加敏捷，这或许与吸烟能提高思维活动效率有关，长期吸烟者的大脑已习惯于尼古丁的刺激作用。

戒烟时，其大脑中因缺乏尼古丁的作用，从而严重影响多巴胺的分泌，会出现浑身难受、头晕、恶心和精神萎靡不振等多种症状，医学上称之为"戒断综合征"。若此时周围人递上一支烟，戒烟者深吸几口，尼古丁进入大脑后，上述症状即可消失，戒烟的努力也随之功亏一篑，这就是戒烟不易成功的主要原因。

上述提到的戒断症状在戒烟最初两周内表现最为强烈，之后逐渐减轻，这也是大部分戒烟人只能坚持一周左右的原因。

十九、黄曲霉素：超强的生物致癌剂！

1. 九年级化学教材（人教版）相关知识

化学与生活（第十二单元）。

2. 生活中应用

生活中时常会发生黄曲霉素中毒的事件，但鲜少有人提起重视。大多数人对黄曲霉素的认知停留在：会导致食物中毒，上吐下泻的层面上。实际上，黄曲霉素可是目前发现的最强的致癌物之一，其毒性相当于氰化钾的10倍，砒霜的68倍。1993年它就被世界卫生组织（WHO）的癌症研究机构划定为1类致癌物。1 mg黄曲霉素即可致癌，如果一次性摄入20 mg甚至可以直接导致成年人死亡。

黄曲霉素的危害性在于它对人及动物肝脏组织有破坏作用，严重时，可导致肝癌甚至死亡。关于黄曲霉素会导致肝癌的原因，目前医学界还没有找到一个确切的作用机理，但可以明确的是黄曲霉素会引起细胞突变，降低人体免疫力，增加患肝癌的风险。

"无剂量不足以谈毒性"，的确如此，那么，1 mg是多少呢？材质为铝合金的兰花1角硬币的重量为1.15 g，我们简约算作1 g，1 mg的重量也就是这一枚

1角硬币的一千分之一。这下大家应该对剂量有了一个更为清醒的认识，当然大家更要知道，1 mg是致癌剂量，换而言之，我们有可能碰到更为微量的剂量，从而导致出现恶心呕吐等症状。黄曲霉菌以孢子形式传播，食物容易牵连霉变。因此，一旦发现有一颗花生坏了，那么一碗花生米，或者存放的一袋花生米都得扔掉。变质的米饭最容易产生黄曲霉素。建议吃多少做多少，不留剩饭菜。如果吃到变苦的瓜子，一定要及时吐掉并漱口，因为瓜子等坚果的苦味正是来自霉变过程中产生的黄曲霉素，经常摄入会增加患肝癌风险。

黄曲霉素存在于哪些地方？

黄曲霉素最喜欢藏在发霉的谷类里，尤其是淀粉含量高的食物，包括花生、玉米、豆类、坚果等。所以，如果大家发现发霉食物，一个字就是"扔"，千万不要舍不得，尤其是爷爷奶奶等老一辈的人，爱惜粮食，一个烂苹果剜掉坏的继续吃，经常舍不得扔，这种习惯要不得。

使用过久的案板和筷子也是黄曲霉素喜欢藏匿的地方。木质的筷子和案板若刷不净，食物残渣会在案板的缝隙中腐烂、发霉，如果清洗后没有及时晾干，更是容易滋生黄曲霉菌。因此，建议每半年更换一次案板及筷子，在使用过程中，如果发现筷子上出现斑点，就不要使用了。注意及时清洗，并放在通风干燥的地方，隔一段时间用开水烫一下也是不错的选择。

二十、戴着手套吃小龙虾，为什么还是满手油腻？

1. 九年级化学教材（人教版）相关知识

化学与生活（第十二单元）。

2. 生活中应用

为什么明明戴着手套吃小龙虾，手套没破，但手还是油腻腻的？

一般吃小龙虾的手套是PE材料制成的，也就是俗称的聚乙烯，这是一种高分子材料，PE材料的分子结构是长长的链状，和油的分子结构十分类似。在化学上，有个专业术语叫作"相似者相溶"，也就是指分子结构相同的物质可以相溶，就像海绵吸水一样，油可以"钻进"PE手套里，相互溶解，而手套薄薄的，自然又从另一面扩散出来粘在了手上。

二十一、健康饮水

1. 九年级化学教材（人教版）相关知识

化学与生活（第十二单元）。

2. 生活中应用

水是生命物质的溶剂，也是生命的营养物质，正常人每天需要2500毫升水。在机体内，水一部分与蛋白黏多糖等生物分子结合存在，在塑造细胞、组织方面起重要作用；另一部分非结合状态的水，主要作为细胞内外的重要溶剂而起作用。

既然水如此重要，是否饮水越多越好呢？传统观点认为，大量饮水可稀释尿中存在的任何致癌物质，可增加水的流动性，能及时把体内代谢产物排除干净，从而防止结石等多种疾病。而现代观点则认为，过量饮水对身体有危害。如美国纽约州立大学医学工作者的一项研究表明，每天饮用水过多者会增加膀胱癌的危险性。另一医学专家通过研究发现，饮水过多会冲淡血液，使全身细胞的氧交换受到影响。特别是脑细胞一旦缺氧，人就会变得迟钝。可见不是饮水越多越好。

饮水过多，会增加有关器官负担，可能引起不良后果，若水质不佳，更对机体有危害。据世界卫生组织调查，世界上80%的疾病与水或水源污染有关。例如，洪水灾难时，人们往往容易患腹泻病，原因是喝了被霍乱弧菌等污染的水。铅厂周围居民为什么易腹痛，原因也是喝了被铅污染的水而发生铅中毒。故人们的生活用水，必须是不含致病菌和有毒物质的清洁水。

但也必须指出，喝上清洁水，也并非就可高枕无忧，比如经常喝未烧开的自来水，可加大膀胱癌和直肠癌的发病率。这是因为氯与水中残留的有机物相互作用产生二羟基化合物——一种有毒的致癌化合物。又如经常喝硬水者可增加结石的患病率，这是因为硬水中含有较多钙、镁离子，它们能转化成难溶性的盐沉积于肾，可引起肾结石。

看来，喝水也有它的科学性，怎样健康饮水？

第一，水应是无臭、无味而又透明的液体，水中含的细菌数应不超过国际标准。水中应含有多种营养物质，如矿泉水就含有多种人体需要的常量元素和微量元素等。

第二，喝水喝茶都不可过量，所谓饮水不可过量，这只是指一般情况而言，并非不能多量，有时如人体发热、腹泻、呕吐、多尿或昏迷以及炎热出汗时，都会失去大量水分，这就要补充水量；早晨人的血液凝固度比晚上大20倍，早晨锻炼者应多喝水，这样能把血液中可能产生的活化因子加以稀释，又可把局部的凝血物冲散，同时能补充运动和夜晚丢失的水分；还有，吃大量肉或鸡蛋的人，也必须多喝水，因为肉含脂肪多，脂肪的代谢给人体提供的能量也多，会产生酸和丙酮，血液中这两种物质多了，人就会患酮病；鸡蛋含蛋白质高，它的分解产物为尿素等，如不能及时排出将逐渐聚集在血液中，引起尿毒症。故多喝水可增加尿量，以消除血中的毒性物质。故虽饮水不可过量，但并不排除特定情况下某些人可多量饮水。

第三，不同年龄的人，饮水方式也不同。老年人结肠、直肠肌肉易于萎缩，排便能力较差，加上肠道中黏液分泌减少，所以大便容易秘结。因此老年人应多饮水，但老年人心肾处于衰竭期，多饮水必会加重心肾负担，因此，老年人饮水又要适量，一般饮水量控制在每日2升左右。初生婴儿机体含水量虽大，但2岁以下婴儿各系统还处在发育中，如果只考虑婴儿需要水分的比例大，不考虑他们的生理功能，就大量补给水分，这实际上只会造成大量果汁或水分填满他们小小的胃，使他们不想吃或不能再吃那些他们身体所需要的营养物质，导致营养不良，影响发育，更有甚者，如果对婴儿短期内过量给水，由于排泄系统发育不完全，一时排出困难，则势必导致血液与间质液被稀释，渗透压降低，使水自由渗入细胞内，使细胞膨胀，发生水中毒，故对婴儿宜多次少量给水。

第四，不同的生理需要，应饮用不同性质的水。如运动员喝保健饮料，稍加点盐和糖。又如高血压病人，一般应少盐少水，老年人和小孩最好饮用温开水，温开水对人刺激小而且有利于保持酶的活性。这就是基于生理需要不同，饮用水性质也不同。

总之，水虽是生命物质，但我们饮用时，要注意科学用水，卫生用水。饮多饮少，这要视情况而定，不可一概而论。

二十二、化学与日常生活小窍门

1. 九年级化学教材（人教版）相关知识

化学与生活（第十二单元）。

2. 生活中应用

（1）巧防衣服褪色

① 用直接染料染制的条格布或标准布，一般颜色的附着力比较差，洗涤时最好在水里加少许食盐，先把衣服在溶液里浸泡10～15分钟后再洗，可以防止或减少褪色。

② 用硫化染料染制的蓝布，一般颜色的附着力比较强，但耐磨性比较差。因此，最好先在洗涤剂里浸泡15分钟，用手轻轻搓洗，再用清水漂洗。不要用搓板搓，免得布丝发白。

③ 用氧化染料染制的青布，一般颜色比较牢固，有光泽，但遇到煤气等还原气体容易泛绿。所以，不要把洗好的青布衣服放在炉火附近。

④ 用士林染料染制的各种色布，染色的坚牢度虽然比较好，但颜色一般附着在棉纱表面。所以，穿用这类色布要防止摩擦，避免棉纱的白色露出来，造成严重的褪色、泛白现象。

（2）巧除衣物上的铁锈

① 可用15%的酒石酸溶液揩拭污渍，或者将沾污部分浸泡在该溶液里，次日再用清水漂洗干净。

② 用10%的柠檬酸溶液或10%的草酸溶液将沾污处润湿，然后泡入浓盐水中，次日洗涤漂净。

③ 白色棉及与棉混织的织品沾上铁锈，可取一小粒草酸（药房有售）放在污渍处，滴上些温水，轻轻揉搓，然后用清水漂洗干净。注意操作要快，避免腐蚀。

④ 最简便方法：如有鲜柠檬，可榨出其汁液滴在锈渍上用手揉搓，反复数次，直至锈渍除去，再用肥皂水洗净。

（3）巧除衣物上的圆珠笔油

① 渍处浸入温水（40℃），用苯或用棉团蘸苯搓洗，然后用洗涤剂洗，清水（或温水）冲净。

② 用冷水浸湿污渍处，用四氯化碳或丙酮轻轻揩拭，再用洗涤剂洗，温水冲净。

③ 污迹较深时，可先用汽油擦拭，再用95%的酒精搓刷，若尚存遗迹，还需用漂白粉清洗。最后用牙膏加肥皂轻轻揉搓，再用清水冲净。但严禁用开水泡。

（4）除果汁三法

① 染上的果汁，可先撒些食盐，轻轻地用水润湿，然后浸在肥皂水中洗涤。

② 对于轻微的果渍可用冷水洗除，一次洗不净，再洗一次，洗净为止。

③ 果渍较重的，可用稀氨水（1份氨水冲20份水）中和果汁中的有机酸，再用肥皂洗净。丝绸可用柠檬酸或用肥皂、酒精溶液来搓洗。在果汁渍上滴几滴食醋，用手揉搓几次，再用清水洗净。

（5）巧除鱼胆的苦味

人们喜欢吃鱼，是因为鱼的味道鲜美。可是，如果剖鱼时不小心弄破了鱼胆，胆汁沾在鱼肉上，就会使鱼肉带有苦味，影响人们的食欲。

胆汁中产生苦味的主要成分是胆汁酸，因为它难溶于水，所以渗入鱼肉中的胆汁，用水是很难完全洗除的。而纯碱能与胆汁酸发生反应，生成物是胆汁酸钠，它可溶于水。所以弄破了鱼胆，只要在沾了胆汁的鱼肉上抹些纯碱粉，稍等片刻再用水冲洗干净，苦味便可消除。如果胆汁污染面积较大，可把鱼放到稀碱液中浸泡片刻，然后再冲洗干净，苦味可完全消除。

（6）巧除茶壶茶杯中的茶锈

要除去茶锈是不难的，你只要将茶壶茶杯中的水倒去，用一支旧牙刷挤上一段牙膏，在茶壶茶杯中来回擦刷，由于牙膏中既有去污剂，又有极细的摩擦剂，很容易将茶锈擦去而又不损伤壶杯。擦过之后再用清水冲洗一下，茶壶茶杯就又变得明亮如新了。

第三节　化学与健康

一、中国公民健康素养66条

基本知识和理念：

（1）健康不仅仅是没有疾病或虚弱，而是身体、心理和社会适应的完好状态。

（2）每个人都有维护自身和他人健康的责任，健康的生活方式能够维护和促进自身健康。

（3）健康生活方式主要包括合理膳食、适量运动、戒烟限酒、心理平衡4个方面。

（4）劳逸结合，每天保证7～8小时睡眠。

（5）吸烟和被动吸烟会导致癌症、心血管疾病、呼吸系统疾病等多种疾病。

（6）戒烟越早越好，什么时候戒烟都为时不晚。

（7）保健食品不能代替药品。

（8）环境与健康息息相关，保护环境能促进健康。

（9）献血助人利己，提倡无偿献血。

（10）成人的正常血压为收缩压低于140毫米汞柱，舒张压低于90毫米汞柱；腋下体温36℃～37℃；平静呼吸16～20次/分；脉搏60～100次/分。

（11）避免不必要的注射和输液，注射时必须做到一人一针一管。

（12）从事有毒有害工种的劳动者享有职业保护的权利。

（13）接种疫苗是预防一些传染病最有效、最经济的措施。

（14）肺结核主要通过病人咳嗽、打喷嚏、大声说话等产生的飞沫传播。

（15）出现咳嗽、咳痰2周以上，或痰中带血，应及时检查是否得了肺结核。

（16）坚持正规治疗，绝大部分肺结核病人能够治愈。

（17）艾滋病、乙肝和丙肝通过性接触、血液和母婴3种途径传播，日常生活和工作接触不会传播。

（18）蚊子、苍蝇、老鼠、蟑螂等会传播疾病。

（19）异常肿块、腔肠出血、体重骤然减轻是癌症重要的早期报警信号。

（20）遇到呼吸、心博骤停的伤病员，可通过人工呼吸和胸外心脏按压急救。

（21）应该重视和维护心理健康，遇到心理问题时应主动寻求帮助。

（22）每个人都应当关爱、帮助、不歧视病残人员。

（23）在流感流行季节前接种流感疫苗可减少患流感的机会或减轻流感的症状。

（24）妥善存放农药和药品等有毒物品，谨防儿童接触。

（25）发生创伤性出血，尤其是大出血时，应立即包扎止血；对骨折的伤员不应轻易搬动。

健康生活方式与行为：

（26）勤洗手、常洗澡，不共用毛巾和洗漱用具。

（27）每天刷牙，饭后漱口。

（28）咳嗽、打喷嚏时遮掩口鼻，不随地吐痰。

（29）不在公共场所吸烟，尊重不吸烟者免于被动吸烟的权利。

（30）少饮酒，不酗酒。

（31）不滥用镇静催眠药和镇痛剂等成瘾性药物。

（32）拒绝毒品。

（33）使用卫生厕所，管理好人畜粪便。

（34）讲究饮水卫生，注意饮水安全。

（35）经常开窗通风。

（36）膳食应以谷类为主，多吃蔬菜水果和薯类，注意荤素搭配。

（37）经常食用奶类、豆类及其制品。

（38）膳食要清淡少盐。

（39）保持正常体重，避免超重与肥胖。

（40）生病后要及时就诊，配合医生治疗，按照医嘱用药。

（41）不滥用抗生素。

（42）饭菜要做熟；生吃蔬菜水果要洗净。

（43）生、熟食品要分开存放和加工。

（44）不吃变质、超过保质期的食品。

（45）妇女怀孕后及时去医院体检，孕期体检至少5次，住院分娩。

（46）孩子出生后应尽早开始母乳喂养，6个月后合理添加辅食。

（47）儿童青少年应培养良好的用眼习惯，预防近视的发生和发展。

（48）劳动者要了解工作岗位存在的危害因素，遵守操作规程，注意个人防护，养成良好习惯。

（49）孩子出生后要按照计划免疫程序进行预防接种。

（50）正确使用安全套，可以减少感染艾滋病、性病的危险。

（51）发现病死禽畜要报告，不加工、不食用病死禽畜。

（52）家养犬应接种狂犬病疫苗；人被犬、猫抓伤、咬伤后，应立即冲洗伤口，并尽快注射抗血清和狂犬病疫苗。

（53）在血吸虫病疫区，应尽量避免接触疫水；接触疫水后，应及时进行预防性服药。

（54）食用合格碘盐，预防碘缺乏病。

（55）每年做一次健康体检。

（56）系安全带（或戴头盔）、不超速、不酒后驾车能有效减少道路交通伤害。

（57）避免儿童接近危险水域，预防溺水。

（58）安全存放农药，依照说明书使用农药。

（59）冬季取暖注意通风，谨防煤气中毒。

基本技能：

（60）需要紧急医疗救助时拨打120急救电话。

（61）能看懂食品、药品、化妆品、保健品的标签和说明书。

（62）会测量腋下体温。

（63）会测量脉搏。

（64）会识别常见的危险标志，如高压、易燃、易爆、剧毒、放射性、生物安全等，远离危险物。

（65）抢救触电者时，不直接接触触电者身体，会首先切断电源。

（66）发生火灾时，会隔离烟雾、用湿毛巾捂住口鼻、低姿逃生；会拨打火警电话119。

二、化学与健康

化学与我们的健康息息相关。追求健康的生活方式，健康的饮食，健康的居住环境，让我们从了解生活中的化学开始。《义务教育化学课程标准（2011年版）》提出，化学课程改革以提高学生的科学素养为主旨，通过知识与技能、过程与方法、情感态度与价值观三个方面具体体现化学课程对学生科学素养的要求，在化学教学实践中，着眼于学生的全面发展，从化学学科教学的特点出发对学生进行健康教育，在化学学科教学中渗透与融合生命教育具有重要的现实意义。

在社会物质日益丰富、科技水平日益提高的今天，环境污染、食品安全问题也不断出现。健康问题日益受到大众的关注。绿色生活，健康生活在大家生活中出现的频率越来越高，越来越多的人在忙碌的生活中寻找一种平衡、健康的生活方式。

健康不仅仅是没有疾病或虚弱，而是身体健康、心理健康和社会适应的完美状态。健康也是一种平衡，元素的平衡，反应的平衡，心理的平衡。

（一）人体内的化学元素

构成人体的元素很多。有些元素在人体内含量较多，如O、C、H、N、

Ca、P、K、S、Na、Cl和Mg共11种元素，占人体体重的99%以上，属于常量元素。其他元素在人体内含量微小，仅占体重的1%不到，属于微量元素。其中F、I、Si、Cr、Cu、Mn、Fe、Co、Mo、Zn、V、Ni、Sn、Se共14种元素，是在人体正常生命活动中所必需的而含量又低于人体总量的0.01%的元素，称为必需微量元素；Al、Ba、Ti等人体内不必需的微量元素，称为非必需微量元素；Hg、Pb、Cd、Tl、Be等对人体有很大危害的元素，称为有害微量元素。

（二）一些常量元素在人体内的生理功能

常量元素在人体中的主要生理作用是维持细胞内、外液的渗透压平衡，调节体液的酸碱度，形成骨骼支撑组织，维持神经和肌肉细胞膜的生物兴奋性，传递信息使肌肉收缩，使血液凝固以及酶活化等。

1. 碳、氮、氧、氢是人体必需的常量非金属元素

C、H、O、N几种元素以水、糖类、油脂、蛋白质和维生素等的形式存在于体内。氮是构成蛋白质的重要元素，是人体的生命元素。蛋白质是构成细胞膜、细胞核、各种细胞器的主要成分。动植物体内的酶也多是由蛋白质组成的。此外，氮也是构成核酸、脑磷脂、卵磷脂、叶绿素、植物激素、维生素的重要成分。

2. 钠、钾、镁、钙是人体必需的常量金属元素

Na^+、K^+、Mg^{2+}、Ca^{2+}四种离子占人体金属离子总量的99%。如果得不到足量的食盐，人就会患缺钠症。主要症状是恶心、肌肉痉挛、神经紊乱等，严重时会导致死亡。

镁是体内多种酶的激活剂，对维持心肌正常生理功能有重要作用。钙是构成骨骼和牙齿的主要成分。钙和镁都能调节植物和动物体内磷酸盐的输送和沉积。钙能维持神经肌肉的正常兴奋和心跳规律，血钙增高可抑制神经肌肉的兴奋，血钙降低，则引起兴奋性增强而产生手足抽搐。

3. 磷也是人体必需的常量元素，主要参与机体组成及能量代谢

人体骨骼、牙齿中的磷为钙量的一半，磷也是软组织的重要成分。此外，机体中的磷还有许多结构性的性能：贮存能量、活化物质、组成酶的成分、调节酸碱平衡。

（三）微量元素在人的生命活动中有着十分重要的作用

微量元素与人类健康密切相关，已引起国内外营养界和医学界的普遍重视。

1. 必需微量元素的功能

人体正常生命活动中所必需的而含量又低于人体总量的0.01%的元素是必需微量元素。每种必需微量元素都有其特殊的生理功能。尽管它们在人体内含量极少，但它们对维持人体中的一些决定性的新陈代谢是十分必要的。一旦缺少了这些必需的微量元素，人体就会出现疾病，甚至危及生命。

总体来说，必需微量元素在人体中的主要功能是：作为细胞和组织的成分、作为功能蛋白质的成分、维持身体内的渗透平衡、作为酶的激活物、参与神经脉冲的传递。

（1）碘通过甲状腺激素发挥生理作用，维持中枢神经系统结构，是合成甲状腺激素的重要微量元素。

（2）硅元素在人体内，主要参与黏多糖的合成与代谢。人体缺硅，可导致关节硬化和动脉硬化，以及其他心血管疾病。

（3）锌是人体中最重要的微量元素之一，是直接参与免疫功能的重要生命相关元素，锌缺乏时，会引起食欲减退、免疫功能低下、眼睛呆滞无神、皮肤粗糙易感染、贫血、视力下降、毛发枯燥，甚至引起肝脾肿大，从而导致发育缓慢。

（4）氟是骨骼和牙齿的正常成分。可预防龋齿，防止老年人的骨质疏松。

（5）钴是维生素B12的重要组成部分。钴对蛋白质、脂肪、糖类代谢、血红蛋白的合成都具有重要的作用，并可扩张血管，降低血压。

（6）铬可预防高血压，防治糖尿病、高血脂、胆结石。铬元素可协助胰岛素发挥作用，防止动脉硬化，促进蛋白质代谢合成，促进生长发育。但当铬含量增高，如长期吸入铬酸盐粉，可诱发肺癌。

（7）铜与人体皮肤的弹性、润泽度有密切的关系。其主要功能是参与造血过程，增强抗病能力，参与色素的形成。铜含量在体内减少时，会影响铁的吸收，导致铁的利用障碍，最终发生缺铁性贫血。

（8）锰能刺激免疫器官的细胞增殖，大大提高具有吞噬、杀菌、抑癌、溶瘤作用的巨噬细胞的生存率。

（9）硒是免疫系统里抗癌的主要元素，可以直接杀伤肿瘤细胞。硒还具有抗氧化，保护红细胞的功用。

（10）铁在人体中含量约为4~5克。铁在人体中的功能主要是参与血红蛋白的形成而促进造血。缺铁常常导致缺铁性贫血。

2. 有害微量元素

有一些微量元素对身体能造成伤害。如铊过高易患脱发症；汞污染能使人口齿不清、步态不稳、面部痴呆、耳聋眼瞎、全身麻木，最后精神失常，身体弯弓，损伤中枢神经系统，严重者合并性格改变、口腔炎症和双手震颤；铅能损坏所有体内器官，影响智力发育和骨骼发育，造成消化不良和内分泌失调，导致贫血、高血压和心律失常，破坏肾功能和免疫功能等；镉污染能使各个关节针刺般疼痛，轻微活动能引起多发病理骨折，最后衰弱疼痛而死。

近一个世纪以来，各国癌症发病率一直处于上升状态。特别是20世纪70年代以来，癌症的发病率在大多数国家居于前三位，病人人数逐年增多。近年来，世界卫生组织的报告认为引起癌症的主要原因是环境因素，因此，癌症病因及其防治成为科学研究的热点。致癌因素大致可以分为三类：已肯定具有致癌作用的元素、可疑致癌元素和促癌元素。

重金属元素与癌的部分调查情况：①已被确定为致癌元素的有As、Cd、Hg、Ni、Pb、Cr、Sb；②可疑致癌的元素有Be、Co、Cd、Se、Tl、Zn；③促进致癌的元素有Cu、Mn。

由此看来，这些看来不起眼的元素，对人的健康有着举足轻重的作用。微量元素对人体特别重要，摄入量过多过少都能引起疾病。人体内各种元素含量都要保持一定的比例。

（四）营养与健康的化学

人体所必需的七大营养物质有蛋白质、脂肪、糖类、无机盐、维生素、水和纤维素。

蛋白质是构成生命的基础，摄入不足会影响身体的发育。因此，婴儿或者儿童以及老人在平时的饮食中应该多摄入含蛋白质的食品。但是摄入过多，同样会加重肝脏负担。糖类是生物体中重要的生命有机物之一。人在正常生理情况下，60%~70%的能量靠糖供应。很多人由于上班时间或者上学时间来不及，不吃早饭，通常会有头晕的症状，很多情况下就是因为大脑供能不足。糖含量过少，会导致脑运动思维迟钝，严重时会使脑细胞死亡；糖含量过多，易导致动脉硬化、冠心病、近视、结核、肾炎、皮肤病、肠道疾病、风湿病、结石等。脂类主要是供给和储存热能，但是脂肪吸收过多会导致肥胖，引发多种疾病。维生素是维持生命的元素，虽然在人体中的含量较小，但是却发挥着重要的作用，是人体新陈代谢的催化剂，如缺乏维生素C会导致维生素C缺乏病。

食物的酸碱性与人体健康也是密切相关的，对保持人体体液的酸碱平衡有着重要的作用，在日常生活中所摄取的食物一定要酸碱适度配合。摄取食物的一般原则为主副食互相配合，如鱼肉类和蔬菜类同时进食等。

（五）饮食与健康

俗话说：病从口入。饮食是维持人体生命的必需物质，但是饮食不当则会引起疾病。近年来由于饮食不平衡引起的疾病不断增加，其中以心血管疾病、糖尿病等尤为突出。如何安排我们的饮食才能有效避免雷区，远离疾病的痛苦呢？

心血管疾病患者应该多吃鱼类、大蒜、洋葱及其他富含抗氧化剂的蔬菜水果；减少动物脂肪和乳制品摄入；尽量食用橄榄油；减少饮酒，过量饮酒会损坏心脏，使心血管系统疾病死亡率升高；如果已有心律失常的情况，应严格限制咖啡的饮用量。高血压也与人们的饮食习惯密切相关。水果蔬菜等含有维生素，有助于降压。而食盐与酒则会使血压明显升高。除此之外，在日常生活中受大家喜欢的茶与酒也与健康息息相关。普洱茶具有降血脂、降胆固醇、抑制动脉硬化、健美减肥等功效。但是心血管病及心脏、肾功能不全患者，一般不宜喝高档茶，尤其是大叶种茶等咖啡因及多酚类物质含量高的茶。晚饭或睡前饮茶过多，会影响入睡，甚至导致失眠，加重神经衰弱。酒具有刺激作用，可加速血液循环；还能消毒杀菌、减轻疼痛；具有祛腥、赋香，助消化等作用，适量饮酒有助于身体健康，但是饮酒过量会导致乙醇中毒，引起急性酒精肝炎、脂肪肝、肝硬化等。

食物污染也会引起疾病。食物中毒就是比较常见的例子。被真菌及细菌污染的食物处理不当也会引起疾病，例如花生、大豆等粮食作物的黄曲霉素中毒。此外还存在一些植物性食物中的毒素，比如发芽马铃薯中的生物碱类毒素，以及一些动物性食物中带有的毒素，比如河豚毒素等。化肥农药的过量使用以及对水源造成的污染都对人体的健康有着严重的危害。

我们的生活、健康与化学有着千丝万缕的关系，衣食住行都离不开对化学的了解，通过对化学与健康的学习，我们用化学的知识服务于生活，关注自己的健康，追求一种优质的生活。

三、消毒剂使用与抗新冠病毒，中考怎么考？

近段时间，如何对抗新冠病毒成了大家最为关注的话题。84消毒剂、75%医用酒精……被大家纷纷抢购。

市面上到底哪些消毒产品能够杀死新冠病毒？使用时又需注意些什么？

（一）消毒的原理："杀菌"不等于"消毒"

市面上很多产品都宣称"可以杀灭99.9%的细菌"，那是不是说选它就没错了呢？事实上，细菌跟病毒是不同的。平常的时候，我们可以利用普通消毒液来杀灭如大肠杆菌、金黄色葡萄球菌等致病菌，但这对病毒不一定有效。新型冠状病毒是一类具有包膜的RNA病毒，耐热性差，外面的包膜对有机溶剂和消毒剂比较敏感。一旦包膜被消毒剂破坏后，RNA也非常容易降解，从而使病毒失活。

我们了解了新冠病毒的弱点，就能对症下药，精准打击。根据《新型冠状病毒感染防护》，"新型冠状病毒怕热，在56 ℃条件下，30分钟就能杀灭病毒；含氯消毒剂、酒精、碘类、过氧化物等多种消毒剂也可杀灭该病毒。"

（二）化学消毒法：选对成分、注意浓度

通常来说，使用医用酒精、消毒剂的方法被称为化学消毒法。不过对于新型冠状病毒来说，并不是所有的化学消毒法都可以杀死它。选对成分、注意浓度，显得尤为重要。目前在售的化学消毒剂种类众多，但根据相关指导手册，乙醚、75%乙醇、含氯消毒剂、过氧乙酸和氯仿等均可有效灭活病毒，但氯己

定（俗称的洗必泰）则不能。

1. 乙醇类

医用酒精是乙醇和水的混合溶液，其中乙醇的浓度为75%，75%的酒精与细菌的渗透压相近，可以在细菌表面蛋白未变性前不断地向菌体内部渗入，吸收细菌蛋白的水分，使其脱水变性凝固，从而达到杀灭细菌的效果。

使用注意事项：

① 并不是酒精浓度越高越好，事实上酒精浓度过高，会使蛋白质变形凝固，反而不利于杀死病毒。如果买不到75%酒精产品，可选购90%酒精产品或者无水乙醇并在使用前稀释至75%左右。

② 使用时，注意不要把酒精大量喷洒在婴幼儿和成人身体上，以免酒精过敏。

③ 要远离明火、不要靠近热源。酒精闪点为13 ℃，较易引起爆炸燃烧。建议大家使用酒精消毒时以擦拭为主，不宜在室内大面积进行喷洒。

④ 手机屏幕、电脑键盘、鼠标等常用小物件也要注意清洁，可以用含75%酒精的湿巾产品来擦拭消毒。

不同浓度酒精作用：

不是所有浓度的酒精都可以消毒，一般说来，不同浓度酒精作用不同。

① 浓度为25%～50%的医用酒精可用于物理降温。

② 40%～50%的酒精可预防压疮的形成，采用少许酒精对患者受压部位进行按摩，可促进局部血液循环，预防压疮的产生。

③ 75%的酒精可用于消毒。过高浓度的酒精会在细菌表面形成保护膜，难以进入细菌体内，很难将细菌彻底清除。若酒精浓度过低，虽说可以进入细菌内部，但难以将细菌内的蛋白质凝固，也不可将细菌彻底清除。所以说，家庭能见到的高度白酒，大约在50°左右，其实没有消毒的能力。

④ 95%的酒精在医院里常被用于擦拭紫外线灯，在家庭中仅可用于相机镜头等物品的清洁。

2. 含氯消毒剂

日常生活中的含氯类消毒剂主要有84消毒液（主要成分为次氯酸钠）、漂白粉（主要成分为次氯酸钙）等。使用时，按照产品说明书，按比例稀释后装在塑料容器里就可以进行消毒杀菌。

使用注意事项：

① 浓度是关键，一定要按照产品说明来稀释。

② 不是名字里含有"氯"字，就是含氯消毒剂。以滴露、威露士消毒液为代表的产品其有效成分为对氯间二甲苯酚，属于酚类消毒剂，而非含氯消毒剂。根据UTD资料显示，酚类消毒剂和季铵盐类消毒剂对冠状病毒无效。上海市新冠肺炎医疗救治专家组组长，复旦大学附属华山医院感染科主任张文宏在其所著的《张文宏教授支招防控新型冠状病毒》一书中也提到"滴露的有效成分是对氯间二甲苯酚，对新型冠状病毒无效。

③ 根据卫健委公布的《新型冠状病毒感染的肺炎诊疗方案（试行第五版）》，氯己定（俗称的"洗必泰"）不能有效灭活病毒，应避免使用含有氯己定的消毒剂。

④ 虽然含氯消毒剂的杀菌灭病毒能力强，但刺激性也强。在使用时，一定要注意避开皮肤和口鼻。其对织物有腐蚀和漂白作用，不可以用于有色衣物及其他织物的消毒。

⑤ 84消毒液不可以与洁厕灵同时使用！次氯酸钠会与盐酸反应放出氯气，从而引起中毒。也不推荐和酒精同时使用，消毒效果可能减弱甚至可能产生有毒气体。

（三）物理消毒法

新冠病毒对紫外线和热敏感。加热法、紫外线照射法等物理消毒法自然也是可以有效灭活病毒的，但时间和强度都需要注意。

1. 对于耐热物品

比如餐具、玩具、奶瓶等小物件，煮沸超过30分钟或蒸汽蒸5分钟就可以达到消毒的目的。

2. 紫外线消毒法

紫外线的威力很强，可以轻松破坏病毒蛋白和核酸。用强度大于90微瓦／平方厘米的紫外线照射冠状病毒，30分钟就可将其杀灭。有条件的可以购买紫外灯进行小面积消毒，若要对面积较大的范围进行消毒，请参照紫外灯说明书。

使用注意事项： ①一定要在无人的情况下使用！因为紫外线对组织有光化学作用，会对眼睛、皮肤造成损伤。②紫外线照射时，也可能产生臭氧，臭氧具有强氧化作用，虽然可有效地杀灭细菌，但人体吸入过多会引起咽喉肿痛、胸闷咳嗽，还可导致头晕、头痛等症状。因此，使用这类紫外线灯后，应先通风半小时以上，再进入房间。

（四）疫情防感染，到底应该怎样消毒？

（1）表面消毒可选择含氯消毒剂（如84消毒液）、75%酒精等；手、皮肤消毒可选择医用酒精、碘伏或速干手消毒剂等。

（2）消毒剂本身是具有一定危险性的化学品，必须严格按照说明书选用。浓度并非越高越好，比例一定要尽量保持准确。使用时要佩戴手套，避免接触皮肤，做好保护措施。要特别注意的是，84消毒液不能和酸性物质（如醋、洁厕灵等）混用，混合后会产生大量氯气，导致人员中毒。

（3）使用酒精类消毒剂时，一定要远离火种，密封保存。

（4）中国疾控中心提示：如果没有陌生人进屋，也没有疫区回来的亲戚朋友串门，没有病人，也没有人不舒服，就不用消毒了，常通风、勤洗手、做好清洁就可以了。

中考考题如何考？

1. 2019年12月以来，我国部分地区突发的病毒性肺炎威胁着人们的身体健康。以下是人们在面对病毒性肺炎时的一些认识，你认为符合科学道理的是（C）

A. 家庭消毒时，消毒液越浓越好

B. 吸烟、喝酒可以预防病毒性肺炎

C. 应经常保持室内清洁卫生和通风

D. 必须每天吃药，补充人体所需化学物质

2. 双氧水（即过氧化氢H_2O_2）因产物没有污染而被称为绿色消毒剂，可用于家庭消毒以预防病毒肺炎肺炎。下列有关其说法正确的是（A）

A. 双氧水和水一样由氢、氧两种元素组成

B. 双氧水由氢分子和氧分子构成

C. 双氧水的分子比水分子多一个氧元素

D. 双氧水分解产生氧气，说明在双氧水中原来就含有氧分子

3. 为预防新型冠状病毒，公共场所可用0.5%的过氧乙酸［化学式为$C_2H_4O_3$］溶液来消毒，要配制0.5%的过氧乙酸溶液1000 g，下列方法中正确的是（B）

A. 称取0.5 g过氧乙酸、溶于100 g水中

B. 称取5 g过氧乙酸、溶于995 g水中

C. 称取0.5 g过氧乙酸、溶于1000 g水中

D. 称取50 g过氧乙酸、溶于950 g水中

4. 自从在我国部分地区出现新型冠状病毒肺炎疫情以来，一些医用消毒剂走进了百姓家。过氧乙酸（$C_2H_4O_3$）是一种高效消毒剂。请根据过氧乙酸的化学式（$C_2H_4O_3$）回答：

（1）过氧乙酸由＿＿＿＿＿＿＿种元素组成，属于＿＿＿＿＿＿＿（填"化合"或"氧化"）物。

（2）过氧乙酸的相对分子质量；

（3）过氧乙酸分子中各原子个数比；

（4）过氧乙酸中各元素的质量比；

（5）过氧乙酸中碳元素的质量分数（精确到0.1%）。

【答案】（1）三　化合　（2）76　（3）2：4：3

（4）C：H：O：N＝12×2：1×4：16×3＝6：1：12　（5）31.6%

5. 抗击"新型冠状病毒"，学以致用，现需溶质质量分数为0.5%的过氧乙酸对地面、墙壁、门窗进行消毒。请根据你学过的"一定溶质质量分数溶液的配制"方法，配制0.5%的过氧乙酸。

（1）实验用品

水（把水的密度近似看成1 g/cm^3）；密度为1.0261 g/cm^3，溶质质量分数为20%的过氧乙酸；量筒（1000 mL）、10 L塑料桶、竹棍（或木棍），口罩、眼镜、橡皮手套。

（2）实验（配制）步骤

①计算配制比例：将200 mL 20%的过氧乙酸（密度为1.0261 g/cm³）稀释为0.5%的过氧乙酸，需加入水的体积为＿＿＿＿＿＿＿mL；过氧乙酸与水的配制比例为＿＿＿＿＿＿＿（体积的整数比）。

②戴好防护用品，因过氧乙酸有＿＿＿＿＿＿＿性。

③用量筒量取200 mL20%的过氧乙酸倒入塑料桶中，按比例兑水，用＿＿＿＿＿＿＿搅拌后，盖好桶盖待用。

（3）请根据你学过的"（某些）金属能与（某些）酸反应"的有关知识思考分析：过氧乙酸＿＿＿＿＿＿＿（填"能"或"不能"）用铁器皿盛装，原因是＿＿＿＿＿＿＿。

［答案］（2）8003.58　1∶40　②腐蚀　③木棍　（3）不能　与铁反应

第四节　化学教学与生命教育

一、可被人体吸收的电子器件问世

1. 九年级化学教材（人教版）相关知识

纳米材料特殊的性能（序言）。

2. 生命教育点：化学提高人类生活品质（益处）

简介：新华社2016年5月29日报道，浙江大学和英国剑桥大学的科学家用鸡蛋清和可降解金属制造出一种可被人体体液溶解、吸收的忆阻器。这种电子器件将在疾病诊断和治疗中发挥作用。

忆阻器是一种能够实现信息存储功能的电子器件。产品利用纯天然鸡蛋白材料和可降解金属研制出生物兼容的可降解非挥发性储存器——忆阻器。该储存器的核心材料是一层30纳米厚的蛋白，上下电极分别由镁和钨薄膜金属构成，改变电极上的电压可以将器件由高阻抗变成低阻抗状态，或反之，达到储存信息的目的。研究表明，此忆阻器可读写数百次，在干燥情况下信息储存三个月而不变。当器件放入水中时，利用纳米级的镁和钨在水中的溶解性特点，整个器件在3天时间内几乎完全溶解于水，仅留下少许的痕迹。

现有的植入式医疗器件一般含有铜、金、银或铝等不可降解金属材料，植入和更换、去除都需要经由手术完成。可降解医疗系统的出现，将有可能令医疗器件与人体环境更相容，避免一次植入多次手术。这项研究为未来植入人体的各类电子系统提供了技术基础。

二、2018年北京交通大学"12·26"实验室爆炸事故

1. 九年级化学教材（人教版）相关知识

药品的存放（第一单元）。

2. 生命教育点：普及常用危险化学品标志

简介：2018年12月26日，北京交通大学市政环境工程系学生在学校东校区2号楼环境工程实验室里，进行垃圾渗滤液污水处理科研试验期间，现场发生爆炸，过火面积约60平方米，并造成了参与试验的学生2名博士1名硕士死亡。

该事故的原因为在使用搅拌机对镁粉和磷酸进行搅拌、反应过程中，料斗内产生的氢气被搅拌机转轴处金属摩擦、碰撞产生的火花点燃爆炸，继而引发镁粉粉尘云爆炸，爆炸引起周边镁粉和其他可燃物燃烧，造成现场3名学生烧死。

磷酸与镁粉混合会发生剧烈反应并释放出大量氢气和热量。氢气属于易燃易爆气体，爆炸极限为4%～76%（V/V），最小点火能0.02 mJ，爆炸火焰温度超过1400℃。因搅拌、反应过程中只有部分镁粉参与反应，料斗内仍剩余大量镁粉。镁粉属于爆炸性金属粉尘，遇点火源会发生爆炸，爆炸火焰温度超过2000℃。

搅拌过程中，搅拌机料斗内上部形成了氢气、镁粉、空气的气固两相混合区；料斗下部形成了镁粉、磷酸镁、氧化镁（镁与水反应产物）等物质的混合物搅拌区。转轴盖片与护筒摩擦、碰撞产生的火花，点燃了料斗内上部氢气和空气的混合物并发生爆炸（第一次爆炸），爆炸冲击波超压作用到搅拌机上部盖板，使活动盖板的铰链被拉断，并使活动盖板向东侧飞出。同时，冲击波将搅拌机料斗内的镁粉裹挟到搅拌机上方空间，形成镁粉粉尘云并发生爆炸（第二次爆炸）。爆炸产生的冲击波和高温火焰迅速向搅拌机四周传播，并引燃其他可燃物。

事故调查组认定，北京交通大学有关人员违规开展试验、冒险作业；违规购买、违法储存危险化学品；对实验室和科研项目安全管理不到位。

危险化学品是指具有毒害、腐蚀、爆炸、燃烧、助燃等性质，对人体、设

施、环境具有危害的剧毒化学品和其他化学品。根据常用危险化学品的危险特性和类别，设主标志16种，副标志11种。（举例如下）

主标志：

底色：橙红色 图形：正在爆炸的炸弹（黑色） 文字：黑色	底色：正红色 图形：火焰（黑色或白色） 文字：黑色或白色
标志1 爆炸品标志	标志4 易燃气体标志
底色：绿色 图形：气瓶（黑色或白色） 文字：黑色或白色	底色：白色 图形：骷髅头和交叉骨形（黑色） 文字：黑色
标志3 不燃气体标志	标志2 有毒气体标志
底色：红色 图形：火焰（黑色或白色） 文字：黑色或白色	底色：红白相间的垂直宽条（红7、白6） 图形：火焰（黑色） 文字：黑色
标志5 易燃液体标志	标志6 易燃固体标志

底色：上半部白色，下半部红色	底色：蓝色
图形：火焰（黑色或白色）	图形：火焰（黑色）
文字：黑色	文字：黑色
标志7 自燃物品标志	标志8 遇湿易燃物品标志
底色：柠檬黄色	底色：柠檬黄色
图形：从圆圈中冒出的火焰（黑色）	图形：从圆圈中冒出的火焰（黑色）
文字：黑色	文字：黑色
标志9 氧化剂标志	标志10 有机过氧化物标志
底色：白色	底色：白色
图形：骷髅头和交叉骨形（黑色）	图形：骷髅头和交叉骨形（黑色）
文字：黑色	文字：黑色
标志11 有毒品标志	标志12 剧毒品标志
底色：白色	底色：上半部黄色，下半部白色
图形：上半部三叶形（黑色），下半部一条垂直的红色宽条	图形：上半部三叶形（黑色），下半部两条垂直的红色宽条
文字：黑色	文字：黑色
标志13 一级放射性物品标志	标志14 二级放射性物品标志
底色：上半部黄色，下半部白色	底色：上半部白色，下半部黑色
图形：上半部三叶形（黑色），下半部三条垂直的红色宽条	图形：上半部两个试管中液体分别向金属板和手上滴落（黑色）
文字：黑色	文字：（下半部）白色
标志15 三级放射性物品标志	标志16 腐蚀品标志

副标志：

底色：红色 图形：火焰（黑色） 文字：黑色	底色：红白相间的垂直宽条（红7、白6） 图形：火焰（黑色） 文字：黑色
标志21 易燃液体标志	标志22 易燃固体标志
底色：上半部白色，下半部红色 图形：火焰（黑色） 文字：黑色或白色	底色：蓝色 图形：火焰（黑色） 文字：黑色
标志23 自燃物品标志	标志24 遇湿易燃物品标志
底色：柠檬黄色 图形：从圆圈中冒出的火焰（黑色） 文字：黑色	底色：白色 图形：骷髅头和交叉骨形（黑色） 文字：黑色
标志25 氧化剂标志	标志26 有毒品标志
底色：上半部白色，下半部黑色 图形：上半部两个试管中液体分别向金属板和手上滴落（黑色） 文字：（下半部）白色	
标志27 腐蚀品标志	

图2-4-1

每个标识上都透露了很多信息，我们可以简单通过文字、基本图案、数字等来区分。

文字：文字直接表示危险化学品种类，如上述标识中的"爆炸品""有毒品""腐蚀品"等，看到带有此类文字的标识即代表着危险。

图案：图案代表危险源，上面标识中很多图案都是相同的，比如小骷髅头及枯骨代表的是有毒品。火焰代表的是易燃或自燃品，同样不管它的形态是气体、液体还是固体都是用火焰图案表示的。

数字：数字代表危险等级，上面标识中很多都带有数字，比如放射性物品的三个图标看起来就非常相似，区别在于罗马数字Ⅰ、Ⅱ、Ⅲ。参照国际原子能机构的有关规定，按照放射源对人体健康和环境的潜在危害程度，从高到低将放射源分为Ⅰ、Ⅱ、Ⅲ、Ⅳ、Ⅴ类。也就是说数字越小危险等级越高，所以数字越小表示越危险。

三、12·28广东石油化工学院泼硫酸案

1. 九年级化学教材（人教版）相关知识

意外事故的处理（第一单元）。

2. 生命教育点：普及接触硫酸后的处理办法（危害）

简介： 2020年12月28日14时40分许，广东石油化工学院西城校区发生一宗刑事案件。因矛盾纠纷，该校学生叶某荣在做实验时，将硫酸泼洒到多名女同学身上，致女生脸部、眼珠受损严重。

浓硫酸是质量分数大于或等于70%的硫酸水溶液，俗称坏水。浓硫酸具有强腐蚀性：在常压下，沸腾的浓硫酸可以腐蚀除铱和钌之外所有金属（甚至包括金和铂），其可以腐蚀的金属单质种类的数量甚至超过了王水。硫酸在浓度高时具有强氧化性，这是它与稀硫酸最大的区别之一。同时它还具有脱水性，难挥发性，酸性，吸水性等。

硫酸具有极高的腐蚀性，特别是高浓度硫酸。高浓度的硫酸不仅有强酸性，也具有强烈脱水及氧化性质：除了会和肉体里的蛋白质及脂肪发生水解反应并造成严重化学性烧伤之外，它还会与碳水化合物发生高放热性去水反应并将其碳化，造成二级火焰性灼伤，对眼睛及皮肉造成极大伤害。

接触到硫酸怎么办?

皮肤接触到硫酸的急救办法:稀硫酸立即用大量冷水冲洗,然后用3%～5%的$NaHCO_3$溶液冲洗;浓硫酸先用大量冷水冲洗,再用3%～5%的$NaHCO_3$溶液涂于患处,最后用0.01%的苏打水浸泡,情况严重的需要送医。

眼睛接触到硫酸的急救办法:避免直接接触。如果必要,穿上化学用保护服。尽快用温水轻轻冲洗接触到硫酸的眼睛至少20到30分钟,过程中要保持眼睑的打开。如果条件允许的话,应尽快使用中性生理盐水冲洗,而且冲洗过程不应中断。另外要特别注意的是,冲洗过程中,不要让冲洗眼睛的水溅到未被污染的眼睛或脸上。如果伤者仍感到刺热疼痛,则要反复冲洗,并尽快将受害者送到急救部门。

吞下硫酸的急救办法:当受害者迅速地失去意识,不省人事或正在抽搐时,切忌往受害者嘴里送任何东西。用水彻底地冲洗受害者的口腔。谨记:不要诱导受害者呕吐。让受害者喝下240到300毫升的水,用以稀释胃部的硫酸。如果有牛奶的话,可以在受害者喝水后让其喝下。如果呕吐自发性地发生,则要反复给受害人喝水,并且尽快将受害者送到急救部门。(资料来源:北京防空防灾信息网、医学百科网)

四、天津渤化永利化工公司"4·26"中毒窒息事故

1. 九年级化学教材(人教版)相关知识

氮气的化学性质(第二单元)。

2. 生命教育点:氮气浓度过高带来的危害(危害)

简介:2018年4月26日20时40分,中石化工建设有限公司5名工人在天津渤化永利化工股份有限公司维修作业时,发生氮气中毒事故。事故直接原因是永利化工公司煤化工事业部设备大修期间使用氮气进行系统气密性试验时,发现合成氨变换工段3#变换炉人孔处泄漏,承包商检维修作业人员在未办理检维修作业票的情况下拆卸人孔盖准备更换垫片时,3#变换炉内氮气泄漏导致发生中毒窒息事故。

氮气无色无味,并且空气中含有氮气(78%),这会导致很多人没有意识

到氮气的危险。氮气到底有多危险？根据全世界化工行业的统计，在化工行业内，每年死于氮气窒息的人数远远超过其他有毒气体中毒死亡以及火灾爆炸死亡的人数，氮气已经成为化工行业第一杀手。

氮气致人窒息机理：氮气与二氧化碳、甲烷、乙炔、氖等都是直接窒息性气体。其特点是自身浓度增大导致空气中含氧量降低而发生窒息。一般当空气中氧含量低于18%时，就会发生窒息事故。

氮浓度略高时，人会有轻度头痛、恶心、呕吐、幻觉及兴奋症状。此种情况，如发现早、及时改善通风条件，患者会很快自行恢复。若氮气含量继续增高，空气中氧含量减少，则会使人呼吸困难。人若吸入纯氮气，会因严重缺氧引发窒息甚至导致死亡。

氮气窒息事故发生时，受害者只要在相对浓度较高的氮气空间中停留2分钟就很难有逃出或自救能力；当工作空间中氧浓度低于10%时可立即使人窒息死亡。

五、因臭氧浓度超标2019年深圳空气质量全国排名有所滑落

1. 九年级化学教材（人教版）相关知识
空气污染和防治（第二单元）。

2. 生命教育点：臭氧的危害和防护（危害）

简介：2020年4月14日羊城晚报报道，生态环境部发布2019年全国环境空气质量榜单。其中，深圳名列第九位。据了解，深圳是一线城市中空气质量最好的，还曾排在全国城市前三。此次，深圳空气质量在全国的排名有所滑落，主要原因为臭氧浓度超标。

臭氧通常存在于距离地面30千米左右的高层大气中，它能有效阻挡紫外线，保护人类健康。但是在近地面，臭氧却是一种令人讨厌的污染物。它是光化学烟雾的主要成分。汽车排放的氮氧化物，在阳光辐射下就会生成臭氧。因此在阳光强烈、气温高的夏季，就容易发生臭氧超标。

大气层中的臭氧有90%分布在离地面20 km至50 km的平流层高空，来自太阳的紫外线，将一个氧气分子分为两个氧原子，然后每个氧原子和没有分裂的

氧气分子合并生成三个氧原子组成的臭氧分子。臭氧分子不稳定，会分解、又合并形成动态平衡的臭氧层，臭氧对太阳辐射的紫外线有强烈的吸收作用，因此这层臭氧在高空保护地球生物免遭过量紫外线照射，是我们地球生物的保护伞。

另外10%左右的臭氧存在于我们生活的对流层。在春季北半球会有一些来自平流层的臭氧向下输送，但更多的对流层臭氧来自光化学反应。人类排放的工业废气及化石燃料的燃烧所排放的尾气中含有大量氮氧化物和挥发性有机物。这些物质在特定的气象条件下，如强烈日光、无风或微风时，经过一系列光化学反应生成了主要含臭氧、醛类以及多种过氧酰基硝酸酯的光化学污染物，其中臭氧含量占90%。这部分对流层臭氧既是造成全球变暖的温室气体又是损害地球生物的有害污染气体。我们目前所说的臭氧污染主要是对流层内的更贴近人类的这部分有害的臭氧。

地表臭氧的破坏力极强。从结构上看，臭氧分子（O_3）只比氧气分子（O_2）多一个氧原子。但是这个氧原子非常不稳定，导致臭氧在常温下极易分解。臭氧分解产生的氧原子具有强氧化能力，不仅能够破坏细胞膜，让蛋白质失活，还能降解DNA和RNA，对细胞进行全方位打击。

环境中高浓度的臭氧会强烈刺激我们的眼睛和呼吸道黏膜，诱发呼吸道疾病，还会导致皮肤老化和过早死亡。1943年7月美国洛杉矶市首次观测到光化学污染时，许多市民表示感觉到"双眼刺痛，呼吸时喉咙像被刮擦过一样"，误以为遭到了日军的毒气袭击；1952年12月的一次光化学烟雾事件中，洛杉矶市甚至有400多名65岁以上的老人因臭氧污染死亡。

虽然臭氧污染危害大，但却没必要杜绝使用一切臭氧发生装置，比如激光打印机、静电式空气净化器、臭氧消毒柜等家用电器。事实上，人类活动直接排放的臭氧微不足道。而且由于臭氧最终分解产物是氧气，不会有任何有害残留物，是一种非常安全且高效的消毒剂。如今，臭氧消毒技术已相当成熟，科学地使用不会对人体和环境造成危害，只要在使用的时候注意避开老人、小孩及孕妇等敏感人群就可以了。

如何防护臭氧污染？

很遗憾，目前市面上没有特别可靠的臭氧污染防护设备。和PM2.5等颗粒污染物不一样，臭氧是极小的空气分子，常见的面罩难以阻挡。因此，应对臭氧污染最经济有效的做法不是"防"，而是"躲"。臭氧的生成离不开光照，因此臭氧污染多集中在春夏的午后。但是，由于它很容易降解，我们只要避免在臭氧污染高峰期出行，同时减少这段时间开窗通风的频率，就能避免大部分臭氧伤害。

六、中国"人造太阳"首次实现1亿度运行

1. 九年级化学教材（人教版）相关知识

原子的构成（第三单元）。

2. 生命教育点：核聚变——人类能量的来源（益处）

简介：2018年11月12日，我国大型科学装置"人造太阳"取得重大突破，实现加热功率超过10兆瓦，等离子体储能增加到300千焦，等离子体中心电子温度首次达到1亿摄氏度，获得的多项实验参数接近未来聚变堆稳态运行模式所需要的物理条件。

这里我们所说的"人造太阳"实际上是指核聚变装置，之所以被称为"人造太阳"是因为该装置和太阳一样利用核聚变释放巨大能量。

核裂变是指一个原子分裂成许多原子，比如铀原子裂解成氪原子和钡原子。这个过程中元素周期表上铁以后的元素裂变后放出的能量大于裂变所需要的能量。可控的核裂变技术已经被人类掌握，比如说核电站。

核聚变是指将不同的原子结合到一起变成一个原子，比如氢的两个同位素氘、氚结合形成氦原子。这个过程中在元素周期表上铁以前的元素聚变后放出的能量大于聚变所需要的能量。虽然目前人类已经掌握了氢弹技术（不可控核聚变），但依然难以长时间维持可控的核聚变技术。要达到核聚变的基本要求，最重要的是温度。要想让原子核和电子自由移动，并且相互碰撞结合成更大的原子，至少需要约上亿摄氏度。

核聚变是宇宙的能源，太阳及恒星之所以发光发热，正是因为其内部持续不断地进行着氢核间的核聚变反应。

由于自身质量巨大，在强大的引力下，太阳会不断挤压其内部的氢原子

核，使内部的压力和温度变得极高，氢原子核间不断相互碰撞，形成了可以产生核聚变反应的高温高密度条件，从而发生核聚变释放巨大能量。太阳核心温度超过1500万摄氏度，在这种极高温条件下进行的核聚变反应也被称为热核聚变。

热核聚变反应是氢弹爆炸的基础。氢弹的爆炸依赖原子弹来引爆，可在瞬间产生巨大能量。在原子弹爆炸产生的高温下，燃料的原子将全部电离成离子（原子核）和电子，它们组成的集合体即为等离子体。但氢弹爆炸是不可控的热核聚变反应，不能作为提供能源的手段。于是人类便致力于在地球上实现人工控制下的核聚变反应，即受控核聚变，希望利用太阳发光发热的原理，为人类提供源源不断的能源。

七、辽宁自来水可燃，因混入天然气！

1. 九年级化学教材（人教版）相关知识

水的净化（第四单元）。

2. 生命教育点：甲烷混入自来水的危险（危害）

简介：2020年11月22日，辽宁盘锦大洼区赵圈河镇的文女士反映，家里的自来水能点燃。文女士称，自来水能点燃的情况持续几年了，有时候打开水龙头水里就会出现气体，这时就可以点燃，目前能够燃烧的具体原因不明。

经过调查分析，专家认为，该居民所在的四营屯自来水来自深层地下水，因少量天然气混入水层，在采水过程中将天然气带到地面。近期该区域自来水站的蓄水装置正在扩容改造，临时采取地下水直供方式，导致少量天然气进入自来水管网，造成可燃现象。

自来水断水之后，为什么会冒气体？

自来水管中冒气体其实是很正常的，因为断水后水头回缩，很多居民会拧开水龙头看看有没有水，刚断水初期，拧开水龙头时你会发现气流是向内的，这时候就会吸入气体，当重新恢复供水时，这些气体无处释放，最终会在每户人家终端，也就是水龙头这边排出。

另一个因素则是高压水中本身就溶解了不少气体，断水后压力降低，气体在自来水管中逸出，而恢复供水时一时无法溶解，同样会产生嘶嘶作响的声音，如果在水管中气体以一个气泡一个气泡方式存在的话，还会产生一段水喷一段气体的情况。

偶尔会碰到断水后来水放出的水是奶白色的，有两种解释，一种是次氯酸的水相容问题，另一种是高压自来水的水泡析出问题，一般静置一段时间后就会消失，不影响饮用，不过不放心的话可以放掉，或者用作洗衣洗碗用水。

如果自来水是浑浊的，那说明水管中被带入水垢了，我们用的都是镀锌水管，不容易生锈，但接头处破损会导致大量锈蚀，断水再来水的冲击就会让这些锈斑脱落，所以水龙头上一般都有一层细网结构，它能挡住大的块状物，但挡不住很细的颗粒。

八、长征五号遥五运载火箭搭载"嫦娥五号"探测器发射升空

1. 九年级化学教材（人教版）相关知识

氢能的优点，燃烧（第四单元）。

2. 生命教育点：人类对太空探索的意义（益处）

简介：2020年11月24日4时30分，中国在文昌航天发射场，用长征五号遥五运载火箭，成功发射探月工程嫦娥五号探测器，火箭飞行约2200秒后，顺利将探测器送入预定轨道，开启我国首次地外天体采样返回之旅。

相关知识

长征五号是目前国产现役最大推力的火箭。它身高约57米，中心直径5米，起飞质量约870吨，近地轨道运载能力25吨，太阳同步轨道运载能力14吨。而即将到来的空间站、火星探测、探月取样等工程都要倚仗长征五号。

长征五号采用新火箭推进剂

传统的长征家族火箭，包括长征二、三、四号火箭都使用四氧化二氮/偏二甲肼推进剂组合，它们毒性大、发射准备周期长、价格昂贵、比冲偏低。比冲是衡量单位质量推进剂产生冲量的指标，一般来说，这个数据越大意味着火箭推进能力越强。相比较而言，液氧煤油、液氧液氢推进剂更优，也是世界主流大型火箭的选择。

因而，长征五号一大变化是它的核心推进剂是由液氧煤油（助推器）和液氧液氢组合使用。由于液氧液氢的稳定储存温度极低，分别为零下183和零下253摄氏度，长征五号也因而得名为"冰箭"。

九、俄罗斯网红庆生往浴池倒30千克干冰，造成三人窒息死亡

1. 九年级化学教材（人教版）相关知识

二氧化碳升华，二氧化碳的密度比空气的密度大，二氧化碳不能供给呼吸（第六单元）。

2. 生命教育点：干冰带来的危险（危害）

简介：2020年2月28日，在俄罗斯一网红的生日派对上，其丈夫为了创造梦幻的雾气，将约30千克干冰倒进浴池中。没想到干冰遇水会释放大量二氧化碳，在密闭的空间中会使人窒息而亡。事故造成两名客人当场死亡，网红的丈夫最终也抢救无效死亡，另有多人受伤。

三人的死因均是机械性窒息。这是因为干冰与水混合后，会产生比空气重的蒸气。而在密闭环境中吸入高浓度的干冰释出物，会导致血液中的二氧化碳含量飙升，阻止氧气到达重要器官导致脑缺氧症状，最后引发反射性呼吸骤停甚至猝死。

十、二氧化碳和海洋酸化

1. 九年级化学教材（人教版）相关知识

二氧化碳能溶于水，二氧化碳能与水反应生成碳酸（第六单元）。

2. 生命教育点：海洋酸化对生态环境的影响（危害）

简介：随着环保意识的增强，人们对周边环境也越来越关注。近年来，海洋生态环境问题引发了人们的广泛讨论，"海洋酸化"一词也逐渐进入人们的视野。

海洋酸化，是指由于海洋吸收、溶解大气中过量二氧化碳而引起海水变酸的现象。海洋会吸收大气中的二氧化碳，正是这一性质起到了抑制温室效应加剧的作用。但是长年累月，海水吸收的二氧化碳不断积蓄，使本该呈弱碱性的

海水逐渐向酸性变化。究其原因，新华社报道称，海洋酸化问题和全球气候变暖"祸出同因"——都源于主要温室气体二氧化碳的过量排放。

那么，海洋酸化对生态环境会产生哪些影响呢？首先，海洋酸化会影响海洋生物的生长。新华社报道称，海洋酸化会影响珊瑚、贝类等钙化生物的正常生长，"腐蚀"它们的碳酸钙外壳，甚至对它们造成致命的影响，进而破坏整个食物链。为了保护自己，这些钙化生物会长得越来越小、外壳越来越厚，这会对食用贝类养殖产业造成很大的打击。此外，溶解于海水中的二氧化碳还可能在某种条件下被重新释放到大气中，从而会加剧温室效应。

由此可见，海洋酸化的危害的确不小。但近年来，更令人忧心的是，海水酸化正在"急剧加速"。环球网报道称，最直观的表现就是海水的pH变化。pH可以用来表示事物的酸碱度，数值越低就表示越酸。数据显示，每十年全球海水pH的平均值就下降0.018；对比自工业革命以来的大约250年间每十年全球海水pH平均值的变化，这几乎是以后者的4.5倍速在发展。

十一、碳酸饮料不要冷冻

1. 九年级化学教材（人教版）相关知识

二氧化碳能溶于水，二氧化碳的溶解度，物理爆炸（第六单元）。

2. 生命教育点：碳酸饮料冷冻可能带来危险（危害）

简介：2017年7月，上海嘉定一名6岁男孩从冰箱拿出一罐冰冻可乐，在开启瞬间发生爆炸。因气体喷发力度大，罐口拉环直接划到孩子脸上，伤口很深直接穿透脸腮，在医院外缝31针内缝7针。

冰的密度比水小，液体可乐在结冰后体积会膨胀；同时，由于二氧化碳在冰块里面的溶解度要低于在液体里面的溶解度，因此结冰后原先在液态可乐中溶解的二氧化碳会析出，从而导致可乐罐变形甚至被撑爆；切记不要将可乐等碳酸饮料放进冰箱冷冻室。

十二、重庆永川"12·4"矿难：致命的一氧化碳

1. 九年级化学教材（人教版）相关知识

一氧化碳的毒性（第六单元）。

2. 生命教育点：致命的一氧化碳，一氧化碳中毒的预防和救治措施（危害）

简介：2020年12月4日17时许，重庆市永川吊水洞煤矿发生"一氧化碳超限"事故，导致23人死亡，1人获救。12月4日，国务院安委会决定对永川本次煤矿事故进行挂牌督办。12月9日，重庆市召开电视电话会议，首次披露吊水洞重大安全事故原因，初步分析是企业自行拆除井下设备时违规作业引发火灾，发生一氧化碳超限。

因为12月4日、5日吊水洞煤矿井口附近的一氧化碳浓度仍较高等因素，当地警方对井口附近区域进行了严密封锁。

本次事故的救援队员，也跟2016年11月30日的永川金山沟煤矿瓦斯爆炸事故一样，通过持续、巨量向洞内输入新鲜空气的方式，将煤矿中的有毒气体从煤矿通风道中赶出，稀释洞内有毒气体，然后在确保救援人员安全的前提下，再入洞展开救援。

致命的一氧化碳

新华社12月4日发布的吊水洞煤矿事故后的洞口照片显示，该煤矿井口处有白色的浓烟持续涌出。

煤矿中的一氧化碳，主要是井下煤层氧化产生的气体，煤矿安全规程规定煤矿井下空气中一氧化碳浓度不得大于0.0024%，常用单位是ppm。按规定，矿井中的一氧化碳浓度不能超过24 ppm。

本次事故发生后，吊水洞煤矿矿井内的一氧化碳浓度，一度高达1700 ppm，是规定值24 ppm的近71倍。

一氧化碳无色、无臭、无味，极易与血红蛋白结合，形成碳氧血红蛋白，使血红蛋白丧失携氧的能力和作用，造成人体组织窒息，严重时死亡。一氧化碳对全身的组织细胞均有毒性作用，尤其对大脑皮质的影响最为严重。

空气中的一氧化碳达到0.05%，人就有中毒危险；空气中的一氧化碳浓度达

到0.5%～1%，就可能在5分钟内致人死亡。

煤矿中发生一氧化碳超标较为常见，主要是因为煤炭氧化自燃、矿井中出现火灾，或者是煤矿中的煤尘发生爆炸。此外，在煤矿的采掘过程中和实行爆破的时候，都会导致煤矿中的一氧化碳超标。

一氧化碳是无色、无臭、无味的可燃气体，日常生活中，常因燃料燃烧不充分而产生，吸入对人体有十分大的伤害。一氧化碳中毒会损伤人体中枢神经系统、呼吸系统、循环系统，产生头痛、头晕、失眠、视物模糊、耳鸣、恶心、呕吐、全身乏力、心动过速、短暂昏厥等症状，严重时可导致昏迷和死亡。

预防一氧化碳中毒的措施

燃料使用场所应有充足新鲜空气，烟气应能及时排出生活场所之外。

（1）冬春季在室内使用煤炭、木炭取暖时应开启排风扇，门窗不得完全关闭。不得在无强制通风（至室外）条件的室内使用煤炭或木炭取暖。

（2）不使用淘汰热水器，如国家明文规定禁止生产和销售的直排式燃气热水器（烟气排放在安装场所）；不使用超期服役热水器；燃气器具应由具有专业资质的单位安装，不得自行安装、拆除、改装燃具。烟道式燃气热水器（自然排气式，常因排烟管材料、安装不当或烟气倒灌而导致烟气不能完全排放到室外而引发中毒事故）、强排式（烟气通过排风管强制排放到室外）和平衡式（进风通过设备自配管道来自室外，烟气通过排风管直接排到室外）燃气热水器的烟气排放口应与室外大气直接相通，不得排放到室内烟道和封闭式走廊，防止烟气倒灌或通过采风口又进入室内；同理，燃气器具烟气排放口不得与空调进风口相邻。

一氧化碳中毒救治措施：

（1）立即打开门窗通风。对神志仍然清醒的具有轻度一氧化碳中毒症状的患者，应迅速将其转移至空气新鲜流通处，可以卧床休息，保持安静并注意保暖。

（2）对神志不清的患者应确保呼吸道通畅，将其头部偏向一侧，以防呕吐物吸入呼吸道引发窒息。

（3）对昏迷或抽搐者，可在其头部放上冰袋，以减轻脑水肿。

（4）对神志不清等具有深度一氧化碳中毒症状的患者，应迅速将其送往有高压氧治疗条件的医院，由专业医护人员通过对症药物和专业器材对患者进行救治。

十三、叙媒称美在叙使用禁用武器白磷弹

1. 九年级化学教材（人教版）相关知识

燃烧的定义，现象（第七单元）。

2. 生命教育点：化学武器白磷弹（危害）

简介：据叙利亚官方通讯社2018年10月13日报道，以美国为主导的国际联盟以打击极端组织为借口，对叙利亚东南部代尔祖尔省的几个地区，使用了白磷弹进行轰炸，违反了有关国际决议。

白磷弹是一种集"燃烧、腐蚀、毒性"于一身的极为恐怖的弹药，能够烧蚀皮肤，侵入骨头，受伤部位难以治愈，产生不寒而栗的震慑效果。

从中学的化学知识可以知道，白磷是一种无色或者浅黄色、半透明蜡状物质，具有强烈的刺激性，其气味类似于大蒜，燃点极低，只有40℃，一旦与氧气接触就容易燃烧，发出黄色火焰的同时散发出浓烈的烟雾。随着科学的进步，人们也已经普遍清楚，以前文学作品中经常提到的"鬼火"，其实就是白磷的自燃现象。

白磷弹正是利用白磷容易自燃，可形成浓重烟雾的特性研制而成的特种弹药。为了增强威力，白磷弹内还添加有助燃的铝粉剂、提高附着力的黏稠剂等。这种武器虽然技术含量不高，但却有非常厉害的燃烧效果，沾到皮肤上很难去除，燃烧温度又高，一般可达1000℃以上，可以一直把人的软组织烧尽，然后深入骨头，同时产生的烟雾对眼鼻刺激极大。

虽然白磷弹的毁伤效果很恐怖，但并不是不能防范。白磷弹爆炸后，磷火球四溅，但是下落速度比较慢，人员应该立刻寻找遮蔽物，如建筑、汽车，甚至可以把外衣张开作为遮蔽物，有条件的还可以全身潜入水里，隔绝效果更好。遭到白磷烧伤以后，要立刻脱去被沾染的衣物，用大量流动清水冲洗，然后用蘸水的纱布或者毛巾捂住伤口，隔绝空气、降低温度，阻止白磷燃烧。有

条件的话立即涂抹2%~3%的硝酸银灭磷火，中和磷毒，尽快送医。

十四、澳大利亚怒烧了5个多月的"创世奇火"终于熄灭

1. 九年级化学教材（人教版）相关知识

燃烧的条件（第七单元）。

2. 生命教育点：生命的渺小，桉树对燃烧的利用，自然中生命体的进化和物种竞争（危害）

简介：从2019年底到2020年初，怒烧了5个多月，引发全球关注的澳大利亚"创世奇火"终于熄灭了。促成这场大火的因素固然有很多，但是澳大利亚广袤的桉树林以及桉树特有的易燃性质，无疑是火上浇油。

澳大利亚的地理气候特征易引发山火，虽四面环海，但内陆远离海洋，极度缺水、荒凉，没有大的河流湖泊；科学家在调查中发现，澳大利亚的主要树种是桉树，占森林面积的80%。桉树是一种可燃性极高的植物，桉树皮含有大量的桉树油，树皮脱落后会堆积在树根处，当气候干燥、气温达到四十摄氏度时就会自燃，从而引发大火，因此桉树也被人们称为"汽油树"。

在自然界中，火给动植物带来的往往是毁灭性的打击，一般情况下，无论是动物还是植物大都惧怕火，为什么桉树却还能进化出易燃的特征呢？

我们都知道火的产生离不开三大要素，可燃物、氧气、引火物。首先，可燃物多是各种还原性物质，大部分生物有机质都是可燃物。其次，燃烧反应（氧化还原反应的特殊类型）中我们把氧气称为助燃剂。最后，引火物一般是具有较高能量的物质（或能量）形态，如明火、静电、物理冲击、化学反应产热等。

火的诞生比地球诞生要晚很多。这中间地球经历了几十亿年的沧海桑田，虽然拜无数可以进行光合作用的海生植物所赐，地球上的氧气在距今四五亿年前已经有了相当的含量。但彼时地球上促成火出现的原因仍不具备，这是因为陆地上的可燃物实在太少了，毕竟闪电再威猛也无法点燃海洋。

最终的转机发生在大约4.2亿年前，水生植物开始了向陆生植物的进化，大量植物登陆地表，开启了称霸全球的征程。大量的陆地植物提供了燃烧的必要

条件——可燃物，加上自然界中已经存在的氧气和天然火源——闪电，最早的野火就诞生了，在随后的漫长时光中，火与植物一直相互影响着。

与生长在不易燃环境的物种相比较，那些生长在较易燃环境的植物不光不试图向低可燃性进化，反而具有较高的可燃性，这背后有着怎样的原因呢？

众所周知，植物对火的抵抗能力普遍非常弱，如果生长在易燃环境中，实际上根本无法保证自身能在频发的火灾中全身而退。但是，对于植物种群而言，适度的燃烧其实对整个种群的繁殖是有不少好处的。

以"汽油树"——桉树为例：

（1）在桉树厚厚的树皮下面，存在一些处于休眠状态的芽，若想唤醒这些芽，需要经过高温的烘烤。桉树的种子包有坚硬的外壳，森林火灾之后，外壳崩裂后种子更易生根发芽，在还没恢复的森林中迅速占据有利地位。

（2）在自然进化的过程中，桉树树干高大笔直，一般分支只生长在树尖，其树皮坚硬厚实，能挡住烈火的烘烤，可以在一定程度上避免火苗攀爬，烧毁树冠。

正是因为桉树拥有这样的优势，它不仅不惧怕火，还可能是森林火灾的始作俑者。在森林经历过一场大火后，其他植物需要经过很长时间才能恢复，但桉树不仅可以更快重生，还可以利用火灾消灭大部分竞争者，快速占领森林的主导地位。

福兮祸之所伏，祸兮福之所依。对于植物来说，多山火爆发地区看似是残酷的生存环境，但生物总能用自己的智慧，在艰难中开辟一条自己的道路。

十五、吐鲁番市"1·24"较大闪爆事故

1. 九年级化学教材（人教版）对应知识点

燃烧的条件，爆炸（第七单元）。

2. 生命教育点：如何防止闪爆（危害）

简介：2018年1月24日11时20分，吐鲁番市恒泽煤化有限公司18万吨焦油加工环保改造项目发生闪爆事故，造成3人死亡、1人受伤，直接经济损失532.16万元。

事故原因：吐鲁番市恒泽煤化有限公司未对18万吨焦油加工一系1#改质沥青高位槽和烟气（尾气）管道进行有效吹扫及气体检测，导致一系1#改质沥青高位槽和烟气（尾气）管道内仍存有苯类、酚类、萘类、蒽等易燃易爆气体；山西海邦环保有限公司施工人员在未办理动火作业票、未采取动火防范措施的情况下，对一系1#改质沥青高位槽的连接烟气（尾气）管道法兰螺丝进行明火加热作业，点燃一系1#改质沥青高位槽及烟气（尾气）管道内部的易燃易爆气体，发生闪爆。

闪爆，就是当易燃气体在一个空气不流通的空间里，聚集到一定浓度后，一旦遇到明火或电火花就会立刻燃烧膨胀发生爆炸。一般情况只是发生一次性爆炸，如果易燃气体能够及时补充还将多次爆炸。

闪爆突发性强，火灾危害性大，事发之前常无明显征兆，从发生到结束的整个反应过程极短，根本不给人们反应的时间。

化工企业生产及贮存的多为油品，而且大多数油品易挥发，闪点及可燃点较低，长期与空气接触容易产生爆炸性混合气体，一旦遇到明火或电火花就有可能先爆炸后燃烧，或是先燃烧后爆炸，这两种情况都是瞬间完成的，使人们措手不及，对现场人员及救援人员产生极大的危害。

近几年典型的化工厂闪爆案例：

2017年2月17日，某石化有限公司某厂区在汽柴油改质联合装置酸性水罐动火作业过程中发生闪爆事故，致3名检修人员死亡。

2017年4月2日，某油品有限公司厂区内发生一起较大爆燃事故，该起事故共造成5人死亡、3人受伤。

2015年12月4日15时许，某石化产品有限责任公司，工人在维修管道时，一储油空罐突然发生闪爆事故，造成两死一伤。

2015年3月18日上午9时40分左右，某市某区境内的某化工有限公司已停用的过氧化氢设备发生一起闪爆事故，共造成4人死亡、2人受伤。

2014年4月26日凌晨1时48分，陕西某石油集团炼化公司一炼油厂3个轻质油储存罐发生闪爆着火事故，3人烧伤。

2013年11月30日18时35分，一化工有限公司的醇酸车间在生产过程中发生闪爆事故，造成2人死亡。

如何防止闪爆事故？在实际工作中该如何预防闪爆事故呢？最好的方法就是采取一切可能的措施阻断闪爆发生的条件。闪爆与燃烧发生的条件有几点共性，燃烧发生的条件有三个，分别是可燃物、助燃物和着火源，而闪爆也离不开上面三点。在通常条件下，前两个条件我们不可控，那么就要在控制引爆源上下功夫：

① 清除着火源；

② 切断危险电源；

③ 关闭所有现场人员的通信工具；

④ 控制好管道内及装车时的流速，防止产生静电；

⑤ 控制好工艺指标及温度，利用好废气回收系统，减少无组织排放的气体；

⑥ 做好设备、塔器及装车车辆的静电接地。

十六、某公司"3·21"特大爆炸事故

1. 九年级化学教材（人教版）相关知识

自燃（第七单元）。

2. 生命教育点：自燃导致爆炸（危害）

简介： 2019年3月21日14时48分，某公司旧固废库内的硝化废料因积热自燃而引发特别重大爆炸事故，相当于260吨TNT当量和发生2.2级地震，爆炸形成以该公司旧固废库硝化废料堆垛区为中心基准点，直径75米、深1.7米的爆坑。爆炸中心300米范围内的绝大多数化工生产装置、建构筑物被摧毁，造成重大人员伤亡。事故引发周边8处起火，周边15家企业受损严重，此次事故造成78人死亡、76人重伤，640人住院治疗，直接经济损失198635.07万元。

事故企业旧固废库内长期违法贮存的硝化废料（主要成分是二硝基二酚、三硝基一酚、间二硝基苯、水和少量盐分等）持续积热升温导致自燃，燃烧引发爆炸。

经对样品进行热安全性分析，硝化废料具有自分解特性，分解时释放热量，且分解速率随温度升高而加快。实验数据表明，绝热条件下，硝化废料的

贮存时间越长，越容易发生自燃。事故企业旧固废库内贮存的硝化废料，最长贮存时间超过七年。在堆垛紧密、通风不良的情况下，长期堆积的硝化废料内部因热量累积，温度不断升高，当上升至自燃温度时发生自燃，火势迅速蔓延至整个堆垛，堆垛表面快速燃烧，内部温度快速升高，硝化废料剧烈分解发生爆炸，同时殉爆库房内的所有硝化废料，共计约600吨袋（1吨袋可装约1吨货物）。

十七、欢乐彩色粉末成爆炸元凶

1. 九年级化学教材（人教版）相关知识

爆炸的定义，粉尘爆炸（第七单元）。

2. 生命教育点：可燃性粉尘的危险（危害）

简介：2015年6月27日，台湾一水上乐园举办"彩色派对"时发生粉尘爆炸，造成10人死亡，500多人受伤。

粉尘燃烧指悬浮在封闭或局限空间中或户外环境的可燃粉尘颗粒发生燃烧，如果在封闭环境中，可燃颗粒在大气或是氧分子等其他合适的气体介质中分散浓度足够高，可能会产生更剧烈的粉尘爆炸。粉尘爆炸常被特效艺术家、电影工作者和烟火设计师利用。

基本上当细粒固体物质分散悬浮在空气中就有可能被点燃，包括粮食（谷物、饲料、面粉、奶粉、糖）、粉末状金属（铝、镁、钛），还有木屑、纸屑、染料、颜料、合成橡胶等。面粉厂、锯木厂、糖厂在加工过程中排放的屑，尤其是滚动、展开、被切割成薄片的情况下，并处于封闭的厂区，在世界各地都有爆炸发生。

面粉是我们日常生活中十分常见的食物原料，这类碳水化合物属于可燃物，扬起粉尘时与空气的接触面积变大，具有非常大的表面积质量比，只需要一点儿火源，就会迅速燃烧，从而发生爆炸。"摩丝"这种头发定型剂也有一定的爆炸风险，首先它是一个小型高压容器，遇热源容易膨胀爆炸，要存放于阴凉处；使用时喷出的原料中含有易燃的酒精或其他可燃气体，需要远离火源、吹风机等；也要避免摔砸、和尖锐物体碰撞，以防出现裂口而爆炸。

十八、男子困沼气池妻子和两儿子去救，4人身亡

1. 九年级化学教材（人教版）相关知识

沼气的成分（第七单元）。

2. 生命教育点：沼气的危险（危害）

简介：2019年2月24日，重庆垫江村民汪某在自家养猪场沼气池被困，汪某妻子和两个儿子以及一名邻居先后下池施救也被困。相关部门赶到后将5人救出，但汪某一家4口均身亡。

沼气是有机物质在厌氧条件下，经过微生物的发酵作用而生成的一种混合气体。沼气，顾名思义就是沼泽里的气体。人们经常看到，在沼泽地、污水沟或粪池里，有气泡冒出来，如果我们划着火柴，可把它点燃，这就是自然界天然产生的沼气。由于这种气体最先是在沼泽中发现的，所以称为沼气。人畜粪便、秸秆、污水等各种有机物在密闭的沼气池内，在厌氧（没有氧气）条件下发酵，被种类繁多的沼气发酵微生物分解转化，从而产生沼气。

沼气的主要成分是甲烷。沼气由50%～80%的甲烷（CH_4）、20%～40%的二氧化碳（CO_2）、0%～5%的氮气（N_2）、小于1%的氢气（H_2）、小于0.4%的氧气（O_2）与0.1%～3%的硫化氢（H_2S）等气体组成。由于沼气含有少量硫化氢，所以略带臭味，其特性与天然气相似。

因为沼气池中的农作物、粪便不断地发酵，导致沼气中存在一种有毒气体——硫化氢。它是一种无色，带有臭鸡蛋气味的气体，一旦空气中硫化氢的浓度超过了0.1%，就会使人中毒身亡。

十九、3·31昆山工厂燃爆事故

1. 九年级化学教材（人教版）相关知识

燃烧的条件，化学反应中的能量变化，置换反应（第七单元）。

2. 生命教育点：提高安全意识（危害）

简介：2019年3月31日7时12分左右，江苏省某精密金属有限公司加工中心车间室外场地上存放废金属的一个集装箱发生一起燃爆事故，引起车间起火。

截至2019年3月31日，该事故导致7人死亡，1人重伤，4人轻伤。

2019年4月10日，江苏省安全生产委员会办公室发布的最新公告称：初步分析，事故直接原因是企业在镁合金铸件机加工过程中，使用了含水较高的乳化切削液，收集的镁合金碎屑废物未进行有效的除水作业，镁与水发生放热反应，释放氢气，又因镁合金碎屑堆垛过于集中，散热不良，使反应加剧，瞬间引发集装箱内氢气发生燃爆，燃爆的冲击波夹带着燃烧的镁合金碎屑冲破集装箱对面机加工车间的卷帘门，导致机加工车间内卷帘门附近的员工伤亡。

二十、浙江衢州某氟硅材料有限公司"11·9"火灾事故

1. 九年级化学教材（人教版）相关知识

燃烧的条件，化学反应中的能量变化（第七单元）。

2. 生命教育点：提高安全意识（危害）

简介：2020年11月9日11时17分，浙江省衢州市某氟硅材料有限公司发生火灾事故，过火面积约2000平方米，虽未造成人员伤亡，但造成较大社会影响。

据初步调查，发生原因是事故企业3#堆场用吨桶储存的甲基氯硅烷高沸物泄漏，作业人员使用熟石灰粉中和泄漏出的高沸物，并将中和后的混合物装入塑料编织袋，石灰粉与高沸物继续反应，放出热量、集聚（甲基氯硅烷高沸物遇湿、遇碱剧烈反应并放热），致使混合物和编织袋起火燃烧，引燃并烧毁临近的其他吨桶，导致大量高沸物泄漏，造成过火面积扩大。

甲基氯硅烷是一种用于半导体及显示器制造工艺的原材料之一，是一种活泼的化合物，属于无机物，能与水、醇等含活泼氢的化合物发生激烈反应，放出氯化氢。氯化氢无色、辛辣，为腐蚀性气体，具有令人窒息的臭味，溶到水里即盐酸。

主要教训：事故企业安全意识和法制意识淡薄，违规用丙类仓库储存甲类危险化学品；操作人员安全知识不足，对甲基氯硅烷高沸物的危险特性掌握得不好，盲目使用熟石灰粉中和。

二十一、我国全球首次试开采可燃冰成功

1. 九年级化学教材（人教版）相关知识

可燃冰的优缺点（第七单元）。

2. 生命教育点：清洁能源的重要性（益处）

简介：国土资源部（现为自然资源部）中国地质调查局2017年5月18日在南海宣布，我国正在南海北部神狐海域进行的可燃冰试采获得成功，这也标志着我国成为全球第一个实现了在海域可燃冰试开采中获得连续稳定产气的国家。

20世纪30年代，天然气作为一种燃料开始被广泛使用，人们铺设了输气管道，但管道经常被奇怪的"冰块"堵塞，科学家为了解决这一难题，对这些"冰块"的结构和成分进行了分析。1934年，苏联科学家发现这些"冰块"是天然气和水混合而成的，并称之为天然气水合物，就这样，可燃冰被人们意外地发现了。

可燃冰是由天然气和水在高压低温状态下形成的固体结晶物质，学名是天然气水合物，英文名为Natural Gas Hydrate，简称Gas Hydrate。其化学式为$CH_4 \cdot 8H_2O$，外貌多为白色、淡黄色、琥珀色或暗褐色。纯净的天然气水合物呈白色，形似冰雪，能被直接点燃，故人们形象地称之为"可燃冰"。

其分子结构非常复杂，但这其中超过99%的都是甲烷分子，因而易被点燃，也可以说可燃冰就像一个天然气的压缩包，包含数量巨大的天然气。据理论计算，1立方米的可燃冰可释放出164立方米的甲烷气和0.8立方米的水。而且燃烧后仅会生成少量的二氧化碳和水，不会像煤炭和石油产品燃烧时释放出粉尘、硫化物、氮氧化物等环境污染物，所以被誉为21世纪最理想的清洁能源。

二十二、我国决定全面推广乙醇汽油的使用

1. 九年级化学教材（人教版）相关知识

乙醇的物理和化学性质（第七单元）。

2. 生命教育点：清洁能源的重要性，新能源（益处）

简介：2018年8月22日，国务院常务会议决定，将有序扩大车用乙醇汽油推

广使用，除黑龙江、吉林、辽宁等11个试点省份外，进一步在北京、天津、河北等15个省份（直辖市）推广，2020年实现燃料乙醇全国覆盖。推广乙醇汽油的使用旨在调整我国能源结构和减少环境污染。

按照我国的国家标准，乙醇汽油是用90%的普通汽油与10%的燃料乙醇调和而成的。其中的乙醇就是我们俗称的酒精。

乙醇汽油有什么优势？

（1）减少排放，清洁环保

乙醇相对清洁，充分燃烧只生成二氧化碳和水，相对于汽油有害元素极少，能有效地减少有害尾气的排放。

（2）资源丰富，成本低廉

生产乙醇的主要方法是采用乙烯加成。在我国，常利用含糖作物，包括过期粮食、农作物秸秆等来制取。这些材料可再生且来源广泛，成本低廉，一定程度上还能促进农村经济发展。

（3）节约化石能源

使用乙醇燃料可减少车辆对石油资源的依赖，从战略角度上看，有利于保护我国能源安全。

乙醇汽油有什么不足？

（1）乙醇汽油的动力稍弱

从化学角度看乙醇的热值确实比汽油低，混合后必然会降低整体热值。老司机普遍反映动力不足，与同体积的汽油相比，行驶的里程也要相差4%左右。

（2）乙醇汽油会腐蚀发动机

乙醇在燃烧过程中，会产生少量乙酸，有一定腐蚀作用，当乙醇超过15%时，则必须添加有效的腐蚀抑制剂。另外，我国乙醇品质无法保证，若乙醇中含有水，对发动机明显有破坏作用。

（3）乙醇会损坏零件

乙醇是很好的溶剂，特别是对油管、密封圈之类的橡胶零件，会通过溶胀，使其逐渐老化、龟裂。

二十三、嫦娥五号返回舱贴满了暖宝宝

1. 九年级化学教材（人教版）相关知识

化学反应中的能量变化（第七单元）。

2. 生命教育点：化学让生活更加便利（益处）

简介： 2020年12月17日1时59分，嫦娥五号返回器携带月球样品，在内蒙古四子王旗预定区域安全着陆，探月工程嫦娥五号任务取得圆满成功。嫦娥五号返回器成功着陆后，贴满"暖宝宝"的图火遍全网。

无水肼，N_2H_4，常温时为无色油状液体，可以不带氧化剂单独使用。在催化剂作用下，能快速分解成氢气、氮气。从液态变成大量气体，爆发力极强，好操作效果好，喷口处过催化剂即可。无水肼性质稳定，容易携带保管，因此跟着嫦娥飞几十天都很稳定，实属最优选项。但是，它有一个小小的缺点，熔点低，2摄氏度左右，且剧毒。在太空中其实并不担心凝固，一方面太空的热与冷有办法防御（聚酰亚胺类材料），且太空中并没有对流，全靠辐射，另一方面轨道器也能提供足够多的能量和热控，不必担心。但到了地面就不同了，一旦在冰天雪地中凝固，会产生很多潜在的问题，甚至危险。因此嫦娥五号返回器抵达后，先做好保温工作，运到专门的基地，把尚处于液态的无水肼排出去，要比处理凝固的简单和安全很多。

暖宝宝贴的发热原理：

暖宝宝贴是利用"铁氧化反应"来产生热量的，就是利用铁在潮湿的空气中吸氧产生腐蚀并放出热量的原理。同时它利用活性炭的吸附性，在活性炭中储存水蒸气，液化成水滴后与空气、铁粉接触，加上氯化钠的催化，迅速地产生氢氧化铁，释放热量。

简而言之，就是加入各种物质（铁，活性炭，水等），使铁氧化的速度加快，迅速达到"氧化发热"状态，同时利用微孔透氧技术，使暖宝宝散热更加均衡，发热更加持久。

二十四、车辆只加水即可行驶？水氢汽车是一场纯粹的骗局吗？

1. 九年级化学教材（人教版）相关知识

置换反应（第八单元）。

2. 生命教育点：警惕生活中的化学骗局（危害）

简介：2019年5月23日，南阳日报头版发文《水氢发动机正式下线，市委书记点赞！》。文章称，水氢发动机在南阳市正式下线啦！这意味着车载水可以实时制取氢气，车辆只需加水即可行驶。该新闻一经报道，立刻在网络上引发轩然大波，质疑声此起彼伏。水氢汽车到底是纯粹的骗局还是颠覆行业的新兴技术？

与已经相对成熟的氢能源电池车相比，水氢汽车最大的卖点在于所谓的直接以水制氢，燃油车加油，水氢车加水。相关企业宣传水氢汽车将从根本上解决氢能源车短期内加氢站不足的重大问题，从根本上颠覆现有的行业格局。

理论上来看，水氢车的技术路线确实说得通，人们没法像否定永动机一样彻底否定水氢车存在的意义。但最核心的问题还是技术成熟度，或者说是商业上的可行程度。水氢车宣称可以将注入水箱的水转化为氢气，然后再给氢能源电池组提供反应原料。这个技术路线如果单纯从能否实现的角度来看，其实一点不复杂，而且完全可行，纯粹是中学化学范畴之内的技术，跟高科技根本不沾边。

以该路线的核心，即水箱中发生的水制氢过程为例，企业负责人宣称这一过程的关键是某种高性能催化剂。然而事实是这样吗？

根据媒体报道结果，该企业所称的催化剂实为金属铝，也就是说制氢过程实际上是一个水和金属铝发生反应释放氢气的过程。金属铝在这个反应中扮演的角色完全不是催化剂。而且，铝和水的反应过程在正常条件下极为缓慢。

二十五、"奋斗者"号载人潜水器在马里亚纳海沟成功坐底，深度10909米

1. 九年级化学教材（人教版）相关知识

金属材料，合金（第八单元）。

2. 生命教育点：人类对海洋的探索，生命的脆弱和渺小（益处）

简介： 2020年11月28日，创造中国载人深潜新纪录的"奋斗者"号载人潜水器顺利返航。1个多月时间，累计完成13次下潜，其中8次突破万米。10909米的纪录，让中国在大深度载人深潜领域有了新坐标。

奋斗者号最引人注目的是中国科学院金属研究所钛合金团队采用自主发明的Ti-62A钛合金新材料，为"奋斗者"号建造了世界最大、搭载人数最多的潜水器载人舱球壳。

钛的六大重要特性是什么？

（1）强度高：钛合金的密度一般在4.5 g/cm^{3}左右，仅为钢的60%。一些高强度钛合金超过了很多合金结构钢的强度。因此，钛合金的比强度（强度/密度）远远大于其他金属结构材料。钛合金可制强度高、刚性好、质量轻的零部件。

（2）热强度高：钛合金使用温度比铝合金高几百摄氏度，在中等温度下依然能够保持所要求的强度，而且可在450～500℃的温度下长期工作。两类钛合金在150℃～500℃范围内仍然具有很高的比强度，而铝合金在150℃时比强度会出现明显下降。钛合金的工作温度可达500℃，铝合金则在200℃以下。

（3）抗蚀性好：钛合金在潮湿的大气和海水介质中工作，它的抗蚀性大大优于不锈钢；钛合金对点蚀、酸蚀、应力腐蚀的抵抗力超强；对碱、氯化物、氯的有机物品、硝酸、硫酸等有优越的抗腐蚀能力。

（4）低温性能好：钛合金在低温和超低温下，仍然能够保持力学性能，低温性能好。尤其是间隙元素极低的钛合金，比如TA7，在-253℃下还可以保持一定的塑性，所以，钛合金是一种非常重要的低温结构材料。

（5）化学活性大：钛的化学活性大，并与大气中O$_2$、N$_2$、CO、CO$_2$、水蒸

气、NH₃等产生强烈的化学反应。当含碳量大于0.2%时，容易在钛合金中形成硬质TiC；温度较高时，与氮作用也会形成TiN硬质表层；在600℃以上时，钛吸收氧形成硬度很高的硬化层；氢含量上升，也会形成脆化层。

（6）导热系数小、弹性模量小：钛的导热系数 λ =15.24 W/（m·K），大约为镍的1/4，铁的1/5，铝的1/14。钛合金的弹性模量大约为钢的1/2，因此，刚性差、易变形，不宜制作细长杆和薄壁件，切削时加工表面的回弹量很大，约为不锈钢的2～3倍。

"奋斗者"号下潜的马里亚纳海沟一万米处，水压超过110兆帕，相当于2000头非洲象踩在一个人的背上。而这就需要可以耐高压的外壳，耐压壳体材料的选用与潜水器的先进性和可靠性密切相关。钛合金相对较轻（重量只有钢的60%）、强度高（可达到1000 MPa以上）、低磁性、耐化学腐蚀、表面易产生坚固的纯态氧化膜，具有较好的机械性能。

二十六、"生锈"的建筑

1. 九年级化学教材（人教版）相关知识

金属材料，合金（第八单元）。

2. 生命教育点：化学提高人类生命质量（益处）

简介：2017年9月25日，由丹麦工业基金会捐资建设的中国–丹麦科研教育中心大楼（简称"中丹中心大楼"）落成启用仪式在中国科学院大学雁栖湖校区举行。这是一座独具特色的年轻建筑。与常见建筑不同，中丹中心大楼并未采用常规窗帘遮挡阳光，而是在玻璃幕墙外设置了多向编织状耐候钢遮阳屏。

耐候钢又称耐大气腐蚀钢，是介于普通钢和不锈钢之间的低合金钢，由普碳钢添加一定量的铜，以及磷、铬、镍、钛、钒等耐腐蚀元素制成。它既具有普通钢材的易延展、高强度、抗疲劳等特性，又在抗腐蚀能力方面达到普通碳素钢的2～8倍。

纯铁并不容易锈蚀，但普通的钢铁中，通常含有铜、碳等杂质，这些杂质的活性比铁低，在含水的空气中与铁形成原电池（即通过氧化还原反应而产生电流的一种装置），将氧化与还原反应分开，为钢铁的腐蚀提供一条"高速公路"。

钢铁腐蚀产生的铁锈是疏松多孔的结构，其中还有许多微裂纹将孔隙互相联通。这样，铁锈就像海绵一样，可以继续吸收空气中的水分，让钢铁进一步锈蚀，直至完全锈穿。

耐候钢与普通钢铁不同，在最开始，它也会像普通钢铁一样在表面发生锈蚀。由于其合金程度较高，这一过程甚至比普通钢铁更快。但是由于耐候钢内部的晶格更加复杂，在表面的疏松铁锈下，还会生长出一层暗黑色的致密锈层。这一锈层由纳米颗粒的 α –FeOOH组成。在这一致密锈层中，镍原子取代了部分铁原子的位置，使锈层具有阳离子选择性，抑制了具有腐蚀性的阴离子透过。

正是这层致密的锈层，使耐候钢虽然表面锈了，但内部不会被继续锈蚀。其实只要仔细分辨，就可以看出，耐候钢的表面与普通铁锈并不相同：耐候钢的锈是均匀致密的，紧贴着钢材的表面保护着钢材；而铁锈则斑斑驳驳，疏松多孔，一碰就会掉渣。这样的铁锈非但保护不了钢铁，反而"引狼入室"，把水和氧气吸到钢铁表面来。

由于其优秀的性能，耐候钢的价格不菲。性能相近的耐候钢与普通钢材相比，耐候钢的价格要高出60%左右。因此，别看耐候钢长得丑，一般的建筑还用不起它。只有集装箱、铁道车辆、石油井架、钻井平台这些使用环境恶劣、对钢材抗腐蚀性能要求高的结构物才会使用耐候钢。而对于普通建筑使用的钢筋混凝土，由于混凝土中埋藏的钢筋极少与氧气、水接触，工程师们还舍不得在这里使用耐候钢呢！

二十七、线型机器人能在脑血管中"穿针引线"

1. 九年级化学教材（人教版）相关知识

金属材料，合金（第八单元）。

2. 生命教育点：化学提高人类生命质量（益处）

简介： 2019年9月1日据美国Engadget网站报道，美国麻省理工学院（MIT）研究团队开发出一种磁控线形机器人，可在脑血管等狭窄弯曲的通道中穿行自如，该成果意味着我们距离远程机器人脑部手术更近了一步。相关研究发表于最新一期美国《科学·机器人学》杂志。

中风的主要临床表现为脑部缺血及出血性损伤，具有极高的病死率和致残率。在美国，中风是第五大致命性疾病。目前已知，在急性中风发病90分钟的"黄金时间"内进行救治，可以显著提高病人的存活率。

此次，麻省理工学院研究团队开发出一种新型机器人，有望在"黄金时间"内逆转脑血管堵塞，避免造成永久性脑损伤。团队在报告中解释，这是因为这种机器人的内核是具有柔性和回弹性的镍钛合金，合金材料上覆盖一层含有磁粒子的橡胶，在外部磁铁的控制下，机器人可以弯曲并复原。

为了让机器人能"畅行无阻"，研究人员在磁性橡胶材料外涂上了一层水凝胶，使其拥有光滑表面，减小了摩擦力，可以在很狭窄的空间中穿行。他们在一项实验中用磁铁精准控制这种机器人，使其像"提线木偶"一样，在血管中"穿针引线"，顺利通过小孔。

该技术未来将主要用于"疏通"中风或动脉瘤导致的脑血管堵塞。研究团队计划下一步进行体内测试。

大脑是人体最重要的组成部分之一，它所包含的神经中枢和神经元与人体功能密切相关，可谓"牵一发而动全身"。给大脑做手术的机器人，必须高度灵敏、精密，才能在极其苛刻的条件下完成重任。这项研究中的新型机器人有两大亮点：一是采用柔性材料，从而可以在狭窄空间中灵活穿行；二是应用磁性材料，能对机器人进行精准控制。可以说，这种机器人的面世，不仅是多种前沿科技融合的成果，也是科研人员奇思妙想的结晶。

二十八、边防官兵零下20℃巡逻路上吃自热火锅

1. 九年级化学教材（人教版）相关知识

溶解时的吸热和放热现象，化学反应中的能量变化（第九单元）。

2. 生命教育点：化学提高人类生命质量（益处）

简介： 2020年12月4日有关媒体报道，白哈巴边防连气温低至零下20℃。以前的边防官兵在巡逻路上都是嚼馕饼、吃方便面，而如今，经过6个多小时的巡

逻，官兵们拿出准备好的自热火锅、新鲜蔬菜、自热米饭，开始午饭。官兵们说，暖胃又暖心！

购买过自热火锅的小伙伴们都知道，自热火锅之所以能自热，最为关键的就是包装内附带的一个手掌大小的加热包。在加热包的包装上通常都标有"禁止食用""禁止热水"和"远离明火"等标识，其中含有的主要是氧化钙（生石灰）、铝粉、活性炭等成分。

当我们把自热火锅的加热包放入水中，加热包中含有的氧化钙（CaO）遇到水（H_2O）就会产生化学反应，生成$Ca(OH)_2$和大量热量，用化学方程式表示就是：$CaO + H_2O = Ca(OH)_2$。

按照俗话来说，就是生石灰遇水变成熟石灰的过程。除此之外，加热包中的铝粉、活性炭、碳酸氢钠等物质发生原电池反应，也会放出大量热量，有时还会释放出氢气等可燃气体：$2Al + Ca(OH)_2 + 2H_2O = Ca(AlO_2)_2 + 3H_2\uparrow$。

在这一过程中，大量的热量被放出，在密闭空间内空气不断升温，从而达到加热食物的效果。当热量加热上层的食物，汤底中的水吸收热量转化为大量水蒸气，从自热火锅盖上的小孔里逸出，就出现了吃自热火锅时热气腾腾、香味弥漫的场景。

二十九、张掖耀邦化工公司"9·14"较大中毒事故

1. 九年级化学教材（人教版）相关知识

复分解反应（第十单元）。

2. 生命教育点：提高安全意识（危害）

简介：2020年9月14日22时01分，甘肃张掖耀邦化工科技有限公司污水处理厂发生较大硫化氢气体中毒事故，造成3人死亡，直接经济损失450万元。

经调查认定，张掖市高台县张掖耀邦化工科技有限公司"9·14"较大中毒生产安全事故是一起企业有关负责人违反环境保护相关法律法规，在未经设计、评估、批复的情况下，擅自改变废水处理工艺，污水处理厂当班人员违反操作规程作业致使废水池大量有毒气体逸出富集，且当班工人在未穿戴安全防护用品的情况下冒险进入危险场所，吸入高浓度的硫化氢等有毒混合气体，导

致人员中毒死亡的较大生产安全责任事故。

三十、山西某能源科技有限公司"9·14"中毒事故

1. 九年级化学教材（人教版）相关知识

复分解反应（第十单元）。

2. 生命教育点：提高安全意识（危害）

简介：2020年9月14日9时许，山西某能源科技有限公司VOCs处理装置发生一起有毒气体泄漏中毒事故，造成4人死亡、1人受伤。

根据山西省焦化产业政策，该企业计划关闭退出。据初步调查，事故发生原因是VOCs工段操作人员操作不当，将酸洗塔废液排入地槽，又把碱洗塔内的碱性废液排入地槽，地下槽内酸碱废液发生反应，生成的硫化氢气体逸散导致人员中毒。

主要教训：事故企业对VOCs治理设施安全风险辨识不到位、操作人员技能不足、临近关闭退出安全管理松懈。

三十一、两女子滥用84消毒液：长期吸入致肺部CT影像与新冠肺炎基本一致

1. 九年级化学教材（人教版）相关知识

复分解反应（第十单元）。

2. 生命教育点：提高安全意识（危害）

简介：2020年4月14日，河南郑州的张女士和王女士到医院就诊，结果胸部CT显示呈毛玻璃状，和新冠肺炎的CT表现基本一模一样。经询问，两人每天定时在家里喷洒高浓度的84消毒液，从而引起过敏性肺泡炎。

84消毒液的主要有效成分为次氯酸钠，水解可产生次氯酸，是典型的含氯消毒剂。因此，84消毒液可用于灭杀新型冠状病毒。其消毒原理为：次氯酸钠水解产生的次氯酸具有强氧化性，可导致蛋白质变性，从而杀灭细菌、病毒，实现消毒。

84消毒液居家使用时有具体操作要求，尤其重要的一点就是不能使用高浓

度84消毒液！因为不论是次氯酸还是残留或分解形成的氯气，在浓度超过安全范围后均可对人体呼吸道产生损伤，并且对金属有腐蚀作用，对有色织物也有漂白作用。

三十二、四川省达州市瓮福达州化工有限公司"3·3"硫化氢中毒事故

1. 九年级化学教材（人教版）相关知识

复分解反应（第十单元）。

2. 生命教育点：提高安全意识（危害）

简介：2019年3月3日5时10分左右，瓮福达州化工有限公司物流部磷酸灌装区内发生一起硫化氢气体中毒事故，造成3人死亡，3人受伤。

事故直接原因是航标公司（瓮福达州化工有限公司的运输服务商）运输车在运输液态硫化钠卸车后仍有残液，运输车押运员在使用低压蒸汽对运输车罐体内进行蒸罐吹扫清洗作业时，车内残留的硫化钠随蒸罐污水流入地沟，与地沟内残留的磷酸发生化学反应，产生硫化氢气体，造成附近人员吸入中毒。

硫化氢是强烈的神经毒物，当空气中硫化氢浓度达到1000 mg/m³时，人体吸入可发生闪电型死亡。我国规定的工作场所空气中硫化氢的最高容许浓度为10 mg/m³。

硫化氢中毒后会出现头痛、头晕、易激动、步态蹒跚、烦躁、意识模糊、谵妄，癫痫样抽搐可呈全身性强直阵挛发作等；可突然发生昏迷；也可发生呼吸困难或呼吸停止后心跳停止。

三十三、中国留学生被控谋杀，涉嫌向室友投毒

1. 九年级化学教材（人教版）相应知识

引起蛋白质变性的原因（第十二单元）。

2. 生命教育点：重金属盐危害人体（危害）

简介：2018年当地时间12月20日，一名22岁美国理海大学中国留学生，因涉嫌向其室友投毒被控以蓄意谋杀等多项罪名。美国调查人员发现他曾在网上

购买铊和其他化学物质。

就读化学专业的杨宇楷曾连续数月向他的室友Juwan Royal的牛奶、饮用水和漱口水中投放软金属铊（thallium），导致后者多次出现眩晕、颤抖和呕吐等症状。

铊是一种重金属，其毒性机制与大多数重金属相似，都是通过结合蛋白质中二硫键、巯基等位置的硫原子使蛋白质变性，从而破坏其生理功能导致人体中毒。同时，铊元素的一价离子半径与钾离子半径相似，且二者电荷相同，因此其相对更容易在体内扩散，容易导致更大范围的毒性作用。由于钾离子是神经系统的必需物质，因此铊可以随钾离子进入神经系统，造成严重的伤害。

地方助理检查官卡西斯（Abe Kassis）称，铊是一种"非常高效的毒药"，如果Juwan体内的铊含量再高一点，他"很有可能"已经死亡了。据当地警方对Juwan进行的血液检测，其体内的铊含量为每升3.6微克，高于人类的安全限值。

三十四、54名师生受伤！23岁男子闯入幼儿园喷射氢氧化钠！

1. 九年级化学教材（人教版）相关知识

氢氧化钠的物理和化学性质，碱的通性（第十单元）。

2. 生命教育点：氢氧化钠的危害（危害）

简介： 2019年11月11日15时35分许，开远市公安局指挥中心接到报警称：一名不明身份的男子剪断围墙铁丝网攀爬进入开远市东城幼儿园，部分师生被该男子用液体喷溅灼伤。

据警方调查，该案件系孔某涵一人所为，因其自幼家庭父母离异，缺乏家庭温暖，导致心理扭曲，加之工作生活不顺，产生悲观厌世和报复社会的心理，遂从网上购买和制作氢氧化钠液体，用喷雾器向幼儿园师生实施报复行为。

氢氧化钠属中等毒性。其危险特性为：遇水和水蒸气大量放热，形成腐蚀性溶液；与酸发生中和反应并放热，具有强腐蚀性；燃烧可能产生有害的毒性烟雾。其侵入途径为：吸入、食入。其健康危害为：有强烈刺激性和腐蚀性。粉尘或烟雾刺激眼和呼吸道，腐蚀鼻中隔；皮肤和眼直接接触可引起灼伤；误服可造成消化道灼伤，黏膜糜烂、出血和休克。

三十五、夫妻涉嫌在午餐中"下毒"致26人中毒

1. 九年级化学教材（人教版）相关知识

亚硝酸盐（第十一单元）。

2. 生命教育点：亚硝酸盐的危害（危害）

简介：2018年10月14日从四川省某市公安机关获悉，涉嫌于10月9日中午在午餐中"下毒"致26人严重中毒的两名犯罪嫌疑人已被公安机关刑事拘留。9日15时40分，派出所民警在抓获左某夫妻，并查获已开封使用的亚硝酸盐1千克。左某坤交代了其使用亚硝酸盐加工食品的违法事实。

亚硝酸盐广泛存在于我们的生活中，呈白色或淡黄色，易溶于水，无臭、味微咸涩稍苦。亚硝酸盐常常被用作食品添加剂，因为它跟肉可以发生化学反应，使熟肉、卤肉等熟食变得鲜红，色泽诱人，并能抑制梭状芽孢杆菌及肉毒杆菌的生长，从而延长食品的贮存时间。这两大功能，是亚硝酸盐在食品加工业和工业中应用广泛的主要原因。

但亚硝酸盐不是食盐，它是一种有毒致癌物质。所以，我国对其用途、用量有严格的卫生标准规定。

亚硝酸盐导致中毒的原理是，它影响了血液中的氧气结合。正常情况下，红润的口唇和甲床，是因为有充分与氧气结合的血红蛋白。这种血红蛋白向全身各处输送氧气的功能，离不开其中的铁元素。但是在摄入亚硝酸盐等氧化剂后，普通的血红蛋白被氧化成了高铁血红蛋白，失去了携氧能力，导致中毒者快速出现全身缺氧症状，如口唇、甲床等变成褐色、蓝褐色甚至蓝黑色，出现胸闷憋气、呼吸困难等症状，严重者可昏迷、休克，甚至死亡。

这些症状出现的时间及严重程度，与患者摄入亚硝酸盐的剂量呈正比。

第三章

如何寓生命教育于化学教学之中

第一节　生命教育教学设计

（课题名称：化学使世界变得更加绚丽多彩）

一、教学设计理念

化学对于初三学生来说是一门起始学科，而本课题又是化学的第一课，能否上好这一节课，充分激发学生的学习兴趣，对学生今后的学习起着至关重要的作用。

教学中首先让学生结合已有的知识和经验，从生活走进化学。通过趣味性实验、图片、影像资料、学生已有的生活经验和体会等创设教学情境，使学生以轻松愉快的心情去认识多姿多彩的世界，从而产生浓厚的化学学习兴趣，加深对化学的了解，由此产生了解化学的强烈愿望。教材抓住这种情感，导出了"什么是化学""化学与人类有什么关系"，并以丰富多彩的图画和语言，概述了人类认识化学、利用化学和发展化学的历史和方法，充分展示了化学的魅力和学习化学的价值。

具体程序如下：教师引导学生做趣味性实验，激发学生学习化学的兴趣→学生看书上的彩图，感知到化学真奇妙→学生看录像，初步感知化学的重要性→带着问题，学生看书，知道什么是化学，化学与人类的关系→学生列举生活中的一些与化学有关的例子，初步感知"观察"在学习化学中的重要性→假设"没有化学"，让学生预测世界将变成什么样子，进一步感知化学的重要性→指导化学学习的方法和要求。

二、教学内容分析

在小学的科学课中学生已经学习了一些化学知识，现在作为一门独立的"化学"学科，大家会提出什么是化学，化学有什么作用，以及怎样学习化学等问题。绪言从大家的亲身感受出发，提出了很多饶有趣味，并带有一定想象力的问题，指出这些并非都是一些美好的愿望，它们正在通过化学家的智慧和辛勤的劳动逐步实现，从而引导大家了解化学是一门可以使世界变得更加绚丽多彩的科学，它的任务是研究物质的组成、结构、性质以及变化规律；接着教材以丰富多彩的化学学科和现代科技成果，概述了人类认识化学、利用化学和发展化学的历史和方法，以及化学与人类进步和社会发展的关系，展示了化学的魅力和学习化学的价值。

三、生命教育与教学结合点

本课题重点引入了什么是化学，为什么学化学，这是学习化学必须弄清楚的最基本知识，并贯串了学习的全过程。化学离我们并不遥远，化学就在我们身边。自然界的蓝天、白云、绿树、红花……每时每刻都在演绎着化学的神奇变化；人世间的衣、食、住、行……每分每秒都在展示着化学的无穷魅力！没有化学变化的发明创造，就没有当今世界的五光十色、包罗万象；没有化学变化的千变万化，就没有当今世界的多姿多彩、神奇无限。教材展示了化学与人类进步以及社会发展的关系，初步引导学生从化学、技术、社会这三者的密切关系中领悟化学学习的价值，激发学生学习化学的兴趣，激发学生亲近化学、热爱化学并渴望了解化学的情感，激发学生对化学的好奇心和探究的欲望，使学生体会化学与人类进步及社会发展的密切关系，认识化学的价值。

四、教学目标

1. 知识和技能

（1）了解化学是一门研究物质的组成、结构、性质以及变化规律的自然科学。

（2）了解化学研究的内容。

2. 过程和方法

培养学生查阅资料、分析讨论的能力。

3. 情感态度和价值观

（1）围绕着什么是化学，学好化学有什么作用，以及怎样学习化学等问题，对学生学习化学的情感进行熏陶和培养。

（2）通过我国化学成就的学习，培养学生的爱国主义情操和学习化学的紧迫感和热情。

五、教学重点、难点

教学重点：什么是化学；化学的作用。

教学难点：培养学生学习化学的热情。

六、教学过程

表3–1–1　教学过程概述

教学流程	教师活动	学生活动	设计意图
课前准备	1. 课前在一张白纸上用无色酚酞写上"化学"两字，将纸张贴在黑板中央； 2. "魔棒点灯"； 3. "烧不坏的手帕"。	让学生将碱溶液喷向白纸，出现红色的"化学"两字。	创设趣味性化学情境，激发学生的好奇心。
导入	要求学生看教材中插图，图9及图10	看图片思考	让学生在欣赏精美的图片中感知化学的魅力，激发学生强烈的求知欲。
	［讲解］这些精美的图片都与化学密切相关，都是用化学方法制成的特殊材料产生的神奇效果。这节课，我将与大家一起走进化学世界，领略化学魅力。	学生思考	结合图片中有关化学材料的介绍，使学生在强烈的求知欲作用下，深切感受学习化学的重要性，从而形成良好的化学情感。

教学流程	教师活动	学生活动	设计意图
创设情境（引导发现）	［播放录像］走进化学世界（或幻灯片）	［欣赏］走进化学世界	利用录像（或幻灯片）中丰富多彩、接近生活的画面，创设问题情境，激活学生的思维，使学生在轻松愉快的氛围中感知化学就在我们身边。
	组织学生阅读教材，并思考下列问题：1. 什么是化学？2. 化学与人类的关系如何？	阅读教材后，分小组讨论，交流对化学的认识。	培养学生的小组合作意识。
	［介绍］通过介绍普通铜制品和纳米铜的性质与用途，提高学生对"组成、结构、性质、变化规律"的认识。	学生思考	拓宽学生的学习视野，提高学生对化学科学的认识，使学生树立学以致用的意识。
	从人类衣、食、住、行的角度，列举大量的事实，说明化学与人类发展密不可分的关系。	学生思考	引发学生对化学的亲近感，使学生感知学好化学的重要性。
	让学生列举生产、生活中与化学有关的现象或事例。	独立思考或小组讨论	引导学生树立"从生活走进化学，从化学走向社会"的学习意识。
深入探究	［假设］如果没有了化学，彩图中的猫、小鸟、汽车等将怎样变化？	小组讨论，提交结论	让学生在猜想、解疑中体验化学知识的重要性。
归纳总结	生活中处处有化学，学好化学，用好化学，能造福人类，使世界变得更加绚丽多彩。	学生思考、交流	让学生真正理解"从生活走进化学，从化学走向社会"的内涵，树立学好化学、造福人类的远大理想。
学习方法	1. 勤思考、敢提问、善交流、常总结。2. 讲规范、勤动手、细观察、务求真。	学生思考	结合化学学科特点，在学习方法和学习要求上，给予指导。

【板书设计】

第一单元　走进化学世界

课题1　化学使世界变得更加绚丽多彩

1. 什么是化学？

化学是研究物质的组成、结构、性质以及变化规律的科学。

2. 化学与人类的关系——生活中处处有化学。

3. 化学学习方法

（1）勤思考、敢提问、善交流、常总结。

（2）讲规范、勤动手、细观察、务求真。

【教学反思】

　　本节课是第一节化学课，为了提高同学们学习化学的兴趣，教师课前准备了几个化学小实验，通过实验大大增强了学生学习的兴趣。

第二节　学生实践活动

化学与我们

初三（5）班　陈可豪 南贺智　指导老师：臧奕

化学作为自然科学的组成部分，是重要的基础科学之一。在九年级上册化学课本的序言中，化学被如此定义：化学是在分子、原子层面，研究物质的组成、性质、结构与变化规律的科学。

由于戴上了"科学"的帽子，在一些人眼中，化学无非就是课本上的理论知识，学好了就可以为中高考助力；抑或是实验室里的诸位化学家，随便晃晃几种药水就能发生一些奇妙的反应，令人惊叹；甚至有人觉得，化学离我们很远，常人难以触及。但其实，只要我们细心观察，化学在生活的方方面面都扮演着重要角色，生活的各个角落都有化学的身影。

下面，我们来浅谈化学与我们的种种关系。

一、化学与我们的生产

在几乎所有用品的生产中，化学都承担了重要的角色。比如说，日常所用的手机，其内部的芯片材质是高纯度的硅，而高纯硅需要从粗硅中提取，其中的种种工艺流程大多数涉及化学反应。厨房里的铁锅，家门口的铁门，单元楼的铁栏杆，用的大多是从铁矿石中提炼的生铁或者钢。常用的炼铁炼钢方法是高炉炼铁。其原理是利用焦炭为反应提供热量并与氧气发生反应生成一氧化碳，一氧化碳则会与铁矿石中的氧化铁发生反应，夺取氧化铁中的氧从而形成纯度较高的铁。这其中发生了物质的变化，即化学反应。

化学家还在已有的化学基础上，在材料学方面进行深入的材料研发，以提高生产力，提高生产产品质量，填补已有化学材料的缺点。比如说，钛合金作为20世纪中期发展起来的一种重要结构金属，其良好的耐腐蚀性与强度备受现代工业青睐，飞机发动机、火箭、导弹的零部件中都有钛合金的身影。在医疗方面，钛合金也颇有益处，由于钛的稳定性，它不会被人体吸收，也不会与体内的体液、肌肉骨骼与服用的药物发生反应，因此被广泛应用于医疗领域。钛合金医疗器械给医生带来了便捷，钛合金的骨骼固定架也给病人带去了更方便的术后恢复生活。

人类在各个方面的生产都离不开化学。

二、化学与我们的生活

随手拿起一瓶饮料，你一定会看到配料表里面有各式各样的名词。如某饮料的配料表写有：水，果葡糖浆、白砂糖、食品添加剂（二氧化碳、柠檬酸、柠檬酸钠、苯甲酸钠、蔗糖素、安赛蜜）、食用香精。如果你觉得食品添加剂里面的专有名词太多，那二氧化碳你一定认识，在我们呼出和吸进的空气中就存在着二氧化碳。我们之所以在饮用碳酸饮料时感到舒爽，正是因为碳酸饮料中的二氧化碳。二氧化碳溶于水中形成了碳酸，但碳酸遇热易分解。当冰凉的饮料进入人体后，温度低于人体的碳酸遇热分解生成水与二氧化碳，水被人体吸收，二氧化碳则会以打嗝的形式逸出（或许你未曾注意），打嗝时二氧化碳离开人体，会把体内的一部分热量带走，从而给人清爽凉快的感觉。所以，喝一杯碳酸饮料，处处是化学。

再比如说，我们身上穿的衣服，由涤纶、聚酯纤维、棉麻、人造革等面料制成。在人类广泛应用化学之前，大多数服装以棉麻、动物皮革为面料。但是，棉衣服易皱，易缩水；麻布穿着不甚舒适；毛皮不适合用于制作夏装。但在现代生活中，由于对化学的进一步应用，化纤面料大量用于服装加工，其具有结实耐用、抗皱免烫的优点。虽然世上没有绝对的完美，化纤面料也具有易起球、透气性差等一些缺点，但通过化学手段，使用混纺技术，一件衣服可能同时由化纤面料与天然面料制成，二者相辅相成，衣服的舒适度也随着面料质量的提高而增长。这又何尝不是化学为我们的生活带来的益处呢？

化学在厨房中，是各式增味佳肴的调料；在洗手间，是洁身用的沐浴露、洗发水等；在卧室中，是衣柜里的衣服、床上的床单等；在梳妆台上，是琳琅满目的卸妆水、保湿露……化学就这样，在我们周围的每一个角落，为我们创造美好、便捷、舒适的生活。

三、化学与我们的生命

化学与我们的生命，也有很大的关联。

化学可以使我们生存。组成我们身体的每一个细胞，时时刻刻都在进行着化学反应，将呼进的氧气、吃进的食物、喝进的饮品转化为各种我们所需要的营养物质。这其中就蕴含着有机化学的知识。

化学也可以使我们死亡。随着化工产业的进一步壮大，化学进一步深入我们的生活，骇人听闻的化学事故已经不再让人觉得陌生。国家在法律政策上对化工产业严谨要求，严格控制。但因为知识储备不足、操作失误而发生的化学事故仍屡见不鲜。因此，学好化学对于我们的生命安全至关重要。下面是一则化学事故案例。

2018年2月1日17时许，安徽省蚌埠市公安局某派出所接到报警，某浴池内发生一起剧毒物中毒死亡事故。接报后，派出所民警迅速赶赴现场开展救治和调查工作。

经查，当日下午，该浴池老板的两个儿子在屋里玩耍，将清洁卫生用的洁厕灵和84消毒液倒在了盆中，被在此搓背的小王（化名）发现后制止，随后，3人均出现了不适症状，被送往医院治疗。

李老汉（化名）过来清理盆中的混合水，在泼洒的过程中，吸入冒出的刺鼻烟雾，不一会儿就昏迷倒地，被发现时已经死亡。

84消毒液和洁厕灵是生活中常见的化学用品，使用率也十分高，可是上述案例中的李老汉却因为二者混合而中毒身亡，这是为什么呢？

原来84消毒液的主要成分是次氯酸钠（NaClO），洁厕灵的主要成分是盐酸（HCl），两者发生反应的化学方程式为：$NaClO + 2HCl \xlongequal{\quad} NaCl + Cl_2\uparrow + H_2O$，氯离子和次氯酸根离子在酸性条件下可以发生氧化还原反应生成氯气。

在这个事例中，如果孩子家长能够了解消毒用品方面的化学安全知识，知道84消毒液与洁厕灵不能混用，是否就能避免事故发生？化学虽然便利了我们的生活，但是一旦没有与它保持适当的距离，没有适当地利用化学，它就有可能危害生命。因此，掌握生活中的化学知识，对于我们的生命安全至关重要。

综上所述，我们可以清晰地认识到：化学与我们息息相关，化学辅助了人类的生活，并与其他科学一起构成了我们的世界。重视化学，不应该单单为了考试，还应该为了将化学与我们的一切相关联。由此，我们会发现化学远比死板的理论知识有趣，也远比考试所得的分数重要。化学支撑我们的生命，便捷我们的生活，助力我们的生产。我们与化学相互依存，相辅相成。化学离不开我们的一切，我们也离不开一切的化学。

化学实验之我见

初三（6）班　黄可依　指导老师：臧奕

今天，伴着明媚的阳光，我怀揣着一颗好奇心来到了期待已久的化学实验室。

面对桌上那些只在课本上见过的实验器材，我真是又高兴又担心。高兴的是，我终于如愿以偿见到了梦寐以求的实验器材；担心的是，自己会在做实验的过程中触到课本上的某一个"雷区"。

实验开始了，两人一组。我们先是反复琢磨着铁架台、导管……一会儿又仔细研究着实验台上的高锰酸钾。面对这些"久仰大名"的实验器材，我被一种莫名的感觉笼罩着，我并不清楚从课本中获得的理论知识能不能让我成功地完成实验。

我们首先通过用酒精灯加热高锰酸钾的方法来制取氧气，这个过程需要我们克服重重困难。首先，要用酒精灯的外焰来加热。要用外焰加热就必须调节好铁架台上夹试管的位置，同时要控制好风，以防吹灭火焰。其次，要用两只手牢牢扶住集气瓶，防止收集到的氧气不纯。集完气后还要及时盖上玻璃片。总之，收集氧气真不容易！

氧气收集完后，就到了激动人心的检验时刻！这其中最令我难忘的，便是铁丝在氧气中燃烧。一瞬间，火星四射，发出耀眼的光芒，在那一刻，时间仿佛定格。实验结束了，我很激动，原本在课本中看到的理论性知识终于在生活中践行了！

正如课本所言，实验是化学的基础，化学是建立在实验上的。这次实验室之旅令我受益匪浅，我爱实验，更爱化学！我希望在实验的帮助下我的化学成绩能"更上一层楼"。

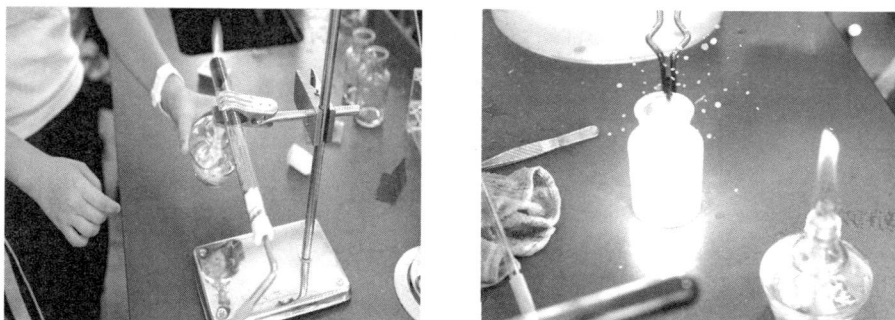

图3-2-1　学生实验照片

化学让世界绚丽多彩

初三（6）班　夏熙琳　指导老师：臧奕

2020年10月14日，为了更直观清晰地了解氧气的制取与性质，我们来到化学实验室进行化学实验。

老师对我们进行分组和实验指导后，我怀着迫不及待的心情仔细观察桌面上的实验器材，桌面上摆放着试管、玻璃导管、集气瓶、水槽、木条、酒精灯、铁架台等完备的器材。我和旁边的同学按照老师讲的和书上的注意事项做好一系列准备工作后，便开始了紧张而又激动的实验。

首先，我和同伴进行"查"的步骤，我们用带有导管的橡胶塞塞紧试管后，把导管的一端放入盛有水的烧杯中，双手紧贴试管外壁，观察现象。导管口有气泡冒出，看来气密性良好，初试成功，我的心情愉悦起来。

然后，装药品，把试管固定在铁架台上，再点燃酒精灯，过了没多久，我们便发现导管口有一个又一个小小的气泡冒出，但是我们没有马上去收集，等到气泡连续并均匀冒出时，才小心翼翼地开始收集。

此时我们得到的是纯净的氧气，就像得到什么宝贝似的，我们将集气瓶小心翼翼地拿出水槽，生怕有一丝氧气逸出，可真是又恐慌又激动。

最后，我们将导管撤离水槽，然后熄灭酒精灯。

接下来便是对氧气的性质进行检验了。点燃系在螺旋状细铁丝底端的火柴，待到火柴快燃尽时，迅速地将它插入集气瓶中，我们惊奇地发现，铁丝在氧气中剧烈燃烧，火星四射，绚烂无比，美丽极了。课本上短短几句"剧烈燃烧，火星四射，放出大量的热，生成黑色固体"并没有让我印象或者感触深刻，但是当看到满瓶的火星，并放出耀眼的光时，我是如此高兴与欣慰。但这绚烂并没有持续太久，或许是因为我们的氧气不纯。

这次实验，我们亲自动手，亲自体验，收获丰富，也了解到化学这门学科是一门可以让人去探索与发现新知的学科。

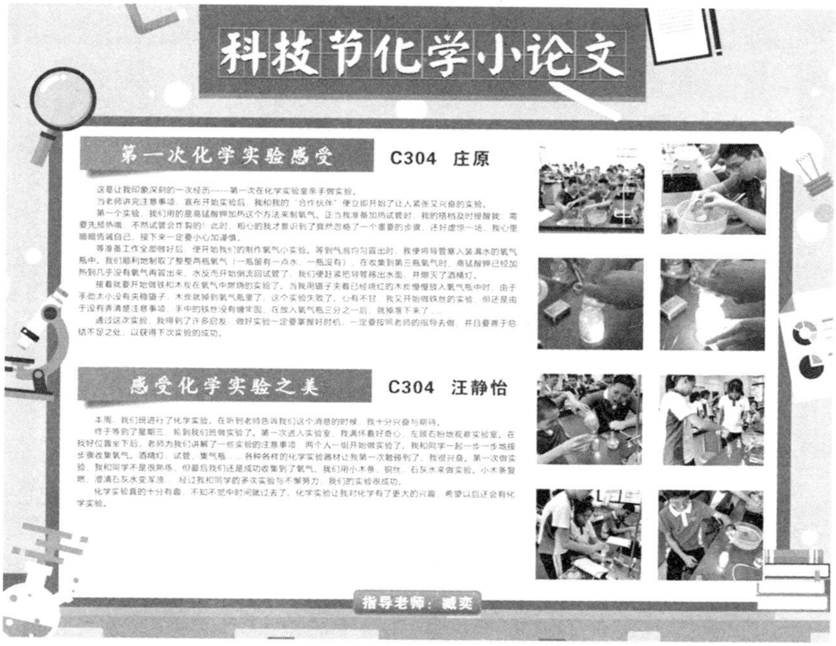

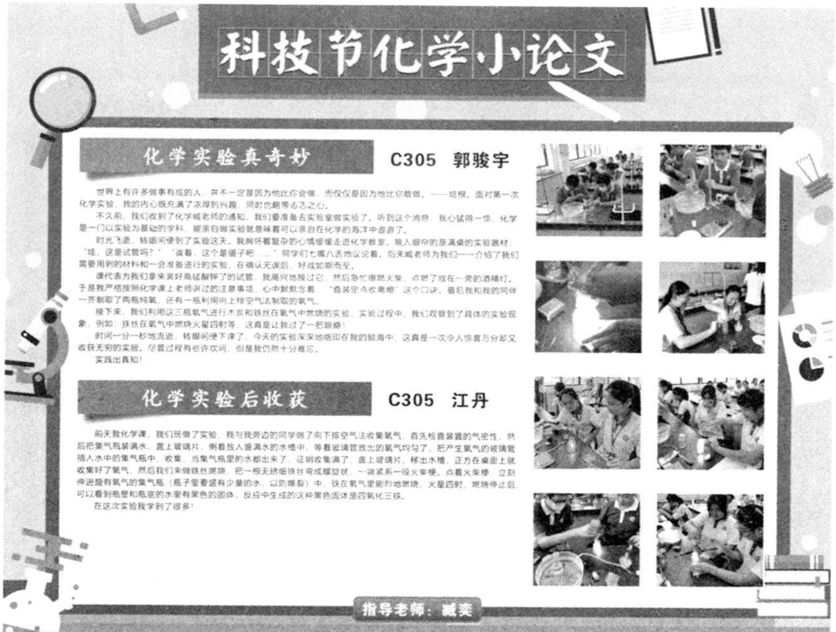

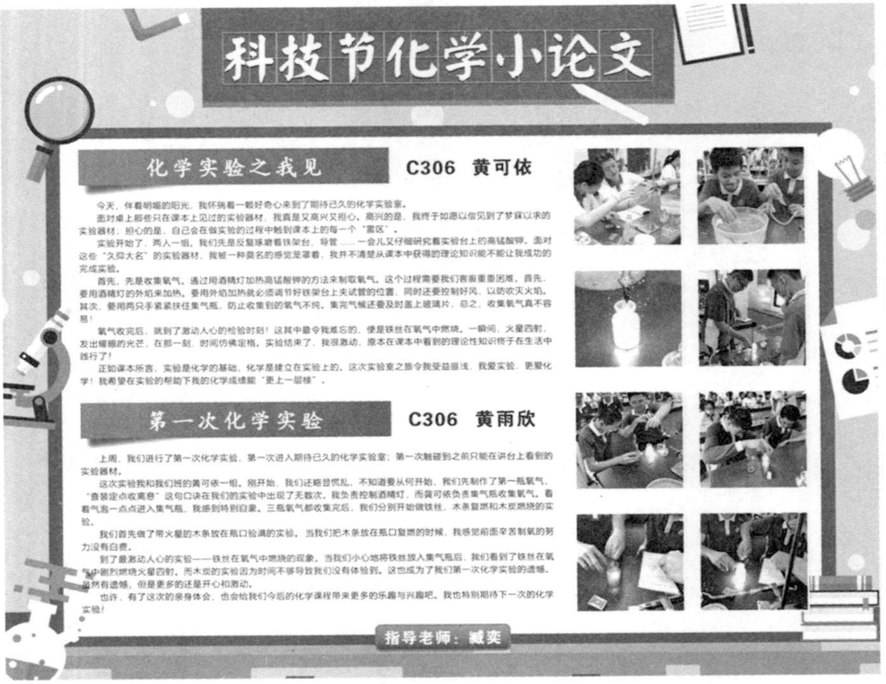

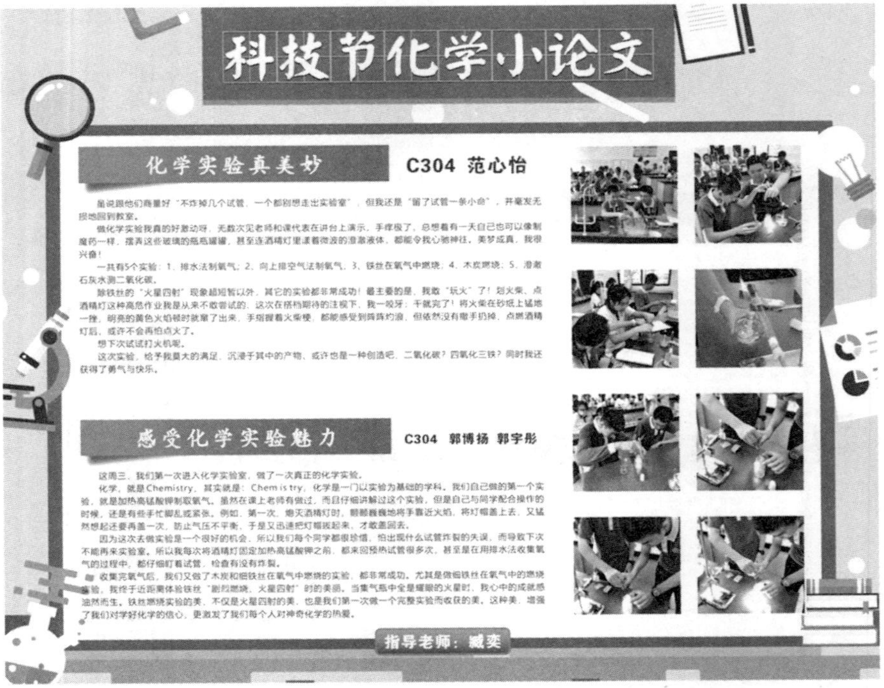

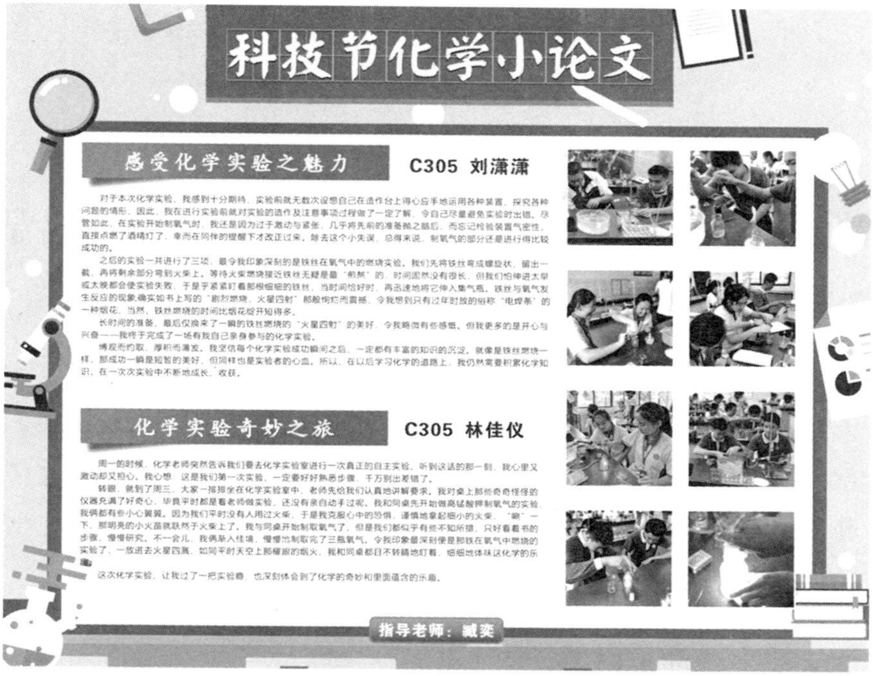

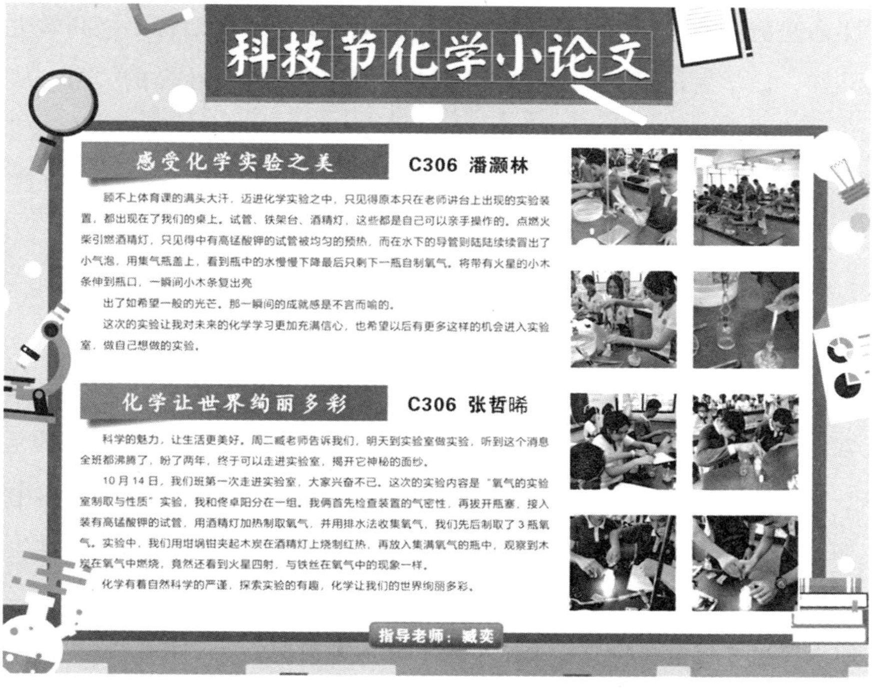

图3-2-2　科技节化学小论文展览

第三节　生命教育视野下的初中化学教学

人的生命由三个因素构成，即生理（自然属性）、心理（社会属性）和灵性（精神属性）。生命教育旨在从以上三个层面对学生进行人格、人文精神与科学精神的培养，以提高学生的综合素质。因此，在初中化学教学中，生命教育应达到以下三个层次目标。

一、珍爱生命（自然生命）

生命是脆弱的。在中学化学教学中，生命教育的首要目标是提高学生对自身的认知，让学生认识生命物质的组成，了解化学和个体生命的关系，从生命体的化学组成及其变化的复杂性中感知生命的宝贵；通过现实案例传达生活中的潜在危险，引导学生从科学的角度认识生命、珍爱生命，强化学生在生活中的安全意识，学会预防和自救。

1. 认识生命

以化学元素和人体健康（十二单元）教学为例：

人体所必需的化学元素包括常量元素（指含量占生物体总质量的0.01%以上的元素，如碳、氢、氧、氮）和微量元素（占人体总质量的0.01%以下的元素，如铁、锌、铜、锰）。在教学中介绍一些主要生命元素的存在形式和主要功能，如钙主要存在于骨骼中，铁是人体血红蛋白的中心元素，既可让学生了解生命的奇妙，又可以帮助学生养成健康的生活方式。

以人类重要的营养物质（十二单元）教学为例：

介绍蛋白质、油脂、糖类、维生素、无机盐和水对人体产生的作用，使学生了解并掌握这几种物质的不同性质和在人类生命活动中的作用，强调合理安排饮食对人生长发育的重要作用。发动学生自主收集有关微量元素、维生素与人体健康关系的资料，并向学生罗列富含这些物质的常见食品，倡导合理的膳食结构和健康的饮食习惯。

2. 保护生命

随着现代科学技术的迅猛发展，化学被广泛应用到日常生活的方方面面，并与材料、能源、环境、生命等科学相互渗透，其作用与地位日益显著。一方面，科学安全地使用化学物质，能够显著改善生活质量，提高生活水平。另一方面，化学物质是一把双刃剑，不恰当地使用会带来许多负面的影响，产生各种安全隐患。在生产生活中，生产安全、食品安全、消防安全等问题日益突出，人们的安全意识和自我防护能力有待增强。

对于这部分内容，搜集社会中出现的和化学有关的现象、新闻报道和社会热点事件，如近年来的爆炸事件、食品中毒、化学品误用、实验室事故等作为教学资源。结合其中的化学知识，通过图片和视频的形式，突出事故带来的伤害，体现生命的渺小和脆弱，提高学生对生命的敬畏和日常生活中的安全意识。结合教材中的知识点，对生活中常见的危险和防护措施进行渗透教育。

以12·28广东石油化工学院泼硫酸案为例：

触目惊心的图片可以让学生认识到生命的脆弱，提高对危化品的警惕性。结合课本，以浓硫酸与蛋白质和脂肪的反应为例，可以加深学生对浓硫酸的脱水性、强氧化性等化学性质和酸的通性的认识，同时普及皮肤接触到硫酸以及吞下硫酸的急救办法。

二、感悟生命（社会生命）

生命不仅是一种生理属性，还是一种社会属性。它是人在一定的社会文化和心理基础上发展起来的符号识别和社会人文系统，涵盖了人的成长、学习、交友、工作、爱情、婚姻等涉及人文、道德的方方面面。生命教育强化对生命的感悟，使学生能在正确地认识自我生命之外，认同地球上动植物等其他生命形式，了解人与自然、社会之间相互影响、相互依存的关系，在树立自我保护意识的同时，关注、尊重、热爱地球上的其他生命个体；理解水、化石燃料等自然资源在生命活动中发挥的作用及其重大意义，树立保护自然资源的意识，养成环保、绿色的生活习惯，培养学生对自己、他人和社会的责任感。

1. 了解其他生命形式

中国古代哲学的核心理念以"生命"为中心，将整个宇宙看成一个有机联系的整体，人与人之外的其他生物是一个生命的有机体，且每种生命都有其存在的价值。任何生物体都是身处同一时空的生命，都是对人类生存发展具有一定价值、意义的生命，人的生存要依赖其他生物。尊重生命、敬畏生命，把道德关怀的范围从人扩展到有感觉苦乐能力的动物，再到有生命特征的所有生物，是古老哲学思维的共生思想。教师可以通过相关案例的教学和引导，让学生深刻意识到"生命"就应包括一切生物界的生命，即人之生命和自然环境中一切动物、植物的生命。

以燃烧的条件（第七单元）教学为例：

引入2019年震惊全球的澳大利亚山火事件。首先，利用桉树易燃的特点，加深学生对燃烧条件的理解。随后通过对桉树等植物进化过程的介绍，理解桉树巧妙借助自身易燃性，利用自身特性消灭大部分竞争者，快速占领森林的主导地位的"智慧"。帮助学生理解自然界中的各种生物和人类一样，都是不断发展进化，能够不断适应环境的有"思想"的生命体。促进学生关注、爱护和尊重自然界中的每一种生物。

2. 认识人与自然的关系

自人类诞生之日起，人类与自然环境就产生了无法分割的联系。在一定的条件下，人类通过利用和改造自然实现生存条件改善的同时，也在不断地影响和改变自然环境。20世纪以来，随着科学技术的发展和社会生产力的提高，人们的生活水平得到了空前的提高。然而，无节制的快速发展也带来了严重的后果：自然资源消耗激增、生态环境破坏严重，这严重地阻碍了人类社会的长远发展，对人类未来的生存和发展构成了威胁。

化学是研究物质的组成、结构、性质及其变化规律的科学。化学和自然环境有着直接的关系，教学内容为培养学生的环境意识提供了丰富的素材。在初中化学教学中，教师应有意识地渗透环境保护的意识，让学生认识到人与自然需要共同发展。在教学过程中，教师可以结合热点时事和生活中的化学现象，分析其中的化学原理，突出生命活动对自然的影响和破坏，加深学生生态保护的意识。在教学中，教师可以采用讨论、辩论、知识竞赛的方式，激发学生的兴趣，培养学生主动学习的能力，帮助学生逐步树立珍惜资源、爱护环境、合理使用化学物质的可持续发展观念。

以一氧化碳和二氧化碳（第六单元）教学为例：

科学研究表明，以二氧化碳为代表的温室气体是全球气候变暖的祸首。近几十年来，由于化石燃料消耗量的急剧增加和植被的大量破坏，大气中的二氧化碳含量逐渐上升。海洋是吸收大气中的二氧化碳的主要力量之一。资料显示，在过去的150年间，人类排放温室气体导致海洋急剧升温，海洋升温幅度相当于每秒爆炸1.5颗广岛原子弹。随着海水中的二氧化碳浓度的不断升高，使本该呈弱碱性的海水逐渐向酸性变化。海洋酸化影响珊瑚、贝类等钙化生物的正常生长，"腐蚀"它们的碳酸钙外壳，对它们造成了致命的影响，进而破坏整个食物链。为了保护自己，这些钙化生物会向越来越小、外壳越来越厚进化，从而对食用贝类养殖产业造成致命打击。此外，溶解于海水中的二氧化碳还可能在某种条件下被重新释放到大气中，加剧温室效应。教师可通过对"海洋酸化"现象的分析，巩固学生对二氧化碳的物理和化学性质的认识，同时让学生意识到人类的活动对环境和其他物种的破坏，最终会对人类自身发展起到反噬作用，强化学生的环保观念，唤醒生态伦理良知，自觉爱护和保护周围赖以生存的环境。

三、超越生命（精神生命）

生命过程是不断超越生命本身，不断壮大、发展自身的过程，总是处于不断的生成和建构中。生命过程不单是指在"活着"的过程中发展和壮大的过程，也指在"生命终结"之后生命体对人类社会、自然环境的影响。让学生在认知和感悟生命的基础上，敬畏和欣赏生命，从而达到激扬生命，获得最大的生命价值的目的，是生命教育的宗旨和最终目的。

1. 认识生命的意义

人是自然的存在，活着也不只是为了生存，人的生存应该有更加高远的目标。有意义的生命是对信仰和价值的精神追求，它超越了人的自然属性，给予了精神无限发展的可能，同时让生命具有了非凡的意义和价值。

作为自然科学发展史和人类文明发展史的组成部分，化学发展史中涵盖了大量的科学探究过程及人文历史背景。化学史中蕴含的丰富人文内涵是对学生进行生命教育、培养学生情感态度与价值观的一个重要载体。

以测定空气成分（第二单元）教学为例：

教师在讲解空气成分测定实验中，可向学生介绍"现代化学之父"拉瓦锡的生平事迹，讲述他在探索质量守恒定律和燃烧原理过程中做出的杰出贡献。拉瓦锡经历了传奇的一生，虽然因为"法国大革命"匆匆逝去，但他将自己生命的一点一滴融入化学这门神秘而未知的自然科学，并使化学得到了革命性的突破。他勇于探索和维护真理，以事实为依据的科学探究精神将永远在世间流传。通过人物生平事迹，启发学生对生命的意义进行积极的思考，对自身生命价值开展自觉主动的探寻，有利于在生活中去探寻和创造人生的价值，让生命变得充实而精彩。

2. 树立可持续发展观

可持续发展最初于1972年提出，是指既满足当代人的需求，又不损害后代人满足其需求的发展，是科学发展观的基本要求之一。当代科学技术和市场经济的发展，缩小了人与人之间的距离。习近平总书记创新性地提出了"人类命运共同体"理念，生动诠释了面对复杂多变的国际形势，全人类应该同舟共济，共同应对国际秩序和人类生存的严峻挑战。"在满足当代人需要的同时，不能侵犯后代人的生存和发展权力"，这也是人类生存与发展的可持续性原则。

化学与人类生活息息相关，在实现人与自然和谐共处、促进人类和社会可持续发展方面发挥了巨大的作用。化学工作者致力于从化学角度，通过化学方法解决人类面临的健康、环境、能源、资源等重大问题，目前已经取得了有目共睹的显著成果。然而，化学物质的不当使用也给人类生活和社会可持续发展带来了负面影响。在教学中，教师可以通过化学科学与技术发展及应用的重大成就、对社会发展影响的事件，帮助学生认识化学在促进社会可持续发展中的重要作用，逐步树立可持续发展观念。

以燃料和热量（第七单元）教学为例：

随着社会的进步与发展，环境问题愈加突出，尤其是化石燃料的燃烧使环境受到了严重污染。教学中可结合化石燃料燃烧对环境的影响，说明使用清洁能源和开发新能源对保护环境的重要性，引入我国可燃冰试采获得成功的重大新闻。可燃冰被誉为21世纪最理想的清洁能源，其开采技术是实现其规模化利用的关键。教师可通过可燃冰优缺点的对比，加强学生对能源危机和气候变化的认识，增强学生的可持续发展观念。

第四章

探索与实践

第一节　德育篇

感恩·目标·责任

——欢迎家长走进初三（10）班主题班会

为了更好地贯彻落实学校开展的"两会一有"活动，我们初三（10）班于2008年12月15日举行了一次特殊的主题为"感恩·目标·责任"的班会课。说它特殊，是因为主讲人不是班主任，而是我们班一位学生的家长。这次主题班会的目的是，让每位学生意识到只有时时感受自己对于学习的一份责任，才能通过内化感悟约束自己的行为，从而激励自己各方面得到进步，做一名会珍惜、会感恩、有责任感的优秀学生。

一、班会过程

时间：2008年12月15日

地点：初三（10）班教室

主讲人：金文华妈妈王桂桂

参加人：初三（10）班全体同学

听课人：政教处李会桥主任、办公室王明慧主任、年级组长王敏老师、班主任臧奕老师、心理教师彭宇老师、副班主任樊艳芳老师

主题班会过程：

家长：各位老师、各位同学，大家好！今天很荣幸能来跟大家一起分享！

（一）小游戏：一分钟能有多少次掌声？

家长：同学们平时都鼓过掌，那你们知道一分钟能有多少次掌声吗？

生1：60次

生2：70次

生3：120、130次

家长：好，那我们来试一下，看我们到底能鼓多少次掌。全体起立！

学生全部起立，老师开始计时。啪啪啪啪……掌声绵延不绝……

家长：停！好，现在我问一下同学们，你有多少次？

生1：150

生2：160

生3：180

生4：195

家长：好，大家可以看到，我们实际鼓掌的次数比我们设想的要多得多！

那同学们你们知道你们鼓掌这么多次花了多少时间吗？——30秒！

生：哇！

家长：不要惊讶！我们每个人的潜能都是很大的，有时甚至是我们不可想象的。所以，我们不要仅仅满足于现状。如果我们设定一个比较高且比较现实的目标，我们会更好、更努力地去完成它，而最后的成就可能是你自己也想象不到的。那么，我们马上就要面临中考，对于中考，你有什么样的目标呢？

学生陷入沉思。

家长：目标设定好之后，就需要制订良好的计划，并进行有效的时间管理。下面我想问一下，有多少同学能在两个小时内完成家庭作业？

大部分学生举手。

家长：有多少同学一个半小时能完成作业？

手放下了一部分。

家长：有多少同学一个小时能完成作业？

剩下的手寥寥无几。

家长：半个小时？

只剩下一只手。全班哗然。

师：下面请这位同学介绍经验。

（二）小游戏：看看谁与我一样——撕纸游戏

1. 跟我撕纸

请辅助人员给每位同学发一张纸，按照家长的指令去做，任何学生都不能发声。

家长：全体同学起立，闭上眼睛。

家长：将纸对折一下，然后再对折一下，撕去右上角，然后转动180度，再将手中所拿纸的左上角撕去，然后把纸打开。睁开眼睛！看一看，你们手上的纸与我手上的纸是否一样？

学生打开手上的纸，发现自己撕出来的形状与家长手上的是不一样的，也有一些同学是一样的。教室里立即热闹起来。

家长：为什么会不一样呢？因为大家的理解与我的解说是不一样的。所有的信息都是我传送给大家，因而是单向沟通。在单向沟通的过程中最容易发生沟通的不足，产生误差。我虽然说得很清楚，但学生未必都听到了；或者即使听到了，也未必听懂了，所以呈现的结果会很不一致。

2. 一学生上台撕纸：可以问老师问题，要提示

家长：接下来我要请一个同学上台来。

学生纷纷举手，家长挑中一个学生。

家长：发给这位同学一张纸，重复做上面的动作，只不过这次允许同学在做的过程中向我发问，并提出自己的一些疑问及不清楚的地方。譬如问清楚对折是横折还是竖折，折过后的开口朝哪个方向等。

全班同学看着台上的郭宇航做动作。郭有点紧张，但是在做的过程中，有什么问题不清楚他都向家长提问了。全部动作完成后，打开纸张发现，尽管他撕的力度有点大，样子不大好看，形状却跟家长的是一样的。

家长：为什么这次的结果又是一样呢？

生：因为他可以提问啊！

家长：没错！关键就在这里，第二次允许学生在游戏的过程中提问，这较以前进步了，是双向的沟通。这种沟通更加有效。这也提醒我们，要学会聆听。聆听的过程又包括接收、反映、复述。

3. 小结：学会聆听——接收、反应、复述

家长详解接收、反应和复述，在讲解的过程中巧妙地纠正学生的坐姿、肢体语言，引导学生在与父母的沟通过程中学会接收、反应和复述，学会感恩。

（三）感恩

略。

（四）送全班学生的两句话

"我引发、我创造"。

（五）学生赠送小礼物

班干部代表送给家长鲜花和全班学生签名的笔记本。

（六）李主任发言

李：很感谢我们的家长，在百忙之中抽出时间来跟我们分享她的心得。我认为讲得很好。她主要讲了三个方面：一是要认识到自己的能力，要自信；二是要掌握正确的方法，方法铸就成功；三是要有良好的人生态度，态度决定成败。

（七）班主任发言

王女士近期家里遭遇了大的变故，可是她仍然坚持按时把这个课给大家上完，这是非常难能可贵的。我想，这也是她事业能够取得成功的原因之一。在此我深深地表示谢意！（要求全班学生结合班会谈听后感受）

图4-1-1　家长在给学生上班会课

二、班会课后学生感受（选编部分学生感言）

感恩　目标　责任

陈××

这个题目，源自我们开的一次特别班会。这次班会，让我们明白了很多道理。虽然这些道理平日里老师和家长都曾与我说过，甚至反复提到，但我并没有铭记在心。而这次，阿姨通过这种游戏和一问一答的方式，竟让我在不知不觉间一下子理解了这些道理。开完会后，我的心情久久不能平静，"感恩、目标、责任"这六个大字，在我脑海中不断地翻腾着……

感恩：很多人同我一样，总是说等将来长大了要如何感谢父母、报答老师，总认为以后会有大把时间和机会，现在不用着急，还没到时候。但上了这节班会课后，我才意识到：与其将来再图感恩，还不如从现在就做起，认真学习，踏实做事，努力争取好成绩，顺利拿到重点高中的入场券，这就是对他们目前最好的感恩和回报！是啊，整天把"感恩"这两个字挂在嘴边，眼下却没有实实在在的行动，总想着日后再感恩图报，说白了是一种虚伪的表象。"感恩"其实是一种心灵的驱使，是一种真情的流露，是需要藏于心灵深处并默默为之付出的一种实际行为！

目标：以前小时候，父母亲戚经常问我的理想是什么，我总是毫不犹豫地回答："我要当个科学家！"。每次这样答完，他们都会高兴地摸摸我的头，以示满意。但是，随着年龄的增长，我心中的这个理想却渐渐变得模糊起来，以至于当别人再问我有什么理想时，我只能无奈地说："我不知道……"对此，我没加细想，因为我总认为，那是以后的事，弄那么明白干啥！上了这节班会课，我才终于理解：明确人生目标，树立一个理想，是多么重要。理想一经确立，就会成为我们在学习生活中的原动力，也是处于逆境中有效而强大的抗争力量！

责任：记得上初一的时候，我曾是一个卫生小组长，那时的部分同学，由于集体观念不强，每次打扫卫生都有不少人逃跑，有时甚至仅剩下我一个人在孤零零地干扫地活。当时我想，因为自己是卫生小组长，别人不干自己总得干完吧，那时我还不知道这其实就是一种责任。但上了初三后，我反而对自己要求不同了，感觉这样的付出不值，是大家干的活凭什么我一个人包呢？因此每次干完自己那一份，也不理会、不要求其他组员扫完各自的责任地，就一走了之。上了这节班会课，我才知自己犯了如此低级而愚蠢的错误，老师把管理好小组的希望，寄托在了我身上，而搞好班里卫生，就是其中一项任务，我却没有尽职尽责完成好，这不是愚蠢是什么？责任，什么时候都不能漠视，有了责任，一个人才能拥有良好的行为习惯，当习惯成为自然，就不能不承认，习惯其力量的强大，足以影响一个人的整个学习生涯乃至人的一生！

感恩、目标、责任，这三个看似平常的词，可能仅从表面你不认为它们之间有什么必然联系，但只要仔细想一想，认真思考一番，就不难发现：因为你现在就已怀有一颗感恩之心，所以你才会为之不懈努力与奋斗；而努力奋斗要实现的是那既定的理想和目标；而这责任就仿佛是一把直尺，寸寸分明，在不断地量度、引导着你，尽可能少走弯路，最终达成心愿。所以，建议同学们，常把"感恩、目标、责任"六个大字置于心田……

学会感恩，学会自信，学会负责

——听"感恩·目标·责任"班会有感

王××

今天，我们班邀请到了一位同学家长来给我们上一节"特别"的班会课，她给我们上课的主题是"感恩·目标·责任"。

一开始，这位家长先问了我们一个问题——你一分钟能鼓掌多少下？有的同学说他能鼓一百多下，有的同学说自己只能鼓三四十下，大家的回答都不一样。所以，这位家长便要我们亲自试一下看看自己能鼓掌多少下。当她一说"开始"，同学们便开始用力鼓掌，到了最后，同学们的答案都与之前自己说的大不相同——大部分同学都鼓掌了一百次以上！而且仅仅用了三十秒！这让我们自己都难以相信。

后来，这位家长又围绕着"感恩"与"责任"这两方面进行演讲，这里面最让我印象深刻的就是这位家长提出的"接收""反应"和"复述",当你与其他人在对话时,如果他有事情交代给你,或是你有事交代给他,在第一次听完如何完成这件事之后,自己要让对方复述一遍内容或是自己复述一遍,这样才能达到事半功倍的效果,同时这也是负责任的体现。

听了这次班会课,我受到了很多的启示。我们要学会感恩,感恩使我们明白事理,使我们与别人相处得更融洽;我们还要学会自信,要相信"天生我材必有用",当自己变得自信了,任何困难都不会阻挡你前进的脚步,还会在成长的道路上扶你一把,让你在这条路上越走越平稳;我们还要学会负责,每一个人都有自己应该负的责任,对应做的事情不负责,就是对他人的不负责,也是对自己的不负责!

学会感恩,学会负责。当我们做到了这些时,我相信,我们的人生将会发出耀眼的光芒!

妈妈的课堂,我的感想

金××

蔚蓝的天空,碧绿的草地,蜻蜓毫无目的地在草丛间飞行,高大威猛的榕树,偶尔抖抖他那耸立的肩膀。空气中弥漫着一股清新的花香味,一阵阵朗读声混杂着老师那充满磁性的声音。讲台上那个身影已经坐在后面,而站在讲台上的却是那个再熟悉不过的母亲。

——题记

自从母亲走进教室里的那一刻起,我就感到无比自豪。人生中的第一位老师就是母亲,而如今我的母亲已经成为众人的老师。我并不是很优秀的学生,却拥有如此优秀的母亲,那种感觉无法用言语表达。

当上课铃响起,我怀着忐忑不安的心情喊着老师好,脸上一直挂着笑容,呆呆望着讲台上的母亲,不时望一眼身后的老师。看见年级组长一脸严肃的样子,我就吓得已经不敢再往后望,而心情更加紧张。

这堂课对于我来说印象最深刻的就是那两个游戏。课堂刚开始,直接就是一个游戏:鼓掌。我给自己的目标是一分钟鼓掌100次,出乎意料的是我30秒拍了165次，这使我大吃一惊，连自己都不敢相信这是真的。也许人生就好像这次鼓掌一般，也有许许多多的奇迹，只要敢想肯努力就一定能做到，学习也是一样，要相信自己可以考高分，如果你对自己有信心，你就可能考到，但是如果你没有信心，你就一定考不到，所以信心也是成功道路上重要的一点。经过母亲一番解说后，很快进入我期盼已久的第二个游戏：撕纸游戏。这个游戏听起来多么平凡，老师说什么，你就做什么。我想这个游戏连幼儿园的小朋友也会玩，但令人无法想到的是，每个人的答案都不一样，稀奇古怪，什么样的都有，而跟母亲一样的只有一个人。仔细想想在生活中也会出现这种情况，例如，姐姐跟我讲的总是跟我听的不一样，在学习中，老师上课讲的有时也和听的不一样，而在这时，重要的就是发问，当我们把不清楚的事情问明白了，就会减少许多矛盾。学会发问，也是学习道路上重要的一步，当我们遇到不理解的知识点时，如果即时发问，就会减少很多问题，成绩就会提高。

母亲的课堂就是如此，在玩乐中学习，在平凡中体验，也许这堂课让你受用不尽的人生哲理有许多，或许没有。如果有那么恭喜你，赚到了，如果没有，那么你也放松了一节课。不管怎么样，每个人都希望自己成功，那么不妨从现在做起。

感恩　目标　理想

刘××

这是个不同寻常的班会

主持这场班会的并不是我们的班主任而是我们同学金文华的家长

首先讲的是目标

先是以鼓掌为例，阿姨叫我们自己设立目标

令我们震惊的是在半分钟内大多数同学都拍到了100多下

我们在那一瞬间终于体会到了为自己设立目标并为之奋斗的意义

那对于没有目标或有了目标却没为之奋斗的意义是不同的

它的本质是超越，它的本质是努力，它的本质是让你做得更好

这不禁让我想到一句话——追求美好的目标，最现实的是从身边的事做起

我们的目标，我们的理想

我们每天早出晚归地去学校上课为的不就是实现自己的目标与理想吗？

理想让我们快乐

理想是我们奋斗的力量

每当我们累了，作业写到困了

我们就会想到这是在为理想凝聚力量，在描绘着我们的理想啊！

就算再苦再累

我们都不怕

我们还有在我们背后挺着我们的老师

我们累他们也累

我们苦他们也苦

我们在为作业复习而熬夜，他们却为备课出题而辛劳

这就是我们的老师，他也在为我们的目标我们的理想而奋斗

这个目标这个理想并不是ONLY ME

它有老师同学父母和我的努力

当我们取得成就的时候

我们怎能冠冕堂皇理直气壮地说完完全全是我们自己的努力呢？

我们今后的成就建立在老师们深深的黑眼圈上

因而他们无疑是感恩的主人公

今天的班会使我们受益良多

我们要学会感恩，为自己设立目标，为理想而奔腾

我们已经是初三将要进考场的学生了，加油努力吧！

感　恩

李××

今天听了金文华妈妈为我们上的一节班会课，感触很深。题目是"感恩·目标·责任"。我想对我们来说学会感恩是尤为重要的！

说到感恩，这是一个既熟悉又陌生的话题。当代许多人缺少的就是感恩情怀。

有人说"感恩"是一种生活态度，一种处世哲学，一种善于发现美并欣赏美的道德情操。心存感恩，你能感受平凡中的美丽，让原本平淡的生活焕发出迷人的光彩；心存感恩，你会永远充满自信和活力，并让快乐不期而至；心存感恩，你将在知足幸福中体验一种由宽容、善意、温情、和谐勾勒的美好情愫。

记得金文华妈妈说过一句话，我们应该去感恩我们的同学，是他们给了我们去帮助他们的机会。其实有时可能只是一个不经意的举动，就可以拉近彼此之间的距离。我们应该学会感恩，去感恩每一个人。

也许有同学会说，感恩对我们不一定很重要。成功学家安东尼指出："成功的第一步就是先存有一颗感激之心，时时对自己的现状心存感激，同时要对别人为你所做的一切怀有敬意和感激之情。"我们说，想念父母、思念亲人、尊重老师、理解他们的劳动、帮助学习或者生活有困难的同学、对周围的事物充满善意，这些，都是感恩的起点。只有对社会对环境对周围的人心存感激，一个人才能幸福愉快，才能主动帮助需要他帮助的人，自己也能在遇到困难时得到更多的帮助。更加重要的是，懂得感恩的人，理解并接受生活所赋予的一切，然后用辛勤的汗水，去提升自我、改变现状，这样，内心才能源源不断地产生动力，直到成就事业，走出属于我们的人生之路。

希望我们每一个人都怀着一颗感恩的心，去感恩身边每一个关心、爱护你的人！

感恩、目标、责任

刘××

这次的主题班会是由我们班的金文华同学的家长来为我们上的一堂"特殊"的课。

本节班会课的主题是：感恩、目标、责任。

这堂课一开始，金文华同学的家长就先问了我们一个问题：在一分钟之内，能鼓掌多少下呢？这时候，同学们就纷纷说了起来，有的说60多次，也有人说80多次。为了得知我们一分钟究竟能鼓多少次掌，我们就做了一个试验：由金文华同学的家长来计时，我们就顾着数自己能鼓掌多少次。开始了之后，同学们都参与其中，而且越来越快。停止之后，我们说出自己鼓掌的次数，有的是150多次，有的是170多次，甚至还有的同学是接近200次。但是我们用的时间仅仅是半分钟。

在后面的时间里，金文华同学的家长通过与同学们的交流让同学们懂得了许多道理。其中最让我受益的是，聆听的三个技巧：接收，反应，复述。我觉得这三个技巧对我非常有帮助。首先，要会听别人讲话，都听到脑子里了，然后自己有什么反应，最后能够复述出来，那么，做起事来会更快，更方便，而且不会做错。

听完这节课，我首先想对金文华的妈妈说声感谢，因为她在百忙之中抽取时间来为我们讲课，让我感动的是，金文华的外公刚刚不幸去世，但是金文华的妈妈还是能够按时到达我们的班级，为我们上这一堂对我们具有教育意义的班会课。

我受到的启发有：①在我们的生活当中，不要低估自己的能力，要对自己有信心，只要认真去做了，就会有好的收获。②在我们做任何事情的时候，不要盲目地去做，要知道做这件事的方法，这样才能事半功倍。③我们要有良好的人生态度，态度决定一切，只要你的态度端正，任何事情都能迎刃而解。

三、班会课后的反思

1. 提高了学生行为中的自我责任意识

苏联教育家马卡连柯明确指出："培养一种认真的责任心，是解决许多问题的教育手段。"新世纪人才需要博学多才，有快捷获取信息的能力，有终身学习的观念，有自我发展的精神，有与人协作的能力等，所有这一切都离不开学生自我责任心的培养。如果一个人连"自我"都失去了，一切就都失去了基础和根本。未来的世界是充满竞争的时代，生活节奏快，工作压力大，对人的心理素质、生理素质和社会文化素质要求高，培养学生的自我责任感能时时处处"内驱"着学生自我学习、自我保健、自我评价、自我调控和自我发展，做一个宽容体谅之人，做一个自立、自信、自控、自爱之人，从这个意义上说，培养自我责任心显得非常重要。

自我责任心的培养，可规范学生的行为，提高学生行为中的自我责任意识，如认真听课意识、独立学习意识、守纪意识、和睦相处意识、情绪性格方面的自我调节意识、习惯上的自我改变意识等。由于培养了学生的自我责任心，那种自我发展、自我完善的意识变得非常强烈，自我认识变得非常主动，自我改善变得非常坚决，自我学习变得自觉，自我保健变得执着。

2. 提高了竞争意识，优化了凝聚力，强化了班级荣誉感

初中学生年龄在12~16岁，开始进入青春期，是第二个自我形成期。这一时期他们中断了对父母的依恋，需要独立、自信，有自我价值的感受，但情绪上又紧张不安，需要被承认和感情交流。我抓住初中生这一关键时期，进行爱的教育，引导学生矫正不良习惯，培养良好习惯，在潜移默化中培养他们的自我责任感。以中学生自我责任感为切入口，班级评选"自我责任"标兵和"责任转变"典型，开展行为规范集体达标活动（将个人责任融入集体责任之中），评选行为达标组和行为达标生，使学生产生对班级的归属感、义务感和寻求尊重的欲望，让学生找到自己的坐标，不断完善自己在中学阶段应具有的形象。个体行为意识的提高，直接优化了班级的凝聚力、战斗力和集体责任心，提高了竞争意识，强化了班级荣誉感。

3. 懂得了珍惜和感恩

感恩是有意义的。爱让这个世界不停旋转。父母的付出远远比山高、比海深，学会去感激别人是自己的一份良心，一份孝心，因为如此才会有和睦，有快乐，有彼此间的敬重。怀着一颗感恩的心，去看待社会，看待父母，看待亲朋，你将会发现自己是多么快乐，放开你的胸怀，让霏霏细雨洗刷你的心灵。感恩，会使世界更美好，使生活更加充实。

（本文刊登在深圳《特区教育》上，入选红岭中学"两会一有"优秀论文）

分析一个个案的个性心理特征及其成因
采取恰当的方法促进学生心理健康发展

    教育心理学告诉我们：中学时期是人生发展的特殊时期，是由幼稚走向成熟的过渡时期，它关系着人的人生观、世界观和理想的形成。由于我国人口众多，高等学府相对较少，所以中学生的课业负担重，升学竞争的压力大，复杂的人际关系使他们内心矛盾重重，心理失衡。这在学习上表现为注意力不集中、好动；在性格上表现为孤独、压抑、冷漠或过分张扬、无所顾忌；在生理上表现为神经衰弱、焦虑或失眠等，不仅直接影响着他们的学习，而且影响着他们的心理健康成长。健康不仅是没有疾病，而且是一种个体在躯体上、精神上、社会上的完全适应状态，即躯体健康和心理健康。作为培养21世纪人才的教师，我们只有使学生走出困境，身心均能健康地发展，才无愧于人民赋予我们"人类灵魂工程师"的美称。培养具有较高的科学文化素质和优秀心理素质的21世纪的新人，是我们当代教育工作者的历史使命。

    新课程改革倡导"立足过程，促进发展"的评价理念，要求在新课程实施中变"学生的发展为评价的需要服务"模式为"评价为学生的发展服务"模式。为了更好地贯彻新课程理念，我校在全校实行了导师制度，即教师人人是导师，学生人人有导师，建立起能促进学生心理发展的导师制度。下面针对一个个案的个性心理特征及其形成原因分析，谈谈如何采取恰当的方法促进学生心理健康发展。

一、学生基本情况

表4-1-1　学生基本情况表

姓名	李××	性别	男	出生年月	1994.12	籍贯	广东
民族	汉	政治面貌	预备团员	入团时间	尚未入团	爱好特长	打篮球，听音乐
体重	45千克	体型	偏瘦	身高	165厘米	病史	高度近视
家庭情况	家庭成员	姓名	关系	年龄	文化程度	工作单位及职务	
		李××	父子	44	大专	深圳市某贸易公司	
		王××	母子	42	大专	中国国际旅行社深圳分社	
	是否独生子女	是	教养方式	支配、照管过甚			
	家庭经济状况	靠父母工资收入					

二、学业成绩

表4-1-2　学业成绩表

学校	深圳市××中学	所属类别	省一级学校						
班级	初三（8）班	所属类别	普通班						
	政治	语文	数学	英语	科学	历社	总分	班级排名	年级排名
入学成绩		67	66	65			198	41	388
第一学期期中成绩	63	66	62	72	65	78	406	38	300
第一学期期末成绩	78	70	70	83	83	93	477	30	205

三、智力状况分析

表4-1-3　智力状况分析表

施测时间	2008年10月15日
测量工具	韦克斯勒测量表
测量结果	114分——属中上

四、个性特点及问题概述

该生入学分数较低，学习基础较差，最主要的问题行为是与同学和老师难以相处，经常发生冲突，内心有强烈的自卑感。

（1）纪律方面：自由散漫，懒惰，日常行为习惯欠佳。

（2）学习方面：学习目的不明确，缺乏兴趣和求知欲，经常听课精力不集中，作业不能认真完成，学习成绩较差。

（3）思想方面：思维怪异，自卑而又自尊，缺乏进取心，放任自流，贪玩、迷恋游戏。

问题行为一：刚进入我校的小李很少说话。第一周即与同学发生冲突，起因是同学出黑板报时将尺放在他桌上，他认为影响了自己做功课，遂与同学发生口角，一怒之下将尺扔掉。老师找他了解情况，他不做辩解，最后只说了一句："刚才我气得想跳楼"。之后他也经常为了一些琐碎的小事与同学争执，同学很难与其沟通。

问题行为二：对别人的评价特别敏感，有一次期中考试，他的成绩排在全班最后一名，使他自尊心再次受到挫伤，自卑情绪也越来越重。一年多的时间内，小李几乎与班里大部分同学都发生过摩擦。

其他方面，该生有时上课有迟到现象，与人谈话，特别是与老师讲话时会胆怯，讲话吞吞吐吐，语言逻辑性不强，平时喜欢打篮球，崇拜篮球明星杰克逊。据家长讲，他平时不乱花钱，作业做完不知道去温习功课，自从入初中以来与父母沟通得越来越少，性格变化很大。智力水平中上，有一定的接受能力，但学习成绩较差。敏感，不善交往，好自言自语，不能融入集体生活。

五、分析个性心理特征及其成因

其一：自身内在的因素。他思维灵活，虽然接受学习的能力并不弱，但学习态度不端正，对学习不感兴趣，基础较差，怕苦畏难，贪玩难以自控，造成学习成绩落后，行为习惯不良。

其二：外部环境的因素。因受社会不良风气的影响，他不思学习，贪图玩乐，迷恋上了电脑游戏。面对学业的持续不良，家长在处理上显得不够冷静，往往是讽刺挖苦，指责训斥。家庭不恰当的教育方式和态度，造成他不健康的心理。

其三：心理因素。由于"性格怪异"，他一直受到老师的批评、同学的抱怨、家长的训斥，经常处在"四面楚歌"的环境和氛围之中，学习成绩得不到提高，久而久之产生了自卑心理。日渐厌学，有明显的课堂退缩行为，学习被动消极，有较严重的考试焦虑症；性格内向不合群，自卑感强，富有攻击性，与同学、教师有明显的对抗性；情绪失调，敏感多疑，孤僻，戒备心强，有不可克服的悲观情绪；行动幼稚，其行为与自身的发展水平很不相称，做事依赖性大，无法做出明智的选择；难以适应紧张的情境，常出现焦虑性的恐惧、头痛、心悸，无法适应正常的学习生活。

其四：从家庭结构来看，这应该是一个舒适、健全的家庭，孩子不缺乏爱，但那是一种无原则的爱。除了满足孩子物质上的需求，家长从未去关心孩子精神上还需要些什么。作为家庭的关爱中心，上了学由于成绩欠佳失去了中心的地位，家长又未能加以正确引导。孩子在幼、少年时期的有些行为可以通过不断的教育、疏导得以矫治，然而，当孩子的在校表现未能达到父母的期望值时，作为家长，既不检讨自身的教育方法是否存在不当，又没有更好的应对方法，一味地怨天尤人，打骂孩子成了家长唯一的教育手段。一方面以物质的满足来弥补打孩子后所产生的内疚心理，另一方面又因孩子的在校表现伤害了家长的自尊而使打骂变本加厉。心理学研究表明，家庭内不正确的教育手段必然促使孩子对爱的情感麻木不仁，亦抑制了其对周围人产生爱，容易滋长狂妄自大、唯我独尊的心理，加剧对孩子心灵的伤害。

六、心理治疗方案

尽量给学生成功的体验；培养学生自我肯定的能力，特别要教会学生用比较宽容客观的角度来看待人和事；建立合适的抱负水平，并努力改善提高自己。

具体做法：

1. 尊重人格，保护自尊心

保护自尊心，是信任与赏识教育问题学生的重要前提。在教育的过程中，应坚信"人是可以改变的"。作为他的导师，我满怀期待，倾注耐心，尊重他的人格，用平等关心的方式态度对待他，不厌恶歧视，不当众揭丑，不粗暴训斥，不冷嘲热讽，不变相体罚；用人格的力量去启迪他的心灵，用爱心去融化他的"心理防线"，在师生间架起一道情感交流的桥梁；经过"晓之以理，动之以情"，因势利导，使他感受到老师的信任、关爱、尊重和期待，从而渐渐恢复了自尊与自信，消除了自卑和抵触情绪，愿意接受帮助和教育；进而引导他对自我价值进行分析，建议改进方法，让他自己去尝试和感受进步带来的成就感，变消极状态为主动状态，并帮助他补习功课，指导学习方法，使其尽快赶上。

2. 创造契机，树立自信心

树立自信心，是信任和赏识教育问题学生的关键。为了及时了解、掌握他的内心世界和行为表现，进行有针对性的教育，我采取了个别谈话、沟通家长、表扬鼓励、正面疏导、指明方向等措施。从导师档案反馈表的家长寄语中我了解到，家长希望他能争取当上班干部，协助老师工作。我根据他的科学成绩较好这一特点，让他担任科学课代表。他上任后，工作主动，认真负责。发现他这一闪光点后我就以此作为教育转化的突破口和推动其前进的动因，让他品尝到受赞许、表扬的欢乐，从而树立起自信心，在他通过努力取得成绩时一方面及时肯定，一方面又提出新的目标，循序渐进。由此他看到了希望，激发了进步的内在潜力，确立了不断进步的信心。上课时多给他获得成功的机会，提问时尽量让他回答正确，并给予及时肯定，表扬使其树立起信心，和体会成功的喜悦。

3. 多方协调，讲究系统性

讲究系统性，是信任与赏识教育问题学生的重要方面。根据他的问题成因分析，实现转化显然不是一朝一夕的，要认清转化过程中的反复点，正确对待、耐心等待，要有长期的、系统的计划和打算，不断地调整方法进行教育，与家长密切配合，步调一致地对他进行思想教育；追踪考查，反复抓，抓反复；加强日常生活、学习的监督，促使他养成良好的行为习惯和学习习惯。

（1）在组织班级活动中尽可能让其发挥出特长，如在全校性活动中让其在小品中扮演角色。

（2）请家长结合自己工作特点来校为全班同学做报告，既让全班同学开阔了眼界，也极大地调动了该生学习的积极性，收效很大。

七、教育效果

通过近一年的具体工作，该生逐渐端正了态度，各方面都有比较明显的转变。现已基本消除自卑感，情绪乐观、稳定，日常行为表现好转，不再迷恋电脑游戏，与同学相处较融洽，能主动参加各种有益的集体活动；而且主动和父母沟通，理顺关系。学习目的明确，认真努力，成绩显著提高；学习和生活的心理状态良好，信心增强。

通过对这一个案的教育分析，我深刻感到转化问题学生的教育工作是一项长期、复杂、艰巨的教育系统工程。转化问题学生需要一个过程，要奉献爱心，因材施教，进行反复、耐心的教育；还需要学校、家庭和社会的密切配合，将教育优势有机整合。对问题学生，要了解其个性品质和能力的潜在性，尊重其自身的差异性，激发其进步的主动性。只要唤起了他们的自信心，他们学习进步的速度就会大大加快。学习进步了，信心增强了，行为规范方面的问题就会受到抑制，问题也就得到了转化，教育就会收到成效。

（本文刊登在深圳《特区教育》《福田教育报》，获深圳市第四届中小学心理健康教育论文二等奖，入选《深圳市第四届中小学心理健康教育论文汇编》）

2009届初三（10）班中考工作总结

2009年中考工作已经圆满结束，在学校领导的高度重视和正确领导下，通过全体师生共同努力，初三（10）班取得了优异成绩，其中5名保送生，年级10个班中最多，成绩优异，全部超过红岭中学录取线被我校高中部保送班录取，另有2名准保送生以优异成绩考入我校保送班，还有1名进入重点班，1名进入普通班，共有9名学生考入红岭高中部，为红岭高中输送优质生源做出了贡献。全班共有毕业生40人，总分690分以上有3人，居年级之首，班级平均分548.48分，列年级10个班第四名，380分以下1人，语文、数学、英语、科学、历史与社会五科B+以上均超过67.5%，超过学校规定的B+以上达到65%的指标。各项指标均圆满完成。成绩的取得与学校的正确领导、密切配合分不开，更凝聚着三年来所有任课老师的辛勤付出，是我们（10）班全体师生精诚合作、群策群力、努力拼搏的结果，更是汗水和心血的结晶。

一、营造氛围，促进优良班风形成

1. 服从安排，做好班主任工作

2007年8月28日，新学年伊始，学校安排我担任园岭校区初二（10）班班主任。起初我心中无底，因为我从未担任过如此低年级学生的班主任，况且这个班初一时是学校有名的乱班，学习成绩、行为规范等各项指标均为年级倒数第一，班级有远近闻名的四大"名人"，更有初一受学校处分过的"怪人"，这样一个乱班交给我，我能胜任吗？我是一名共产党员，毫无选择地服从了学校工作安排。正所谓机遇与挑战并存。上任后每天早晨我7点10分到校，第一个来到班级；中午放弃休息，管理午休；放学后，我还要与家长沟通，很少能赶上校车；晚上与家长的电话交流常常延续到凌晨，还要备课，直至深夜。因劳累过度，睡眠不足，一年下来，我患上了高血压、贫血症、咽炎等病，但我从未因此而请过一天假，直到寒假才住院治疗。当我看到学生们一天天在成长进步，在各种竞赛中频频夺冠，班级由过去的乱班成为福田区文明班，班级团支部被评为福田区优秀团支部，班级学生成绩由倒数第一跃居为年级前列，母亲节时学生怀着感恩的心手捧鲜花出现在我面前时，中考成绩发榜时同学们脸上洋溢着喜悦的笑容时，我觉得付出的一切都是值得的。

2. 上好班会课，树立正确的舆论导向

刚接手初二（10）班班主任时，我面前是一群自认为自己已长大，不希望别人多管束的学生。他们没有了初一刚进校时的新奇，也没有初三面临毕业升学的学习压力。他们正处于青春期，做事、学习凭兴趣，凭心情，逆反心理很强。记得刚接班时，一次午休期间我到班级巡查，一名女生说："（10）班是全校最差的"，我当时听了很惊讶，说："你怎么自己都看不起自己？"于是结合班级现状我制定了"自尊、自爱、自信、自强"班训，并自己花钱到外面刻写了八个大字贴在教室后面以激励学生奋发向上。后来中考作为准保送生的这位女生以657分考入红岭高中保送班，教师节之际，她组织全班同学举办谢师宴，现如今她为自己是（10）班的一员而感到骄傲！

坚持开好每周一次的班会，着重培养学生良好的思想道德品质，培养他们爱国爱校爱班级的情感，促使他们形成正确的世界观、人生观和价值观。在班级提出"三比"："不比基础比进步；不比聪明比刻苦；不比阔气比志气。""八句话"：相信自己行，才会我能行；别人说我行，努力才能行；你在这点行，我在那点行；今天若不行，明天争取行；能正视不行，也是我能行；不但自己行，帮助别人行；相互支持行，合作大家行；争取全面行，创造才最行。为了更好地贯彻落实学校开展的"两会一有"活动，我们班聘请一位家长来到班级为学生上了一节主题为"感恩·目标·责任"的班会课。参加这次主题班会的有政教处李会桥主任、办公室王明慧主任、年级组长王敏老师、心理教师彭宇老师、副班主任樊艳芳老师。班会课后学生们受到了心灵的震撼，于是我让他们写听后感。陈彦光同学写道："上了这节班会课，我认识到有了责任，一个人才能拥有良好的行为习惯"。卜晓岚写道："只有对社会对环境对周围的人心存感激，一个人才能幸福愉快。希望我们每一个人都怀着一颗感恩的心，去感恩身边每一个关心、爱护你的人"。

3. 实行班级量化管理，加强班级干部队伍建设

为了更有效地管理班级，我精心挑选班干部，抓好班干部的培养工作，明确分工职责，定期开班委会，让学生参与班级管理，培养学生的组织能力和责任心，使每个学生都有成功的机会和成就感。同时每周一班会课由班干部总结上一周情况，首先由学习委员、卫生委员、纪律委员分别点评，再由班长进行总结性发言。我制定了班规，班级实行量化管理，每天从考勤、作业、纪律、卫生、仪表、活动等几方面对每位同学打分。一周一小结，一月一总结，并将每月班级管理记分表汇总后印发给家长，并要求家长阅后及时反馈，同时将量化管理与初三综评挂钩，从而增强了同学们遵守班规班纪的自觉性和主动性，努力地达成班级目标。为了更深入地了解每个学生的思想动态，我在班级设立轮流日记，全班同学每人一天，要求同学写身边事，我每次看后，都在后面写上详细评语，并给出等级，每周班会进行总结点评。轮流日记在班级起到了很好的舆论导向作用，同学们都喜欢传阅翻看。如郑宇琦写的《十班最棒》、张鹏飞写的《团结的十班》、詹依婷写的《十班无敌》、金文华写的《我们赢了》、卞晓岚写的《十班，我们挺你》。文晓琳在2008年6月19日班级轮流日记中写道："回首过去的一年，十班从一个纪律、学习都不好，一个令老师们费心的班级，变成了一个团结向上、优秀的区文明示范班。站在讲台中央，看着那贴满奖状的墙壁，这是师生共同努力的结果……十班好比一块熠熠生辉的美玉，期末考试我们一定能大放光彩！"

4. 以学校活动为契机，培养学生集体荣誉感

为增强班级凝聚力，培养学生集体荣誉感，我认真做好每次大型活动前的集体动员工作，活动前认真安排，活动后总结反思。例如在运动会拔河比赛前，我和同学们部署战略战术，从队形到喊口号都一一落实，最后同学们齐心协力获得亚军。为了振奋精神，鼓舞士气，在初二、初三两年艺术节"一二·九"大合唱中，我都认真为班级选歌，亲自指导并上台指挥同学们唱《歌唱祖国》《长江之歌》等爱国歌曲，同学们精神饱满，斗志昂扬，获得全校师生好评，两届均获校合唱比赛一等奖。篮球赛中，同学们团结协作，勇夺冠军。科技节同学们积极参加，获团体总分一等奖。班级的凝聚力、集体荣誉感大大增强，为同学们初中生活留下永久的美好回忆。

二、培养良好的学习态度和学习习惯

1. 关心爱护每位学生，努力培养学生的学习兴趣，调动学生学习的积极性

为了缩小差生面，在平时的教学中，我班任课教师特别注意和学困生之间的情感交流，对学生给以爱心，主动了解他们的思想状况、性格特征、家庭学习环境、学习压力、学习基础、学习困难的原因等，然后和学困生一起制订切实可行的帮教计划、学习目标并经常检查完成落实情况。教师对学生各单元的学习情况及时跟踪，及时了解，及时查漏补缺，不同学生采取不同方法辅导；在布置作业方面，采用分层布置的方法，尽量让好生"吃饱"，让学困生"吃得下"，不给学困生布置他们难以完成的作业，且对中差生做的作业尽量及时采用面批面改的方法。这样，不仅激发了学生的学习兴趣，还调动了学生学习的积极性。

2. 变"要我学"为"我要学"

变"要我学"为"我要学"，就是让每个学生都具有高远的理想和明确的学习目标。我班一位同学，初一时无心向学，专门和老师、家长对着干，常常拖欠作业，字迹潦草，篮球场上常常看到他的身影，学习成绩排在班级第39名（即倒数第4），家长对他很头疼。初二时我班老师多次找他谈话，并与家长经常沟通，根据他的性格特点经常鼓励引导他，他进步显著，期末获学校进步奖。进入初三，他简直是脱胎换骨，老师办公室里常常有他主动问问题的身影，他做完作业，主动找老师要题做，上课积极抢答问题，中考以572分班级第19名的成绩考入实验学校中学部。

3. 创造积极的学习文化氛围，打造学习型的班级实体，为学生创造一个良好的学习环境

从教室环境布置着手，发挥环境的"育人"作用。中考前，为鼓舞学生士气，班级黑板上写着："有梦想谁都了不起；拼搏一年，精彩一生；努力不一定成功，但放弃一定会失败"。通过标语时刻提醒学生要珍惜时间；要立志；要"勤奋"，引导学生有计划、有规划、有目标地进行学习。努力做好"抓优转差带中间"工作，营造良好的学习氛围。

4. 实行赏识教育，关爱弱势学生

实行赏识教育，对学生的点滴进步都予以发自内心的表扬和赞赏。我班××同学初一时是全校出了名的捣蛋鬼，他经常将一些电脑病毒放到班级电脑中，使老师无法正常使用电脑上课，给教学带来很大影响。我接手后，根据他擅长电脑的特点让他担任班级网管员，他上任后精心制作班级电脑网页，并积极主动地将班级好人好事，班级活动照片及时挂在网上，他还利用业余时间积极学习电脑知识，在他的努力下，我班网页被评为校一等奖，他也被评为校优秀电教员。从此他的自信心强了，学习上也有了动力，他从以前很少交作业到经常主动问老师问题，从原来学习成绩在班级倒数第二进步到三十二名，很多老师感慨地说："没想到××进步这么大"。他自己在班级轮流日记中写道：感谢老师对我的信任，让我当班干部，是您的信任改变了我，我不努力觉得对不起老师。母亲节之际他通过快递公司送来一大束鲜花，卡片上写道："师恩如母"，中考后他被光明高级中学录取，他的父亲多次打电话表示感谢学校，感谢各位任课老师。

对成绩弱势、心理弱势的学生应予以特别的关爱。班级开展以学习委员为龙头的"一帮一"学习小组，帮助督促学习困难的学生。我班××同学行为习惯和学习习惯都很差，他上课经常睡觉，吃东西，在初一时就受到学校处分，但老师们都没有放弃他，经常与他家长沟通，当他取得一点点进步老师就及时表扬他，初三时他主动承担班级空调迁移事宜，为创造班级舒适学习环境做出了贡献。

三、密切家校关系，赢得家长信任和支持

为更好地对学生进行有效管理，我和各位导师经常通过电话、校讯通、面谈、家长会等方式与家长保持密切联系，使教育教学活动最大限度得到家长的支持与配合，把学校教育和家庭教育结合起来，形成教育合力。家长会上我

将学生历次考试成绩绘制成表格及柱状图，使家长一目了然。我对家长提出要求：让孩子有一个家庭的感情寄托；让学生感到自己的进步；让学校看到班级的进步；让家长看到孩子的进步。每次家长会后，当我看到家长在反馈表中一次次表达对学校对班级对老师工作的肯定与赞赏时，更感到肩上责任的重大。如李希瓴家长在家长反馈表中写道："我认为初三（10）班教师队伍是最棒的。回眸过去两年的时间，看到初三（10）班学习氛围越来越浓厚，并不断取得进步和成绩，这与各位老师的辛勤努力是分不开的，在此，感谢每一位任课老师，你们辛苦了！为了孩子们的美好明天，我们愿与学校和老师携手并进，共创辉煌。"张伟略家长在反馈表中写道："把握未来，珍惜现在。依靠老师，相信自己。勤奋百天，力争上游。金榜有名，谢师荣人。"记得初二第一次家长会后，一位家长为改善班级学生学习环境，主动提出要义务为班级安装空调，当得到学校同意后，她个人为班级安装两台价值一万多元的三菱空调，并一再嘱咐老师不要说出她的名字，毕业之际，为感谢学校和老师，家长又主动将空调留给学校。家长这种做好事不留名，支持学校和老师工作的精神让我十分感动。

四、师生关系融洽和谐、科任老师团结协作

团结就是力量，协作能出效益。响应学校的"双十字"管理思路，我班定期与不定期相结合地召开班级导师小组会议，沟通情况，统一认识。确定临界生，并采取"一对一""人盯人"的辅导策略，使临界生的成绩有所提高，所有任课老师始终本着"一切为了学生，为了一切学生，为了学生的一切"的师德宗旨，辅导学生耐心细致，全情投入不计报酬。每天早读都能在班级走廊看到张蕾校长和詹主任巡视的身影，张校长还十分关心（10）班的学生，经常询问班级情况。政教处李会桥主任在初二时担任我班数学课教学，他对学生要求严格，教学上一丝不苟，精心上好每一节课，他上课的板书可谓入木三分，深得学生的喜爱，班级数学成绩在李主任教导下一直处在年级领先位置。李主任经常参加我们班的班会、导师会议以及家长会，并在会上做重要讲话，为我如何更好地开展班级工作指明了方向。年级组长王敏老师，每天操心全年级工

作，任务繁重，他虽不担任我们班教学，但经常参加我们班班会、导师会议以及家长会，并且每次都对班级工作给予及时指导，使我更清楚班级管理的重点。"恩威并重"的英语组科组长周金雅老师从初一就教（10）班，同学们对她又敬又畏又爱。她身体不好，常常腿痛得睡不着觉，但她第二天挂着拐杖来到班级上课，从未因病耽误过一节课。同学们被她的忘我精神所感动，李经杰、郭宇航等同学纷纷主动要求背周老师上下楼、拿教具。周老师也被同学们的热情所感动，在她去广州学习时还打电话问同学们学习情况，回来时还带礼物分发给同学们。历社组科组长张洛红老师，家离学校很远，但她每天都早早来到学校，她教学方法新颖独特，同学们非常喜欢上历社课，同学们的中考历社成绩优异就是最好的回报。语文郭晓萌老师，年轻有活力，她担任八班班主任，教学理念先进，对工作充满热情，对学生极富爱心，中考我班语文有21名同学得A，居年级之首，这与郭老师的付出是分不开的。教数学的屠云松老师，从初三接手我班教学，她教学严谨，经常利用课间、中午时间对学生进行个别辅导，赢得了同学们的热爱，一下课，不管在走廊还是办公室，总有学生围着她。她的耐心和细致使学生们的数学成绩进步显著。体育组刘志坚老师，针对（10）班同学身体素质差，又很懒惰不愿意锻炼的特点，经常利用课间操及下午放学后时间对部分学生进行指导，使很多同学体育成绩得到很大提高。副班主任樊艳芳老师，每天中午都到班级管理午休，协助我统计班级量化管理表，为管理班级做了很多工作。正所谓"亲其师，信其道，进而乐其道。"正是我们的老师用自己的行动感染着学生，真正关心爱护和帮助他们，学生才会把对老师的感激之情转化为学习的动力。有不少已经毕业的学生，都发自内心地说："我们的老师真好，要是学不好的话，确实对不起老师。"老师们真正实践了"幼吾幼以及人之幼"，切实做到了"爱生如子"。2009年3月10日教学处进行初三教学检查学生问卷调查，（10）班综合得分A+B均值高达99.92%，由此可以看出学生对班级和任课教师的认可程度。有学校领导的全程指导，有和谐的师生关系，再加上老师创造性的教学和管理，教学质量的不断提高便是水到渠成了。

五、积极做好保送生工作，保送生工作完成出色

从初二接手（10）班之日，我们全体任课教师召开导师工作会议，认真分析有保送希望的学生状况，在平时教学中，对他们关爱有加，与学生建立起深厚的师生情谊。我们用红岭中学的品牌和领导的实干精神，用红岭老师的敬业精神去感动学生和家长，使学生和家长都认识到，选择红岭是正确的。詹依婷同学学习成绩是我们班第一名，但在初一期末考试时仅排年级第16名，初二伊始，我安排她做班长，她品学兼优，在老师帮助下她经过努力跃居为年级第二名。为了留住班级这个领头羊，王敏老师和我利用和她一起回家的路上联络感情，沟通思想，使家长对学校有了深入了解，后来的班级保送生工作她家长起了重要积极作用。全年级10个班共有32名保送生签约，初三（10）班共有保送生5人，全部签约，并且中考中均超过红岭中学录取线被我校高中部保送班录取。2009年5月6日早晨，我班5名保送生及其家长在会议室郑重签字，张蔷校长亲临现场向保送生及其家长表示祝贺，并与保送生及家长合影留念。年级准保送生共有11人签约，（10）班有4人，且第一志愿全部报考红岭中学。中考前学校优质生源培训班全年级共有53人，（10）班有9人。优秀毕业生全年级共有45人，（10）班有7人，均大大超过平均数。

六、中考考前大事记

下面笔者将中考前倒计时80天学校初三工作大事整理列出，可见初三工作之辛苦与繁忙。

（1）2009.3.31，下午5：00—6：00，中考倒计时80天誓师大会。

（2）2009.4.16，综评动员会之后，10班家长会。

（3）2009.4.17，上午体育中考，10班考试时间9：30—11：30。

（4）2009.4.21（周二），填综评草表（晚上19：00—20：00，全体初三老师上机打分）。

（5）2009.4.22（周三），拿综评草表，上午学生上机打分。

（6）2009.4.23（周四），发综评表，签名。

（7）2009.5.9，英语听说模拟考试。

（8）2009.5.11—2009.5.12，福田区统考。

（9）2009.5.6，早上保送生签名，10班5人。

（10）2009.5.14，准保送生签名，年级共11人签约，10班4人签约。

（11）2009.5.23—2009.5.24，中考英语听说考试（1天半）。

（12）2009.5.26，晚上5：30—7：00班主任会，中考志愿填报培训会。

（13）2009.5.26，下午发优秀毕业生评审表，10班7人（年级共45人）。

（14）2009.5.31，家长会（报志愿）。

（15）2009.6.4，核对毕业证。

（16）2009.6.5，初三毕业典礼。

（17）2009.6.8，收照片（大一寸，蓝底）用于毕业证。

（18）2009.6.10，初三心理辅导，下午5：00—6：00。

（19）2009.5.27，初三照毕业照，下午2：00—3：00照相。

（20）2009.6.15—2009.6.17，每天下午5：00—6：00体育活动。

回首两年的初中班主任工作，感慨颇多，酸、甜、苦、辣、咸五味杂陈，这其中有经验，也有教训。如果问我当班主任的感受的话，我会说，是很累，但很充实。领导、家长及学生的信任使我背负着责任，强烈的责任心使我激流勇进。不用扬鞭自奋蹄！让我们携手共创红岭中学美好明天！

（本文刊登在学校2009年中考总结汇编中）

浅谈师德之重——热爱学生

班主任是班级建设的组织者，是学校德育工作的重要骨干，是全面实施素质教育的组织者和协调者。班主任是教育学生学会做人，学会求知，学会健康，学会劳动，学会创造，学会审美的先驱者，肩负着塑造学生灵魂的高尚使命。

热爱学生是教育学生的桥梁，是连接教育者和受教育者心灵的纽带。教师只有用爱的感情来沟通与学生之间的联系，通过爱的暖流去开启学生的心扉，才能使之乐于接受教师的教诲。当学生从内心深处感受到师爱的时候，才会有所表现。一方面，他们这时会把自己的爱回报给老师，从感情上缩短彼此之间的距离；另一方面，师爱又唤起了学生接受教育的自觉性，使之"亲其师"而"信其道"，去实现教师的教育目的。

教师热爱学生的内涵是十分丰富的，它包括热爱全体学生，对所有学生一视同仁；在德、智、体诸方面严格要求学生、尊重学生、鼓励学生发展特长等。

一、热爱全体学生是师爱的基本要求

教师热爱学生，不能以衣食容貌、家庭情况、家长地位看待学生，不能以学习成绩、思想品德优劣为转移，不能有偏爱。不论是男是女，是俊是丑，是倔强是温顺，是开朗是内向，是健康活泼还是体质羸弱，是干部子弟还是工农子女等，都要一视同仁。教师要善于捕捉学生的闪光点，要做到以诚心对待学生，以爱心感化学生，以耐心教育学生。真心地热爱全体学生，把爱的阳光洒向全体学生，并让学生感受到这种爱，这是教师热爱学生的基本要求。热爱全体学生就要做到既偏爱优等生，又疼爱中间生，更厚爱学困生。

（1）对优等生的偏爱，不是单纯的宠爱，而是把焦点放在支持他们学习"冒尖"，教育他们思想进步上。优等生学有余力，要引导他们探索知识的深度和广度，鼓励他们攀登科学文化知识的高峰。但不要放松对他们的思想品德教育，以保证他们沿着德才兼备的方向发展。

（2）疼爱中间生，这种疼爱是"重视"，是"关心"。因为中间生是大多数，最有代表性。还因为中间生既不突出，又不累赘，容易被忽视。所以，提出疼爱他们是有一定道理的。疼爱中间生就要特别关注他们的思想和学习情况，千方百计地调动他们的积极性，发挥他们的作用。一方面激励他们刻苦攻读、积极争先，向优等生看齐；另一方面，教育他们团结互助，帮差协困，向学困生伸出热情的手。

（3）厚爱学困生是对教师是否真正爱生的考验。苏霍姆林斯基说："好的孩子人人爱，爱不好的孩子才是真正的爱。"一般地讲，偏爱优等生是大多数教师的倾向，因为优等生各方面的表现特别是优异的考试成绩，对教师来说是一种令人欣慰的良性刺激。而厚爱学困生则是多数教师不易做到的，因为转化学困生不仅费时费力，而且学困生也常常影响教学质量的评比。因此，厚爱学困生要提到师德的高度来认识。厚爱学困生不仅是感情和态度问题，更重要的是爱的表现和行动。我们不但要视学困生为迟开的花朵，相信他们会在园丁的精心哺育下吐艳开放，而且要耐心帮助他们成才。师爱对学困生来说是最大的动力，使他们感受到师爱的最好方式是教师能设身处地对待他们。

二、在德、智、体诸方面严格要求学生，是师爱的具体体现

贯彻国家教育方针，让学生在德、智、体诸方面全面发展是素质教育的要求，在德、智、体诸方面严格要求学生是教师的职责和爱生的体现。

1. 严格要求学生不是单纯的"管"，更重要的是"教"

"管"只是"教"的辅助手段，只有通过"教"才能保证学生身心健康发展。对德、智、体全面要求就不能偏重某一方面。只有全面要求，才能培养德才兼备的全面人才。严格要求不是没有分寸，而是严而有度，教师提出的严格要求是学生的思想水平、认识能力所能理解和接受的，经过一定努力可以达到的，而且这种要求要根据学生的基础有不同的层次。严格要求不是随心所欲、感情用事，而是严而有方，教师要引导学生达到某种要求，要善于疏导，使学生心悦诚服地接受教育，自觉服从要求。

2. 关爱弱势学生

教师要对成绩弱势、生理弱势、心理弱势的学生予以特别的关爱。学生每天的生活是在校园，因此教师要多和学生一起活动，多开展文体活动，多从思想上、生活上进行沟通。

三、尊重学生，促使学生特长发展是师爱的重要标志

教师尊重学生，就是要尊重学生的主体地位，发挥学生的主体作用。教书也好，育人也罢，都是师与生的双边活动，这是一个双向交流的复杂程序，绝不是一个简单的一方能动、另一方被动的生产模式。苏联教育家苏霍姆林斯基说过："只有教师关心学生的人的尊严感，才能使学生通过学习而受到教育。"教师要求学生尊重自己的同时也应尊重学生，要把尊重学生作为重要的道德要求和爱生标志。教师要尊重学生的人格，切忌对学生讽刺挖苦，注意不要伤害了他们的自尊心；要尊重学生的创造，对他们有益的独特见解要予以肯定和帮助，使他们获得成功；要尊重学生的进步，抓住时机进行表扬，鼓励他们戒骄戒躁继续努力再上一层楼。教师还要善于发现学生的特长并促其发展，学生的特长往往是成才的希望，学生特长的发展往往带动整体发展，无数特长成才生的事例证明了这一点。作为教师，何不以师爱的甘露去浇灌学生特长的幼苗呢？

总之，热爱学生既是师德理论问题，又是师德实践问题，是每位教师身边的不可回避的研究问题。它对于提高教师自身道德素质，提高教育教学效益有着十分重要的意义。

（本文刊登在《福田教育》上）

第二节　教学篇

高中学生在化学学习中成绩分化的 成因调查及对策研究

一、课题的提出及意义

在多年的教学实践中，我发现学生在进入高中时，由于入学分数线的控制，化学成绩的差距并不大，但到高三毕业时，学生的化学成绩一般会出现较大的差距，而这差距是在高中阶段逐渐形成、拉大和稳定下来的。经观察，尽管差距出现的时间分布很广，但其间总会出现几次较大的分化，引起分化的因素也是多重的。如果教师能把握住学生出现分化的几个主要阶段，并了解导致这种分化的原因，从而辅之以各种有效的、有针对性的教学手段，这对于一部分学生克服学习障碍，顺利度过学习的困难时期，大面积提高教学质量，将具有极大的帮助。

因此，了解并掌握高中学生在哪个时期和哪些部分会出现较明显的分化以及产生分化的主要原因，并在此基础上制定和采取相应的预防及补救措施，使教师引导有规律，教学有依据，这对于进一步减轻学生的学业负担和心理压力，全面提高学生的化学学科素质，大面积提高化学学科的教学质量具有十分重要和现实的意义。

二、调查概况

总目标：为降低高中学生在化学学习中的分化程度，大面积提高高中化学学科教学质量提供资料和对策。

具体目标：①弄清各层次高中学生在化学学科中的主要分化时间；②确定形成这些分化的主要原因；③研究制定相应的对策。

研究内容：调查弄清学生群体发生学习困难的"瓶颈"部分，通过对教材难点的分布、教师的教法、学生学习兴趣、学习方法、智力和认知水平等诸方面的分析、筛选，确定学生发生学习困难的原因，并在此基础上以教法建议、学法指导等形式，研究制定切合实际的、有针对性的对策。

研究对象：深圳市红岭中学高一6个班342名学生。

研究方法：以座谈和问卷相结合的方法对刚入高中的全体学生进行状况调查，然后在归纳总结的基础上对资料加以分析，并进行相应的对策研究。

三、调查结果与分析

在对各类不同层次的学生进行问卷调查基础上，经筛选归纳调查结果，发现导致高中学生在化学学习中形成成绩分化的原因主要有以下几个方面。

1. 学习目的性

调查发现，有2/3以上的学生是因为"会考和高考要考化学，为了顺利地毕业和升学"而学化学，这样的学习目的性是典型的应试教育的结果，这必将使部分学生的学习动力只能停留在较低的层次上，缺乏足够的后劲，不少学生特别是高考不选报化学科目的学生只要求化学会考及格，不愿多花精力，或者把精力主要放在其他应试的学科上，因而影响了学习的积极性和效果。还有些学生甚至因此放弃了一些应该掌握和本来完全可以掌握的基础知识，日积月累慢慢地被拉大了差距，以致从平行队伍中分化出来。

2. 学习化学的兴趣

目前有相当一部分学生不那么喜欢化学，课外用于学习化学的时间也并不多，且主要只用于完成老师布置的作业，更谈不上学得主动积极，刻苦钻研。

从问卷中分析，造成这种现象的原因是多方面的，既有教材较枯燥抽象的原因，也有教师教学方法的原因，还有学生自身和社会、家庭等诸方面的原因。学习兴趣对于学好化学有至关重要的作用。从问卷中可看到成绩好的学生一般都是喜欢或比较喜欢化学的学生。因为有兴趣，所以容易学得主动、学得好；而学得好又进一步提高了学习兴趣，如此良性循环，反之则必然陷入恶性循环，对化学见之头痛、学之乏味，日久势必落伍。

3. 学生学习化学的方法及时间安排

调查中发现，部分学生刚升入高中时，还停留在初中化学学习的方法上，简单记忆的多，灵活应用的少，甚至还有错误识记方法，如用读字母的方法去读物质的化学式，而不是用化学方法去识记。高中学生因为课程较多，学习负担很重，用于复习化学的时间不多，学习化学主要靠上课听、记。不少学生往往只是在考试或测验前突击一下，不重视课前预习和课后复习，因疲于奔命，总是处于被动应付局面。但是也有部分学生在长期的学习中已形成了良好的学习习惯和科学的学习方法。这些学生学习效率高，学习效果好，一般都学得主动，有较强的钻研精神，对化学知识的内在体系理解得较为透彻，能触类旁通，举一反三。学生群体中这种学习习惯和学习方法上的差异必然形成其学习成绩的差距。大量事实也证明，学习方法是群体学习成绩分化的一个重要因素。

4. 学生对现代化学教材和教师教学方法的评价

高中学生在化学学习中出现分化的时间与有关内容有一定的规律，主要出现在基本概念和基本理论部分。学生普遍感到困难较大的时期是高一下学期和高二上学期，而这一时期恰好是基本理论较为集中的部分，难点多而容量大，抽象思维要求高。像物质的量，氧化还原，元素周期律等，加之化学计算也已进入综合性阶段，使原来以识记为主的元素及其化合物部分一跃而进入以理解应用为主的基本理论部分，一部分学生一下子不能很好地适应，从而形成了分化。在调查中还了解到，学生对教师有较高的要求，希望教师上课要生动有趣，要引导得法。教师的教育思想端正与否，教学方法是否适合学生，例题习题是否经过精选，这些都会影响学生的学习兴趣和教学效果。

结论：高中学生在化学学习中成绩分化的主要原因，从内因来讲，决定于学生本人对学习化学的目的动机、兴趣和学习方法；从外因来讲，涉及教材的编排和教师的教学方法。高一下学期和高二上学期是分化的主要时间。

四、对策研究

1. 引导学生树立正确的学习目标，全面提高学习兴趣

教师在上课时应经常有意识地发掘化学教学自身的德育功能，结合教材内容经常介绍化学在发展现代工业中的基础作用和建设现代农业方面的巨大意义，揭示化学在发展前沿科学技术中的重要地位以及化学与人类经济生活和自然环境的密切联系，使学生在接受化学知识的同时，经常接受学习目的性的教育，并逐步发展形成崇高的信念性的学习动机。实践证明，教师愈能在教学中阐明具体内容在生活、生产和四化建设中的作用，以及在化学知识体系中的地位，使学生了解所学内容的明显价值，就愈能吸引学生去认真学习每节内容，以便为将来深入探索物质及其变化的无穷奥秘打下基础，从而使学习的自觉性和积极性提高到一个新的水平。事实上，目前已出台的化学新教材已将这方面的教育放到了很重要的地位。为此我认为，从高一起应不失时机地加强对学生进行化学学习目的性教育的力度，这对于激发学生的学习内驱力，维系学生持久的学习热情具有十分重要的意义，从而对今后缩小学生化学学习成绩的差距产生巨大的影响。

2. 重视实验教学，采用多种教学形式，全面提高学生素质

欲增强和维持学生对化学学习的兴趣，关键是改进化学教学，采用多种教学形式，使学生变苦学为乐学。如要重视并经常进行实验教学，通过演示实验、边讲边实验、学生分组实验等形式，把学生对实验的直接兴趣引导到学习化学基础知识、掌握基本技能、发展能力上来。可根据教学内容的要求，将一些演示实验改为边讲边实验。实践证明，采用边讲边实验的方法，可使学生充分地动手操作、动眼观察、动笔记录、动脑思考、动口回答，然后在此基础上归纳总结，使学生各种能力都有所提高。同时采用多种教学形式，如课堂采取"三个一"，即每一节课，让一位学生自编或自选一道习题，大家共同探讨解

答，对每位同学的精彩表现都给予热烈掌声鼓励（每个学生都有机会，按学号轮流），并将每位学生的习题汇编成册，单元测试中采用部分习题，这样大大地调动了同学们学习化学的积极性，激发了他们的求知欲，强化了学生的主体地位，使他们在老师和同学们的掌声中获得成功的喜悦。还可利用各种多媒体辅助教学，如自制多媒体课件，利用现代化教学手段，激发学生的求知欲，培养学生的科学探索精神。有时根据学校活动安排，鼓励学有专长的同学撰写科技小论文，自制化学课件，开展化学知识竞赛等，这些都极大地调动了学生学习化学的积极性。如已有4名学生在教师指导下写出了题为"刻蚀印刷电路板用后废弃浓铜液的综合利用与治理"（此文在第十届全国青少年科技创新大赛中获全国"科学讨论会论文三等奖"）、"奇特的臭氧"和"科技与环保"等论文，并在所学化学知识的基础上自制了"高温自动报警器""倾斜报警器"和"小彩灯"等器件，使他们学有所得，学有进益，要努力使各类学生都能形成较为稳定的学习兴趣，甚至转化为乐趣。学生一旦真正从学习中获得乐趣，就能克服困难，排除干扰，"欲罢不能"把精力集中在学习上，从而达到延缓分化和缩小分化的目的。

3. 加强学法指导，提倡研究性学习，全面提高教学质量

良好的学习习惯和科学的学习方法能大大提高学习效率。目前仍有为数不少的高中学生没有解决这个问题，严重影响了学生的学习效果。我认为，教师在深入进行教法研究的同时，还应认真研究学法，并将对学生的学法指导列入常规工作。教师的主导作用不仅仅体现在使学生"学会"，更应体现在使学生"会学"。在信息爆炸的时代里，文盲已不是不识字，而是不会独立学习的人。学法指导包括听课、复习、作业等几个方面，听课中又有观察、听讲、笔记、阅读等具体方法，教师在备课时应根据教学内容有针对性地融入有关学法指导的内容。如在上新课时可指导学生注意和学会从现象事实到结论的过程，即学会对比、分析、综合、抽象、概括的思维方法和归纳、演绎、推理等；在实验中可指导学生在观察时既要全面又要分清主次，抓住一瞬即逝的现象等；在复习时可指导学生抓住新旧知识的联系，归纳概括以形成知识网络，学会记忆方法和自我检查以及时得到学习效果的信息反馈等学习方法。教学中可提倡研究性学习，即学生在教师指导下，从学习生活和社会生活中选择并确定研究专题，用类似科学研究的方式，主动地获取知识、应用知识、解决问题的学习活动。研究性学习要求学生从全部地只是获得书本知识和间接经验，到同时重视通过实践活动、体验来获得直接经验并解决问题；从单纯地关注学生对学科知识体系的掌握程度，学生模仿和再现书本知识的能力，到同时重视培养学生对大量信息的收集、分析、判断、反思和运用能力；从仅仅追求教学的"知识目标"，转向重视含知识在内的学生素质的全面提高。它以转变学生的学习方式为出发点，以培养今天的学生能适应明天社会的需要为自己的任务。实践证明，由于课题研究的需要，学生"用然后知不足"，常常自觉地或加深或拓宽了与课题相关的学科课程的学习；有的通过自己的亲身实践，更加深了对相关学科课程的理解和热爱。因此，研究性学习和现有学科教学这两者之间，不是一个反对另一个，一个否定另一个，而是互为补充、互相促进的关系。从调查中发现化学成绩不够理想的学生中的相当一部分并不是智力差，而是没有掌握科学的学习方法，基本上仍停留在初中学习的水平上，根本不能适应高中的学习。如能重视和加强对学生的学法指导，提倡研究性学习，将会缩小分化，大面积提高化学教学的质量。

4. 加强新旧知识联系，全面提高学习成绩

高一下学期和高二上学期是学生学习化学感到最为困难的时期。这是因为在这一时期教材的重点和难点较为集中，内容由宏观转向微观，由形象变为抽象，由静态进入动态，难度呈跳跃性增大，而这一时期学生的化学知识正处于一个积累的量变阶段，多数学生的化学知识结构体系尚有待于进一步整理、建立和完善，因而知识间的关系时断时续，其认知结构往往是残缺而无序的。因此我认为，这段时期是学生群体的化学成绩出现分化的关键时期。如能帮助学生顺利度过这一阶段，那以后出现分化的可能性将会大大减小。这段时间，教材的重点是基本理论，教师在讲课时首先应尽量紧扣教学大纲和调整意见，不要任意拓宽知识面以免增加学生不必要的负担。其次应考虑到学生的知识结构，应尽量以新联旧，不断帮助学生梳理旧知识，逐步建立较为完整的知识网络，并按层次规划出若干精细的子结构，使之具有清晰性和适用性。因此教师在讲授基本理论的同时要与以前学过的知识联系起来，进行若干个小循环式的复习，使学生的认知水平能从量变向质变的方向靠拢。再次在这段时期要特别注意和关心个别困难学生的学习动向，要及时了解和解决他们的知识缺陷。事实证明，这一时期个别辅导对缩小分化的效果最好。个别辅导可由教师进行，也可组织部分学生组成小组，充分发挥集体的群体动力。这样能使成绩较差的学生得到提高，使成绩较好的学生受到锻炼，达到共同进步的目的。

（本文刊登在2000年第10期《化学教育》上，并获国家考试中心优秀论文一等奖，深圳市中学化学优秀论文评选一等奖）

化学教学中开展研究性学习的探索

当前，以培养学生创新精神和综合实践能力为重要内容的素质教育已受到广泛重视。从素质教育的目标和内容来看，其核心就是要求教育把人类素质中更多的新潜能都挖掘出来，培养全面发展的、具有丰富创新能力、可持续发展的高素质人才。为了实现这一目标，必须彻底改革化学课堂教学，改变学生的学习方式，即由以传授知识为主变为以学生自主研究、自由创造为基础的新型教学过程。在教学中充分发挥学生学习的主动性和创造性，形成在探索中获得知识的教学氛围，使学生感受科学研究的一般过程和体验创新的乐趣，从而充分调动学生学习的积极性，促进学生的可持续发展。研究性学习就是针对我国学生创新能力薄弱，创造思想落后提出的。新教材最大的内容调整就是增加了研究性学习，提出了与教材相关的研究性课题。它是一种全新的教学形式，对教师和学生提出了新的机会与挑战。"研究性学习"是指学生在开放的现实生活情境中，通过亲身体验进行的解决问题的自觉学习，是在教师指导下，从学习生活和社会生活中选定和确定研究专题，以个人或小组合作的方式进行研究，主动地获取知识、应用知识、解决问题的学习活动。它同社会实践等教育活动一样，从特定的角度和途径让学生联系社会生活实例，通过亲身体验进行学习。下面以高一化学研究性学习课题小组研究过程为例谈谈化学教学如何开展研究性学习。

一、课题：如何用化学方法去除衣服上的污渍

（一）课题组长

王平

（二）指导教师

臧奕

（三）成员

陈敏、何晓莹、罗文利、陈旋旋、许迪、张锦雄、陈文键、周丽娜、唐登超、吴振垣、林湘琼、许晓河、黎紫晟、刘诚菲、吴宝华

（四）目标意义

一件漂亮的衣服，一旦被污渍污染，就会很不美观，无论大家如何清洗，顽固的污渍还是沾在衣服上面无法洗去。因此，为了解决这个生活上的麻烦，我们就要运用化学知识，探索污渍的去除方法，根据实验与调查找出处理的方法，来保护一身洁丽的衣服。

（五）研究内容

运用化学知识研究如何除去衣服上的污渍，研究如何处理沾上的墨水迹、圆珠笔油迹、汗迹、铁锈迹、机油迹、油漆迹、酱油迹、水果汁迹、碘酒迹、茶迹、血迹、涂改液迹等顽固污渍，并研究用什么方法除去以上污渍最方便、最实际、最快捷，以充分运用到生活当中。

（六）研究背景

在我们的衣服上，难免会沾上墨迹、果汁、油渍等，如果不管什么污迹，统统放进洗衣盆去洗，有时非但洗不干净，反而会使污迹扩大。污迹的化学成分不同，"脾气"也就千差万别。因此，为了解决这个生活上的麻烦，我们可以运用化学知识，探索污渍的去除方法。

（七）研究目的

（1）对研究性学习有兴趣。

（2）获得亲身参与研究探索的体验。

（3）学会寻找信息来源。

（4）提高发现和解决问题的能力。

（5）学会分享与合作。

（6）养成科学态度与科学道德。

（7）会写简单的研究报告。

（八）进度安排

1. 查找相关资料

（1）根据实际生活，找出比较难除的污渍。

（2）发动大家查找除去顽固污渍的相关资料。

（3）根据资料，了解除去污渍的实质。

（4）讨论并确定解决问题的方法。

2. 进行化学实验

（1）准备实验器材（以及沾有顽固污渍的布块）。

（2）在老师的指导下进行实验。

（3）记录实验结果。

3. 讨论研究分析整理成果

集中讨论、分析成果，交流研究心得，并整理成PPT文件形式。

（九）研究成果：污垢可概括分为三大类

1. 水溶性：酱油、咖啡、红茶、酒类、牛乳、果汁、血液等可用水清洗者

（1）咖啡渍：衣服上洒上咖啡，如果立即用热水搓洗，便可洗干净。如果污渍已干，那就要用较复杂的方法洗。先用甘油涂在污渍上，再撒上一些硼酸粉，然后浸入开水中洗涤即可除去污渍。

（2）茶渍：茶渍与咖啡渍相似，未干可用热水洗除。如果干了可用这种方法：用稀氨水、硼砂和温开水涂洗污渍处，可以除去污渍。若是羊毛混纺织品，只用10%的甘油溶液洗涤即可。

（3）果汁渍：新染上的果汁，可用盐水浸泡，再用肥皂水洗涤。若污染严重可用这种方法：用稀氨水来中和果汁中的有机酸，再用肥皂水洗涤。用柠檬酸或酒精溶液也可除去果汁渍。

2. 油溶性：口红、圆珠笔、奶油、巧克力、机油等必须使用洗涤剂或药品者

（1）圆珠笔油渍：我们可以将衣服浸湿，用苯、丙酮或四氯化碳轻轻擦去，再用清水洗，也可用汽油洗。或用牙膏加少量肥皂搓洗，如还有痕迹，再用酒精清洗。

（2）口红渍：通常口红中都含有油脂，假如衣物上的口红污染仅仅是擦痕程度的，稍微洗一下就可清除干净，通常只用洗涤剂就可以了。但假如口红对衣物的污染程度较深，就必须先用酒精清洗，再用洗涤剂清洗。

3. 不溶性：口香糖、油漆、墨渍等难缠者

（1）口香糖渍：将沾有口香糖而难以清洗的衣服放入冰箱中冷冻，等糖渍变脆，可用小刀轻轻刮去污渍，再洗。

（2）霉斑渍：新长的霉斑，先用刷子刷，再用酒精洗。旧的霉斑需涂上氨水，放置一会，再涂高锰酸钾溶液，最后用亚硫酸氢钾溶液浸湿并冲洗。以上处理可防霉斑扩散。

小结：相似者相溶。水溶性污渍：易溶于水等极性分子。油溶性污渍：易溶于（CCl_4、苯、汽油）等有机溶剂。

（十）学生体会

开展研究性学习首先使我们个人的综合素质得到锻炼，并有所提高。在整个研究活动中，要求我们对课题有充分的了解，要不断寻找资料，深入地探讨每一个问题。其次参加研究性学习，有利于提高我们对课题、对学习化学知识的兴趣。它让我们真正领会到了科学的意义，使我们真正地把自己所学到的知识运用在了生活上，解决书本上没有的问题，从而提高了我们的实践能力，也提高了我们的动手能力。由于化学是一门以实验为基础的自然科学，我们必须走进实验室，通过实验得出一个个结论。这种学习方式还使我们增进了同学间的合作精神，学会了分享与欣赏。探索过程中我们体验到一种前所未有的感觉，体验到走进科学研究中的乐趣。

（十一）教师点评

研究性学习是一种强调参与、强调过程、强调实践的学习活动，研究性学习重在学习过程，重在知识技能的应用，重在亲身参与探索性实践活动而获得的感悟和体验。这种通过自己去观察、实验、思考并得出结论的学习，充满乐趣，也极富挑战性，比在书本中搜寻现成的答案有意义得多。在每次的研究、学习中同学们都非常认真地按照计划去做每一件事情，每一次都有同学带来自己查找的各种资料，每一周小组同学都认真做好研究周记。通过研究性学习同学们能力提高了，知识丰富了，主动性增强了。同学们在集体活动中学会精诚合作，在社会实践中学会与人沟通，在交流过程中学会分享与欣赏，我深感同学们的学习潜力是巨大的，需要教师去发现和开发。研究性学习让同学们受益匪浅。通过跟踪反馈，我发现参加该研究性学习小组的同学在以后的化学学习中都表现出明显的优势，其中有两名同学在全国化学竞赛中获奖，小组16名成员中有9人在高二时选报化学班。

（十二）几点体会

1. 优化教学情境，诱发主体的研究动机

传统的教学是以知识传授和验证为主的教学方式，让学生死板地接受知识，无法使学生产生积极探索的求知欲望，并且还会使学生感到知识灌输的重复和乏味，产生厌学情绪，更不可能推动学生开展课题研究。在化学教学中，教师若能紧密结合化学教学内容，提出一些学生欲答不能而又迫切想了解的、与生产生活实际密切关联的一些实际问题，如用化学知识解决生活中的小麻烦，积极创设开放的教学情境，将会诱发学生的探索研究动机，从而促进学生积极地参与课题研究与探索。

2. 尊重主体的个性，鼓励超越创新

在学生的实践探索活动中，教师要把学生看作具有能动性的创造与学习主体，而不是被动接受知识的对象，要尊重每一个学生的个性和人格。对于学生在实践活动中所选择的方法和途径，教师要给予充分的肯定，不要认为学生的方案设计与教师所想象的不同就是不合理的、错误的，不要把学生在尝试中的失败看得一无是处而全盘否定。相反，如果要求学生完全照搬教师，一味地模仿教师，结果只能限制学生的想象力、创造力，达不到研究性学习的目的。教师要让学生在独立设计的研究探索中尝试失败，使他们感受科学道路的艰辛，并从失败中总结教训、调整方法，最终取得成功。化学教学中我让学生设计实验方案，学生通过设计并亲自试验，经历了一个由实践上升到理论的认识过程，培养了学生进行科学研究的能力。

因此，我们要注重发展学生的个性，鼓励学生大胆地超越创新。教师要留给学生广阔的思维空间，不要强求学生完全按照教材、资料或教师预定的方案进行研究和学习，要放手让学生自己选题、自行设计、自主研究、自由创造，用他们自己的语言、自己的理解、自己的感悟，从自己的思维角度去考虑问题，为成为可持续发展的人才打下扎实的基础。

3. 重视主体的探究过程，感悟创新苦乐

中学生在研究性课题中所要达到的目的，不是像科学研究工作者那样去做出巨大的发明和发现。对于中学生来说，他们在研究性课题中的活动仅仅属于一种在现有知识的基础上对新问题、新知识的发现，一种新思想和新方法的形成；而科学家发现和解决的却常常是人类从来没有发现或未曾解决的新问题、新事物。学生在课题研究的过程中，为了解决问题主动地、如饥似渴地阅读参考书、查找资料、搜集数据信息，获取新知识，甚至废寝忘食地在实验室度过节假日，有的学生从家里拿来实验用品，进行实验。有的学生拿来相机拍下研究过程。这对于学生的探索精神、实践能力是一种很好的锻炼。通过活动还能够使学生获得亲身参与研究探索的积极情感体验，逐步形成一种日常学习与生活中喜爱质疑、乐于探究、努力求知的心理倾向；通过研究过程的表述与展示过程，获得锻炼自我能力的机会，使学生更具有现代综合型人才的特质。通过探究真正让学生感受、理解知识产生和发展的过程，让学生在自由活动中求发展，在自主探索中求创造，培养学生收集处理信息的能力、获取新知识的能力、分析和解决问题的能力以及团结协作和社会活动能力。

研究性学习的目的，还不只是在于结果。能得出一个颇有价值的研究结论固然很好，但对于学生学习而言，更重要的是在"研究"的过程中开阔眼界、拓展思路、关注现实、发展个性、培养能力。重视"过程"的亲历和体会，让学生在探索研究的过程中体验创造的艰苦和成功的欢乐，本身就是一种收获。无论课题研究的结果怎样，过程本身就已经使学生受益颇丰。有这个参与的过程和没有这个过程，绝对是不一样的。

4. 渗透探索性的新实验，让主体学习科学研究方法

在研究性课题的教学实施过程中，教师应注意很好地渗透科学方法，发展学生的科学素养。科学研究的方法并不神秘，让学生试着做些研究，在研究中体会科学探索的一般原则和基本手段，学生会明白：其实，好多事情只要自己动手做一做，都没有想象的那么困难，科学研究也是如此。课题小组在研究过程中，经常遇到各种困难，开始时，一些污渍去除效果并不理想。这时教师因势利导，帮学生查找失败原因，从而使学生学会了归纳总结、类比推理、数据搜集与整理、最佳方法或最佳途径的选择等科学研究的基本方法；认识到科学研究既会成功，也会遭遇失败，必须做到不骄不躁、沉着冷静，以实事求是的科学精神与严谨的科学态度对待科学研究。

总之，研究性学习作为一种提高学生的主动发展能力和终身学习能力的手段，在实施素质教育的进程中发挥着不可低估的作用。在化学教学的过程中，研究性学习培养了学生的分析问题和解决问题的能力、社会实践与活动能力以及团结协作的学习和工作能力；逐步形成科学思想和科学方法，从而改变学习方式，逐步形成一种对知识进行主动探求，并重视实际问题解决的主动积极的学习方式，从而有利于学生终身学习，促进学生成为可持续发展的人才。

（本文刊登在《深圳教育科研》2005年第6期上）

我的问题我面对

——初中科学课教师的四点困惑

俗话说，做教师难，做一名好的教师更难，而对于一名从事高中教学二十多年后如今担任初中科学教学任务的教师来说，更是难上加难。

刚刚担任初中科学教师的我首先面对两大问题，其一是教学对象从十七八岁的高中生变为十二三岁的初中生，学生的心理特点及生理特征都发生了很大变化；其二是教学内容从高中化学到初中科学中的物理、化学、生物、地理，可以说一切从零开始。凭着我多年的教学经验以及我的性格特点，第一个问题很快就解决了，从学生送给我的饱含内心真情实感的教师节贺词中以及教学反馈学生问卷调查中足以看出学生对我的喜欢程度。但面对第二个问题我就没那么轻松了。

首先我在备课上下足了功夫，我经常去听备课组专业教师的课，上网查阅各种资料，将每一节几个不同版本的课件编辑自制成适合自己教学的课件，第一章单元测试结果，证明我的努力没有白费，十个平行班，我所教的两个班分别考取第三名和第四名。但即使课前我做了充分准备，课堂上有时还是会遇到意想不到的事情。

有一次，在讲细胞的结构时，我说区分动植物细胞的主要特征是看是否有细胞壁。一名学生问道："有没有植物没有细胞壁？"我让同学们课后上网查阅资料。第二天，有一名学生带着他查阅的资料给我看，我肯定了他的做法，并让他在全班展示，同学们受到了极大的鼓舞。类似的情况还有很多。通过一段时间的科学课教学，我总结出初中科学课教师的四点困惑。

一、教师情感问题的变化

我国长期以来在初中阶段实施的基本上是学问中心课程性质的分科教学课程，包括物理、化学、生物、地理。学问中心课程的最大特点是以学科体系作为课程体系。由于学科体系具有简单和谐的形式和清晰严密的逻辑规则，具有很强的系统性，所以人们称赞它具有"本原性的绝对美"。而在科学课程中，原有学科的这种"绝对美"的体系被打破了。在受过专业训练的教师看来，无异于把一件精美的艺术品进行了人为的肢解。

学问中心课程还有一个特点，就是与大学的分科相适应，便于经过大学专门训练的教师讲授。现有初中教师都是按分科模式培养的，对本学科都曾进行过艰苦的学习，并享受过掌握这个体系时的种种欢愉。现在，要专业教师放弃已十分熟悉的体系，重新去学习一个新的、不是以学科逻辑为主的体系，便自然从心理上产生了一种抵触情绪，部分教学成绩优秀而视野又不够开阔的教师，这种情绪十分强烈。

二、课程知识结构的变化

人们常用"一桶水和一杯水"来比喻教师和学生在知识传授中的数量关系，这也常常被作为分科教师难以胜任科学课程教学的主要理由。但在实践中，大家感到教师适应的主要困难并不在于知识量的多少，而在于知识结构。科学课程的知识结构，与原来的物理、化学、生物、地理的学科体系相比，有了本质的不同。科学课程的最大特点就是综合，科学课程标准把内容的整合作为课程的第一个特点并明确："这里的'整合'不是简单地把不同学科知识之间的综合作为唯一追求的目标，而是通过对内容的整合让学生从整体上认识自然，从基本科学观念上理解科学内容"。这就提出了构建超学科内容结构体系的任务，把生命科学，物质科学，地球、宇宙和空间科学作为三大学科领域，分别提出了它们在知识与技能、过程与方法、情感态度与价值观方面的标准。这样一个知识结构，原分科教师很难把握。

三、课程学科要素的变化

从课程性质来看，科学课程仍属学科课程。科学课程的学科要素归结为学科基本事实、学科基本概念、学科基本原理（含规律）、符号系统、计量系统、技能系统、方法系统、思想情感教育系统等八个方面，与原分科课程相比，有比较大的变化。

学科知识体系主要由学科基本事实、概念系统和基本原理构成，原来的分科课程各有其特点。科学课程的学科要素与原分科课程相比，有了较大的变化。学科要素的变化需要教学法做相应改革，原分科教师只熟悉本学科的教学法，因而造成教学困难，教师缺乏信心。

四、课程思维方式的变化

物理、化学、生物、地理等学科的研究对象都是自然现象和自然规律，思维方式主要是逻辑思维，但在学科发展中又各自形成了思维方式的特点。而科学教材整合后，有一定的逻辑结构，但逻辑结构的形式是多样的，如主题式的结构形式，以科学、技术与社会为主线的结构形式，以科学史为主线的结构形式，以探究活动和学生的能力发展为主线的结构形式，以科学概念的逻辑发展为主线的结构形式等，也可以是其中几种结构形式的综合。这种课程思维方式的变化让已经习惯分科教学的专业教师很难适应。

（此文刊登在福田区教研室编写的《我的教研故事》中）

在竞争中合作，在合作中发展

——开展教与学方式转变、实行小组合作学习

2012年4月福田区教育局组织的教与学方式转变现场会在红岭中学园岭校区如火如荼地展开了，我作为学校试点年级的一名具有近30年教龄的老教师也积极参与并上了一堂对全区的开放课，课堂上同学们的积极表现，让我及听课教师们都感到惊喜。通过参与教学改革，我深深体会到，在教学中，生动活泼的学习可以让学生变"要我学"为"我要学"；变"苦学"为"乐学"，才能使学生真正地爱上学习。学生在教师的引导下，去发现问题、提出问题、分析问题、解决问题，从而获取知识。在教学过程中，教师要把握好新课程的本质要求，从课前策划、教学实施、及时反思等方面优化教学行为，努力构建充满生机和活力的高效课堂，处理好传授知识与培养能力的关系，注重培养学生自主学习能力，让学生积极参与、乐于探究、勇于实验、勤于思考。因此，教师在教学中应转变为学生学习的合作者、参与者、引导者、促进者、帮助者，学生的学习方式也应同轨而行，由原来的被动学习转变为主动学习，学会自主学习，互相合作，探究学习，在学习过程中提高发现问题、提出问题、解决问题的能力，从而构建高效课堂。下面我结合小组合作学习谈谈几点做法。

一、理念

在竞争中合作、在合作中发展。

二、实施

（1）培训一名得力的组长。

（2）起一个响亮的名字。

（3）编一个相应的代号。

（4）制定本组的组规章程。

（5）制定小组共同奋斗目标。

（6）制定个人的奋斗目标。

（7）建立组内合作机制和监督机制。

（8）建立小组合作学习记录和评价表。

三、小组评价的原则

即时性评价、激励性评价、发展性评价。

四、管理模式

1. 教与学观念转变——尽量让学生乐于参与

学生要学会的是举手回答问题（老师叫号或要求集体回答、抢答除外），如果对同学的回答有异议可继续举手加以补充更正。

学生应敢于尝试，敢于提问，敢于自己挑战学习，并明确课堂要求：上课时应配合老师，在课堂上得到最大化的学习。

2. 优化小组组合——尽量做到结构的合理性

全班48人共分6个组，每个小组8人。小组在排座位时，按学习综合能力排序1、2、3、4、5、6、7、8，1、2号坐在一起，坐小组中间，带动整个小组学习，3、4号坐在小组内第一排，5、6、7、8号坐在小组最后一排，这样方便共同树立目标互相学习。尽量做到小组间的平衡，为每组组员提供互相帮助的机会，为各个小组间的公平竞争创造条件。

3. 提出课堂内的上课要求以便配合老师完成教学

这就需要用量化管理来实施，以保证课堂的收放自如和纪律。

4. 组员分工合作——尽量做到职责的明确性

为了调动学生的积极性，小组的8位成员按不同的特性分别有不同的任务，最强的1号同学为大组长，其他7个分别是副组长、记分员、纪检员、监督员。

他们的分工非常明确，各负其责。

附：

表4-2-1 加分规则表

加分项目	加分（写"正"字计分，1分一画）
1、2、3、4号组员有效发言	+1
5、6、7、8号组员有效发言	+2
有效质疑或补充	老师酌情加分（1~3分）
上台讲课按好中差加分	+8、+5、+3
小组在黑板上抽查练习加分	老师酌情加分（1~5分）

表4-2-2 小组合作学习记录表

课题				时间	
合作内容				指导教师	
合作成功 小组情况	组别 _____		主要表现		
	组织分工				
	参与学习				
	交流情况				
	合作效果				
合作失败 小组情况	组别 _____		主要表现		
	组织分工				
	参与学习				
	交流情况				
	合作效果				
简要分析	（教师合作目标设置、学生参与情况、教师调控、合作成效）				
备注					

表4-2-3　小组合作学习的有效性评价表

日期：　　　　班级：　　　　科目：

评价内容 分值 组别　　值	小组内学生 分工明确 （20分）	小组内学生 的参与程度 （20分）	认真倾听、 互助互学 （20分）	合作交流中 能解决问题 （20分）	自主、合作、 探究的氛围 （20分）	总分 （100分）
第1组						
第2组						
第3组						
第4组						
第5组						
第6组						
总评价						

五、小组合作交流学习的成效

小组合作学习真正实现了学生的自主管理、自主学习、自我教育。

1. 课堂景观发生了可喜变化

课堂景观的可喜变化是课题实验最显著的成果。随着课题实验的开展，学生开始积极主动地参与课堂，学习方式呈现出多样化、个性化。课堂充满着生机、充满了活力。

2. 学生主动参与学习的积极性提高了

小组合作学习为学生创设了一种民主、平等、和谐的课堂氛围，学生在合作中有安全、自由的感觉，学习的压力和畏惧的心理消除了，学生寻找到了学习的乐趣，体验到了参与合作的快乐。

3. 学生互补作用得到发挥，整体成绩显著提高

通过优化合作学习小组，建立有效的竞争机制，学生在学习中形成同奖同罚、荣辱与共的观念。这样，在一个小组里，一个人的进步或退步不只是个人的事，而是与学习小组中每个人的奖与罚密切相关，这促使人人自觉学习，互相帮助，互相督促，优势互补，共同提高。

4. 培养了学生优良的品质，促进了全面发展

通过开展合作学习，学生集体荣誉感极大增强，富有团队精神。有90%的学生在合作中逐渐学会了尊重，学会了倾听，也逐渐学会了如何与人交往，如何做人，等等。这些优良品质的形成，为他们适应未来社会打下了一个良好的基础。但是合作性学习并不是万能的，教师采用小组合作交流学习的方式在课堂中进行教学时也常常会碰到各种各样的问题和困惑，比如单从一节课来看，采用小组合作交流学习方式的课堂在认知容量上比不上传统的课堂，教学的进度也不那么容易把握。但我认为，采用小组合作学习对提高科学学科的兴趣和成绩，以及使学生在课堂中获得积极的情感体验是有帮助的。我们还需要在长期的教学实践中不断地尝试、摸索和反思。

伴随着新课程的推进，合作学习的意义愈显重要。全班小组合作学习、个人独立学习都是基本的课堂教学方式，其作用难以互相取代。我们要根据教学的具体内容合理选择，要因学习进程与内容需要灵活安排，没有必要每节课都组织小组合作学习。我们要在教学实践中不断摸索，使我们的小组合作学习实效更高。

（此文刊登在福田区教研室编写的《我的教研故事》中）

皮格马利翁效应在化学教学中的应用

皮格马利翁是古希腊神话里的塞浦路斯国王，他爱上了自己雕刻的一尊少女像，并且真诚地期望自己的爱能被接受。真挚的爱情和真切的期望感动了爱神阿弗洛狄忒，她就给了雕像以生命，皮格马利翁的幻想也变成了现实。人们把由期望而产生实际效果的现象叫作皮格马利翁效应。皮格马利翁效应是由美

国著名心理学家罗森塔尔发现的。一次他来到一所小学，声称要进行一个"未来发展趋势测验"，并以赞赏的口吻将一份"最有发展前途者"的名单交给了校长和相关老师，叮嘱他们务必要保密，以免影响实验的正确性。其实他撒了一个"权威性谎言"，因为名单上的学生根本就是随机挑选出来的。8个月后，奇迹出现了。凡是上了名单的学生，各科成绩都有了较大的进步，且各方面都很优秀。显然，罗森塔尔的"权威性谎言"发生了作用，因为这个谎言对老师产生了暗示，左右了老师对名单上学生的能力的评价；而老师又将自己的这一心理活动通过自己的情感、语言和行为传递给学生，使他们强烈地感受到来自老师的热爱和期望，变得更加自尊、自爱、自信、自强，从而使各方面得到了异乎寻常的进步。后来，人们把这一现象称为"罗森塔尔现象"。它表明：每一个学生都能成为非凡的人，一个孩子能不能成为天才，关键是家长和老师能不能像对待天才一样地爱他、期望他、教育他。这实际上就是皮格马利翁效应的应用。

皮格马利翁效应的作用机制是：由于教师认为这个学生是天才，因而无形中寄予他很大的期望，在上课时也给予他更多的关注，并通过各种方式向他传递"你很优秀"的信息；学生能感受到教师的期望与厚爱，因而产生一种激励作用，学习时也加倍努力，因而取得了好成绩。皮格马利翁效应给我们的启示是：教师应在教学中多鼓励、表扬学生。

因此要想使学生发展更好，教师就应该给他们传递积极的期望。积极的期望促使人们向好的方向发展，消极的期望则使人们向坏的方向发展。下面笔者结合自己的教学实践谈谈皮格马利翁效应在化学教学中的应用。

一、兴趣期望能激发学生的求知欲望

兴趣是最好的老师。学生一旦对化学产生了浓厚的兴趣，就会轻松地、自觉地学习，从而取得理想的成绩。"创造良好的开端，事情往往就成功了一半。"我深信这句成功者的名言。因此，每年初三接过一批新学生，我总是从化学在日常生活、工农业生产中的应用，化学的学习方法等方面激发学生的学习兴趣，第一节课就通过演示几个化学小实验，如"魔棒点灯""镁带燃烧""清水写字变红""清水变牛奶""烧不坏的手帕"等，激发学生学习化学的兴趣，调动学生学习化学的热情。学生一旦获得了成功，则他的兴趣和成功欲更强，自信也更强。学生若不理解、消化教学难点，就会产生畏难情绪，就会逐渐失去学习化学的兴趣，故帮助学生掌握重点，突破难点，是提高学生学习兴趣的关键。突破难点的方法因人而异，或用贴切的比喻，化难为易；或用顺口溜，强化记忆；或巧设阶梯，层层推进。特别注意让学生动眼看、动手做、动脑想、动口议、动笔写，从而化深奥为浅显，化抽象为具体，化复杂为简单。例如在讲金属活动性顺序时，我给学生编了一个顺口溜：嫁给那美女，身体细纤轻，统共一百斤。学生很快就掌握了金属活动性顺序表。

二、情感期望能激发学生的学习热情

苏霍姆林斯基认为："教学的效果很大程度上取决于学生的内在心理状态如何。情绪高昂则效果倍增；情绪低落则收效甚微。"这是因为人的情感对人的智力活动有两种不同的调节作用：良好的心态能增强人的智力活动的积极性和主动性，从而促进智力的发展；消极的情绪会压抑人的智力活动的积极性、主动性，阻碍人的智力发展。因此，只有给学生创造良好的学习氛围，才能使学生达到知识理解和掌握的最佳程度，能力得到相应提高。

在教学中，我让学生自编化学题，然后编辑整理好，选取有代表性的题目在全班讲解，统考后与统考题比较，若押中统考题目，则有大奖。这时学生情绪高涨，每个同学都认真准备。每次考试结束，我都对考得好和进步大的同学给予奖励，并请化学考试取得满分的同学介绍学习经验。这些活动调动了学生学习的积极性，这里面情感起了巨大的增力作用。正如一位教育家所说："让学生体验到一种自己在亲身参与掌握知识的情感，乃是唤起他们特有的对知识的兴趣的重要条件"。

创造契机，树立自信心，是信任和赏识教育问题学生的关键。有一名学生，上课经常讲话，很多老师对他很头疼。作为他的老师为了及时了解、掌握他的内心世界和行为表现，进行有针对性的教育，我采取了个别谈话、与家长沟通、表扬鼓励、正面疏导、指明方向等措施。从导师档案反馈表家长寄语中我了解到，家长希望他能争取当上班干部，协助老师工作。我根据他的化学成绩较好这一特点，让他担任化学课代表。他上任后，工作主动，认真负责，学习成绩有明显进步。上课时多给他获得成功的机会，提问时尽量让他回答正确，对他及时肯定，让他品尝到受赞许、表扬的欢乐，体会成功的喜悦，从而树立起自信心。

我们都知道，在教学实践中教师总是愿意把期望和爱倾注在学习好的学生身上，一旦发现了他们的优点和特长，上课时总爱提问他们，一旦回答得好，立即给予表扬。学生也十分敏感，他们从教师那和蔼的语气、鼓励的目光中得到暗示，感受到教师的期待和爱，这样便会更努力地学习，自觉规范自己的行为，以作为对老师的回报。久而久之，教师更加关爱这些学生，这些学生也更加努力学习以回报老师。这样循环往复就会使这些学生由好走向更好，成绩也越来越好。而对于学习成绩较差的学生，他们更需要老师的关心和帮助，对其有成功的期望，鼓励其勇气。有一名学生学习成绩不是很好，缺乏自信心，我在教学中发现他喜欢动手实验，就鼓励他可以在家里利用生活日用品做与化学有关的家庭小实验。引导学生关注生活，利用日常用品作为实验材料进行简单的科学实验探究，安全、简单、易操作，激发学生求知欲，玩出创新，玩出科学，玩出探索和新发现，这有利于激发学生的学习兴趣，提高学习效率。在我的引导下他学习化学的兴趣越来越浓厚，成绩也进步很快，中考中取得化学满分的优异成绩。

三、成功期望能激发学生的自信心

美国心理学家马斯洛认为，自我实现的需要（如寻求自我满足、成就，发挥最佳潜能的需要）是人的最高层次的需要，可以引发最强烈的学习动机。具有强烈成就需要的人，学习中能积极地去克服困难、战胜挫折、取得成就，从中也得到了乐趣。

教学中我采用多种教学形式，如课堂采取"三个一"，即每一节课让一位学生自编或自选一道习题，上讲台来讲解，对每位同学的精彩表现都给予热烈掌声鼓励　（每个学生都有机会，按学号轮流），使他们在老师和同学们的掌声中获得成功的喜悦。学生在自编习题的过程中，获得了一种成就激励，这就是利用人们对成功需求的心理和通过发挥人们对成功需求的愿望实现激励目的的做法。在运用成就激励时，教师要设计与安排好让学生看到自己力量的外部环境。达尔文曾这样分析自己："我既没有突出的理解力，也没有过人的机智，只是在观察能力上，我可能在众人之上。"达尔文并没有因为自己在上学时不如别人而自暴自弃，丧失自信，而是充分发挥自己能力的特长，持之以恒、百折不挠，克服无数艰难险阻，终于成了世界第一流的科学家。学习必须从不自卑开始，有了学习的自信心，落后、甚至失败都是暂时的，只要能始终朝着成功的目标奋进，成功就指日可待。自信是成功的起点！

总之，教师应尊重每个学生的人格，关注个体差异，帮助学生认识自我、建立自信，促进每个学生在原有水平上都得到充分发展。课堂教学是一门综合艺术。教师不仅要有丰富的知识，较高的业务水平，还要有灵活适当的教学方法，更要有熟练驾驭课堂的能力。同时，教师要热爱自己的职业，相信自己能教好，学生也能学好，这样教师的期望才能较好地转化为积极的课堂行为，才能起到事半功倍的效果。

参考文献：

［美］乔塞尔森.皮格马利翁效应［M］.北京：机械工业出版社，2011.

（2019年9月此文刊登在《教育科学与研究》上）

我对实施分层教学的认识

学校近期组织了分层教学研究课大赛，作为大赛评委我在现场认真听了4位参赛教师的精彩课堂教学，并在课后看了部分教师的录像课影像。看后我深深感到，上课教师无论在备课、上课、课后都在有效、无痕迹地进行分层教学，体现了新课程改革的教学理念，即课堂教学的高效性、针对性。实践证明，分层教学是深化课堂教学改革的一条重要途径，是提高课堂教学质量、促进学生全面发展的一种重要方法。

一、分层教学实施的意义

我认为在课堂教学中，教学目标的分层必须采用相应的学习起点、学习坡度与学习方法，实际上就是为了适应学生认识水平的差异。所谓"班内隐性分层的教学模式"，即将课堂教学分为几个层次的教学，根据学生实际、教材大纲的要求，设计成几个不同层次的问题，由浅入深，层层推进，引导、促进学生主动探索，积极思考，大胆猜想，凝练规律，充分发挥学生的主体性，让学生在动脑、动口、动手的活动中掌握知识与方法，发展智力，丰富情感。

二、分层教学必须解决的问题

实施分层教学，必须编写实施分层教学的具体方案，形成一套分层教学的课堂教学方案。具体应考虑：①如何搞好对学生的分层和分组；②如何搞好对教学目标的分层；③备课如何分层；④教师的授课如何分层；⑤课堂练习的设置如何分层；⑥作业布置如何分层；⑦作业的批改如何分层；⑧阶段测试题的编写如何分层；⑨课后辅导如何分层；⑩教学评价如何分层。

三、实施分层教学应该注意的问题

1. 注意分层的实效性

分层教学是为了更好地提高教学质量、促进全体学生发展的一种手段，不能为了分层而分层，更不能认为把学生分一分组，就是分层教学。分组只是分层教学的第一步，更重要的是在教学过程的各个环节都做到分层。在分层教学实施过程中教师应根据学生学习情况的变化，及时调整分层教学，保证各个环节的分层都能起到作用。

2. 教师要不断提高自身教学水平

分层教学对教师提出了新的要求，教师不能再"拿一个教案用到底"，而要精心地设计课堂教学活动，针对不同层次的学生选择恰当的方法和手段，了解学生的实际需求，关心他们的进步，改革课堂教学模式，充分调动学生的学习主动性，创造良好的课堂教学氛围，形成成功的激励机制，确保每一个学生都有所进步。

由化学教师到科学教师的角色转换

2006年8月，我由一名高中化学教师转变为初中科学教师，即由单一的化学教师转变为多学科综合的科学教师，这意味着一切从零开始。起初当我看到那些用了几十年再熟悉不过的高中化学资料时，还恋恋不舍；看到曾经获得的荣誉——广东省高中化学优质课一等奖，广东省高中化学说课比赛一等奖，深圳市高中化学优质课特等奖，深圳市中青年骨干教师，福田区化学学科带头人时，心中不免有些酸楚。但经过两年的科学课教学实践之后，如今我已深深喜欢上科学课教学，喜欢由物理、化学、生物、地理四门课组成的探究日常生活现象、原理的科学课，更热爱我以前从未教过的年龄只有十三四岁的学生们。每当我走进课堂看到那一双双渴求知识的眼睛，每当我带着各种实验仪器、教具走进实验室，每当课前课后学生们围着我问这问那，仿佛带着千万个为什么到我这来寻求答案结果之时，我都觉得无比幸福。

为了尽快适应科学课教学，我在课前备课上下足了功夫。我仔细阅读教材、教参，并买来教材全解，观看各种多媒体资料。有一次在讲七年级科学物理内容"光学透镜成像"一节时，为了弄清凸凹透镜的特点，我找来各种教具，还从家里带来门镜，拆开分析，并上网查找资料，最终弄清了凸凹透镜的光学成像原理以及在日常生活中的应用原理，并写出了一篇名为《门镜》的文章，发表在深圳青少年报上。在讲八年级科学物理内容"电与磁"一章时，为了弄清电生磁、磁生电原理，我对照电动机、发电机反复研究，并虚心请教专业教师，还从家里带来不用电池而靠磁生电的小手电，学生们也非常积极，从家里带来手摇手电、环保手电等，学起来兴趣异常浓厚，学习效果超出我的想象。学生们的学习热情常常感动着我，激励着我，让我体会到做一名科学教师的幸福。

一晃几年过去了，我所教的班级学生不仅学习科学兴趣浓厚，成绩也很喜人。回顾几年来教科学的历程，我感慨颇多，我常常对周围的同事深有感触地说："这几年收获最大的是我自己。"因为我学会了如何引导学生从多学科领域、多视角去分析思考问题，以及如何用物理、化学、生物、地理知识去分析解释日常生活中的现象，全方位培养学生核心素养。我撰写的论文《做科研型教师，走教科研之路》在福田区获奖。我认为这是终身受用的技能，是真正地与学生共同成长。

看《聚焦新课程》一书有感

每次阅读由首都师范大学出版社出版的李建平（《中国教育报》记者）著的《聚焦新课程》一书，我都有一种冲动，阅读此书使我受益匪浅。它让我认识到新课程改革，是一次深刻的改革。新课改倡导全人教育，强调课程要促进每个学生身心健康地发展，培养学生良好的品质和终身学习的能力，新课改倡导建设性学习，注重科学探究的学习，关注体验性学习，提倡交流与合作、自主创新学习。课程改革的成败关键在于教师，教师是课程改革的实施者，作为教师的我必须做好充分的准备，学习新课程改革理论，更新教学观念，迎接新课改的挑战。新课改背景下教师应如何提问、如何讲解、如何组织学生合作学习、如何评价，下面结合我多年的教学实践谈一下自己的体会。

一、教师的提问技能

如何设问，这是一个古老的话题。作为现代教师，在反思自己的教学行为的时候，应该反复自问：这一节课中哪些提问是有效的？哪些提问是多余的？哪些设问需进一步改进？

所以，①教师提出的"问题"要紧扣学生的"最近发展区"，符合学生的认知规律，有助于引导学生思考；②教师提出的"问题"要能展示知识的内在联系，有针对性，激发学生对问题的兴趣和思考；③教师提出的"问题"要便于学生操作，有层次性，适合不同水平学生的要求，学生主动参与面广；④教师提出的"问题"要能提供知识获得的科学途径和策略，有助于学生知识间的迁移，帮助学生建立良好的认知结构，使各层次学生都在原有水平上得到提高；⑤教师提出的"问题"还要能促使学生有计划学习，并合理确定自己的学习目标、方法，让学生正确评价学习的态度、方法、过程、结果，促进学生总结学习的经验，并引导学生纠正自己的不足，促使学生评价和调节自己的学习方法与学习策略；⑥教师提问时要注意师生之间多次质疑、交流、评价，时刻观察学生的学习状态，如参与程度、交往环境、思维状态、情绪反应、生成状态等，对于学生对问题思考引发新的有效问题进行及时地再组织利用。

二、教师"讲"的艺术

新课程需要教师"少讲"。那么教师应怎样"少讲"呢？首先我们要将功夫放在对教材和学生的研究上，在吃透"两头"的基础上，真正把握"要不要讲""讲什么"和"怎么讲"这三个问题。叶圣陶先生说过这样一段话："讲当然是必要的……，问题可能在如何看待'讲'和'怎样讲'……"教材无非是个例子，凭这个例子要使学生能够举一反三，教师就要朝着促使学生"反三"这个目的精要地"讲"，以培养学生学习的主动性、创造性，务必启发学生的能动性，引导他们尽可能自己去探索。

三、教师组织有效的合作学习

新课程改革背景下有着很多的教学模式，"诱思探究教学"实际上也就是注重学生的合作学习，让学生动起来。这样的课堂很活跃，学生主动思考，积极回答，效果也很好。但这需要教师有良好的专业技能和课堂上较强的驾驭能力。怎样才能达到有效的合作学习？

（1）为学生提供合作学习的时间和空间。

（2）精心选择合作内容。

（3）加强对合作学习方法的指导。

四、教师对学生进行有效的评价

评价可以使学生认识自我，树立自信，有助于反思及调整自己的学习过程。对学生学习过程中的表现进行及时的评价，如口头评价、等级评价、学生之间互相评价、小组集体评价等，可以充分发现学生的进步，鼓励学生自我反思，自我提高。通过评价，学生学会分析自己的成绩和不足，明确努力方向。

记得李建平在一次报告会上曾说过：

（1）每一个学生都要发展，但不要求一样的发展。

（2）每一个学生都要提高，但不要求同步的提高。

（3）每一个学生都要合格，但不要求相同的规格。

我非常认同这种观点。

总之，在新课程背景下的课堂教学中，要提高学生在课堂有限时间的学习效率，要提高教学质量，我们就应该多思考、多准备，充分做到用教材、备学生、备教法，提高自身的教学能力，发挥自身的主导作用，让学生主动参与到课堂中，充分体现学生的主体地位。同时新课程改革必须与实践相结合，我们要积极进取，积极参与课程改革，在课改中不断学习，不断实践，不断反思。我愿与新课程改革共同成长。

在实验中激发学生学习科学的兴趣

科学是一门以观察和实验为基础的自然科学，初中科学的实验基础、概念归纳及研究方法在学生智能结构的发展中占有非常重要的地位。若能在科学实验教学中培养学生的学习兴趣，则对学生认知能力的提高、创造能力的萌发都将起着强有力的作用。

爱因斯坦说过：兴趣是最好的老师。兴趣是指一个人要求认识某种事物或爱好某种活动的心理倾向。心理学研究表明：兴趣是学习的动力。有了学习的动力，就能产生积极的学习情趣，学生的学习才是主动的、积极的、热烈的。由此可见，兴趣是培养多种能力的前提，学生对学习产生了兴趣，就会积极主动地去学习。兴趣不仅能促进学习质量的提高，而且能促进学生素质的发展。在科学教学中，生动活泼的学习可以让学生变"要我学"为"我要学"；变"苦学"为"乐学"，这样才能使学生真正地爱上科学，想上科学，并能积极主动地去探究科学。学生在教师的引导下，去发现问题、提出问题、分析问题、解决问题，从中获取科学知识，增长探究能力。这是我们科学课必须大力提倡的，对培养学生的科学素养也是大有帮助的。那么，在科学课中，应如何培养学生的学习兴趣呢？

一、引导学生观察实验现象，激发学生的学习兴趣

实验是学生最感兴趣的。实验既是自然科学的基础，也是教育科学的基础。实验的教学功能主要体现在三个方面：其一，是学生进行探究、学习自然科学知识和技能的基本途径；其二，是训练学生科学方法、培养学生能力的有效途径；其三，是培养学生的全面科学素养和非智力心理品质的重要途径。在科学教学中，如果注意结合学生熟悉的生活、生产实际，提出与教学有关的问

题让学生去思考，往往能激发学生的兴趣。例如讲授《光的折射》时，可先提出以下一些问题：透过老花镜看紧靠镜片的物体，显得比原来怎么样？透过老花镜看远处的物体又会怎样呢？透过圆形金鱼缸看缸里的鱼发现鱼会变大，透过装满水的杯子看插入的筷子发现筷子会在分界处折弯，这又是为什么呢？带着这些问题来学习，学生必然会产生兴趣，从而达到提高课堂效率的目的。课后是课堂的延伸，可结合科学教学的内容，根据学生的年龄特点与心理特征，开展丰富的课外活动，小实验、小制作也是发展科学学科兴趣的好形式。对初中生来说，可让他们自己动手制作简易测力计、杆秤、潜望镜等，这样做不仅能够加深他们对科学知识的理解，也培养了学生的观察能力、思维能力和独立操作能力，很好地实现了知识的迁移。

二、通过实验课的教学，培养学生的实验技能和创造性

科学实验课的教学，必须重视培养学生的实验技能和独立工作能力，使学生养成良好的实验习惯。每次做实验时，教师都要指导学生弄懂实验原理，学会正确使用实验仪器，掌握计数、读数和处理实验结果的技巧，能够通过分析、推理得出正确结论。学生掌握了基本实验技能，就能独立动手操作，打好实验的基础，学到课本上没有的或者是一带而过的知识。科学实验不仅可以有效地帮助学生领会学科知识，更重要的是通过观察实验现象，分析和解决实验中的问题，能够培养学生的创造性思维能力。

各种科学小实验，从某种意义上说，都是一种特殊的、直观的实践，学生在动手完成各种小实验、小制作过程中，思维异常活跃，学习欲望高涨，参与意识增强，都迫切地希望进一步探索问题。通过实验，学生学习到的科学知识就比较深刻、牢固。如课本中的"种子萌发需要什么条件""研究凸透镜成像规律""筷子提米""摩擦力对物体运动的影响""观察当地阳光照射下物影长度的变化""自制时间计算盘"等小实验、小制作，都有很强的趣味性和知识性，十分贴近学生的生活，符合初中学生好奇、好问、好动、好学的心理特征。教师要鼓励学生做好这些课外小实验、小制作，并有意识地在教学中加以讲评。课堂讲评小实验、小制作，可以创设活跃的课堂学习气氛，给学生提

供参与学习的机会，并使班级中不同认知水平的学生的求知欲都能得到满足。同时，教师可以根据教材的要求，引导学生把对教学内容的学习和对小实验、小制作的学习结合起来，从而使教学内容的学习和小实验、小制作的学习达到某种程度的互补。这样，既促进了学生对教师所讲授内容的学习，加深了对所学内容的理解和记忆，又促进了一系列附带内容的学习。对器材的要求不是很高的演示实验，可以改为学生边学边实验。例如，学习凸透镜成像规律时，若改为边学边实验，能取得较好的教学效果。因此，在教学中我也是尽力创设条件让学生动手做实验，在实验中探究科学知识和学习科学的思维方法。实践证明，采用边学边实验的方式，可使学生充分地动手操作、动眼观察、动笔记录、动脑思考、动口回答，然后在此基础上归纳总结，使学生各种能力都有所提高。

三、重视实验教学，采用多种教学形式，全面提高学生素质

对初中生来讲，实验具有强烈的吸引力，除教师做好教材上的演示实验、要求学生做好书上要求掌握的分组实验外，必须充分利用课后的小实验，开展课外活动。结合我校开展的初一第二课堂活动，我开设了《趣味科学小实验》，通过设计一些简单、易做、有趣的科学小实验，如滴水点火、魔棒点灯、化学密函、清水变豆浆等，培养学生学习科学的兴趣，使学生感受实验成功所带来的成就感和快乐，报名者相当踊跃，有的学生连续报了四次。

科学课的教学要重在"动手做"，这是教材的灵魂。强调动手做就是强调学生亲身经历，只有学生亲自做了，亲自探究了，才能培养他们的能力，让他们学会科学方法，体验成功的乐趣，理解科学的含义，才能真正做到"以培养科学素养为宗旨"。为此教师要为学生创造动手做的机会，为学生开发学习资源和器材，给学生尽量多的时间和空间，让学生真刀真枪地进行科学实验。学生学习不仅要用自己的感官去感知，还要去动脑思考、动手操作，用自己的心去感悟。这不仅是理解知识的需要，更是激发学生生命的活力、促进学生成长的需要。听会忘记，看能记住，做才能会。只有动手做才能调动各种感官协调活动，这样学生才学得投入、扎实。教师应引导学生不断提出问题，使学习过

程变成学生不断提出问题、解决问题的过程。也只有这样，学生的科学素养才能迅速提高。这次课程改革给教师带来的既是严峻的考验，也是不可多得的机遇，教师要把握时机，认真学习科学课教学理论，不断探索、不断实践、不断总结经验，使科学课真正成为培养学生科学素养的好阵地。

实践证明，在科学教学中，有目的地开展一些小实验，可使学生成为学习的主人，充分发挥学生的潜在能力，增强学生的学习信心，有利于培养学生的创造能力和热爱科学、追求真理的科学态度；有利于引导学生深入自然、接触社会，使学生产生由被动学到主动学、乐于学的飞跃，这样既促进了学生对重点内容的掌握，又有效地提高了他们的学习兴趣。只有这样，教学才能取得事半功倍的效果。

转变教与学方式　构建乐学课堂

课堂教学是教育教学工作的重要组成部分，课堂效率的高低直接影响教育教学工作的成效。新课程改革背景下，教与学方式必须体现教师职能的改变与学生学习角色的根本转变。教与学过程是师生交往、共同发展的互动过程。在教学过程中，要处理好教与学的关系，使学生学习成为在教师指导下主动的、富有个性的过程，在学习过程中提高学生发现问题、提出问题、解决问题的能力。因此，在课堂教学中激发学生的学习兴趣，构建乐学课堂，注重培养学生核心素养，从而打造高效课堂，是我们教育工作者所面对的重要课题。

一、正确理解教与学的关系

在中学科学课教学中，由于对教与学的关系认识得不完整，常常自觉或不自觉地把两者割裂开来。教师只管教，学生只管学，教师把知识传授给学生，学生从教师那里接受知识，教与学成为一种知识的传授关系。反映到教学方法上，就表现为注入式的教学。针对这种状况，我们一定要认识到，讲是为了达到用不着讲，教是为了达到用不着教。也就是"讲"要向"用不着讲"转化，"教"要向"用不着教"转化。"讲"和"教"只是教学的一种手段，"用不着讲""用不着教"才是教学的目的。也就是说，教与学的关系不是简单的接受关系。教师要对学生传授知识，要让学生自觉地去获得知识。教师是引导人，学生要主动去自己探索，教师的主导作用只有和学生的自觉能动性结合起来，教师的"讲"才能转化为"用不着讲"，"教"才能转化为"用不着教"，学生的学才能从被动地学转化为主动地学。

教与学的关系，并不是教加学的关系，而是教与学的辩证统一。处理教与学的关系，不能单从教学方法上去改进，首要解决的是教与学的思想认识问题。教师必须端正教学思想，从培养一代新人的高度来认识这个问题，才能在实践中辩证地处理好两者的关系。

教师的教，主要是教会学生动脑筋去获得知识，动脑筋去运用知识。教师的教，要加强自学能力的培养，提高学生的学习主动性、创造性，使学生得到一种自己探索、自己解决问题的能力。这种能力正是一代新人在社会主义现代化建设中所必备的能力。从这个意义上说，教师必须改变填鸭式、注入式的教学方法，积极采用启发式的教学方法。学生动脑筋的过程是思维活动的过程，所以要发挥学生的自觉能动性，就必须对学生进行严格的思维训练。把教与学的活动结合起来，才能有效地提高学生的自学能力。

在看待教与学的关系上，传统教学片面强调教师的教，形成了以教师为本位的教学关系。其表现为：一是以教为中心，学围绕教转。教师是课堂的主宰者，教学就是教师将自己拥有的知识传授给学生，教学关系就是我讲、你听，我问、你答，我写、你抄，我给、你收。不是教师的教服从、服务于学生的学，而是学生的学服从、服务于教师的教。二是以教为基础，先教后学，教多少、学多少，怎么教、怎么学，不教不学。教与学本末倒置，导致学生亦步亦趋、囫囵吞枣，最后摧毁了学生学习的主动性、自主性和创造性，甚至导致教师越教，学生越不会学、越不爱学。

教学关系不是静态的、固定的，而是动态的、变化的关系。从学生角度来说，整个教学过程就是一个"从教到学"的转化过程。在这个过程中，教师的作用不断转化为学生的学习能力；随着学生学习能力由小到大地增长，教师的作用在量上也就发生了相反的变化。最后是学生的完全独立，教师作用告终。

教与学是对立与统一的关系，教学活动是通过教师教、学生学实现的。教对于学来说，居主导地位。但教又是为了学生学，而且让学生学好。因此，教学过程中，教师的主导作用，不仅表现在教师"教"，而且表现在指导学生"学"。其实，在2000多年前，我国古代教育著作《学记》里就说过："善学者师逸而功倍""不善学者师勤而功半"。我国古代教育家孔子主张"不愤不启，不悱不发"。由此可见，处理好教与学的辨证关系，对于优化课堂教学，提高教学质量，具有十分重要的意义。

二、从教学实践看其间的逻辑关系

教等于学，是教与学之间的第一种关系。这种关系意指，教师教多少，学生也学多少，就是人们常说的"名师出高徒"。

在教学过程中，还可能会出现学生所学多于教师所教的情况，从而构成教与学的第二种关系。这种关系亦可谓之"青出于蓝而胜于蓝"。一般而言，只要学生上课能认真听讲，对教师所提出的要点仔细咀嚼，并将这些新知识、新技能与以前所学的有关知识和技能进行分析、比较、综合，触类旁通，这样，"学多于教"是绝对可能的。

教大于学，是教与学的第三种逻辑关系。这种情况是说，学生对于教师所教的东西无法全部吸收，只能学到部分内容。至于每个学生究竟能学到多少，则取决于学生个人的能力和努力程度。

教学中我大胆进行了尝试。让学生自己动手发现规律，让他们自己寻找方法，学生在学习过程中兴趣很高，气氛活跃，通过独立自学、小组讨论、自由讨论，去发现问题，探索规律，从而解决了一节课的难题。结果作业中发现，全班只有6%的同学出现了错误。整节课，教学双边活动井然有序，下课铃响了，同学们还沉浸在教与学的欢乐之中。在课堂教学改革中我深深地体会到，一堂好课，不在于教师讲了多少，而在于你让学生怎样去学，学了多少。

教学中采取合作学习有助于培养学生合作精神、团队意识和集体观念，有助于培养学生正确的竞争意识和能力。如今的课堂上，小组合作学习成了重要的学习方式，它使学生的主体地位更加突出，学生之间的交往更加密切。同时通过小组成员间互动和帮助，实现每个学生都得到发展的目标。可是有些课堂也出现一些令人担忧的现象：课堂上的小组讨论只是"优等生"说讲的舞台，其他同学成了"忠实的听众"；一部分同学长期得不到机会展示自己；课下查找资料也只是几个同学的"专利"；更为严重的是个别同学"剽窃"他人的学习成果，或抄袭别人的答案，这些都是不可取的做法。

成功是学生在主动参与学习过程中的一种积极的情感体验，它是促使学生永远乐观向上的动力。事实上，人人都渴望成功，争取成功。苏霍姆林斯基曾经说过："把学习上取得成功的欢乐带给儿童，在儿童心里激起自豪和自尊，这是教育的第一信条。"获得成功是每一个学生的权利，帮助每一个学生成功是每一个教师应尽的职责，要让每一个学生都抬起头来走路。成功与挫折都有两面性，学习是艰苦的劳动，探索、实验、尝试的道路不是笔直的，必然会经受挫折或失败。成功只有在失败的折射中才显得更加耀眼，在挫折的磨炼下才更有价值。

三、坚决夯实基础，掌握全面完整的学科基础知识

中学化学知识的特点是三多三少，即：概念多，反应多，实验多；公式少，定律少，理论少，同学们学习化学普遍感到"课上易懂，课下易忘"。因此，在教学中教师要有意识地引导学生将所学化学基础知识结构化、系统化，从而逐步形成基本知识体系，逐步掌握基本反应规律，这是十分重要的。

基础越扎实，能力发展的空间越大，才能做到以不变应万变。教师要注意培养学生解题和语言表达的准确性，特别是化学方程式、化学式等化学用语技能要强化、要规范；要抓住化学主干知识、核心概念进行教学，"多挖坑，少打井"，形成化学学科内的知识网络。

综上所述，教师在教学时应认真设计教学，力求使教学呈现"学多于教"的情形，追求好的教学效果。教学的品质好坏主要取决于"教"与"学"双方

的互动关系。要想追求卓越的教学品质，一方面，教师应当进行切实的努力，认真设计教学，科学施教，改进教法，不断发现，正确引导，及时修正教学。教学有法，教无定法，教与学的关系如何处理，这是一个长期值得探讨的问题。我想，作为一名教师，只要我们相信学生、理解学生、尊重学生，与学生站在同一起跑线上，一起摸索，一起探讨，学生心灵的窗扉一定能打开，绚丽而健康的"学习兴趣"一定会常驻他们的心田，教与学的关系一定会和谐而美满。

（本文获广东省优秀论文一等奖）

优化教学行为　构建高效课堂

在初中化学教学中，生动活泼的学习可以让学生变"要我学"为"我要学"，变"苦学"为"乐学"，这样才能使学生真正地爱上学习。学生在教师的引导下，去发现问题、提出问题、分析问题、解决问题，从而获取知识。在教学过程中，教师要把握好新课程的本质要求，从课前策划、教学实施、及时反思等方面优化教学行为，努力构建充满生机和活力的高效课堂。教师要处理好传授知识与培养能力的关系，注重培养学生自主学习能力，让学生积极参与、乐于探究、勇于实验、勤于思考，使学习成为在教师指导下主动的、富有个性的过程。教师应尊重学生的人格，关注个体差异，帮助学生认识自我、建立自信，促进每个学生在原有水平上都得到充分发展。因此，教师在教学中应转变为学生的学习合作者、参与者、引导者、促进者、帮助者，学生的学习方式也应同轨而行，由原来的被动学习转变为主动学习，学会自主学习、互相合作、探究学习，在学习过程中提高发现问题、提出问题、解决问题的能力，从而构建高效课堂。

一、精心做好课前备课

做好课前准备是优化教学的前提，可从以下几个方面实施。

1. 明确教学目标

在备课之前，要认真研读课标对教学的要求，研究教材及教师用书，了解每个单元的主题以及本单元在全册的位置，明确教材的编写目的，同时联系每单元的内容和训练重点，深入了解课本出现的每一思考题、讨论题、探究活动的设计意图，并根据学生的实际，在内容上有选择地添加或简化，制定每节课具体切合学生实际的教学目标。在此基础上再确定每一课时的教学目标、重难点和教法学法。同时要考虑不同学生学习能力的差异，对学生进行分层教学，确定与学生实际相协调的分层递进教学目标。

2. 设计探索新的教学方式

依据不同的教学内容和学生认知心理的实际水平，将传统与现代教学方式、学习方式整合使用，设计新的教学方式，可以提高课堂教学的效率。如对难度较大的系统知识与技能的学习，设计"传递—接受"的教学方式，其基本程序为：激发学习动机—复习旧知识—接受新知识—巩固知识—应用知识—检查评价知识。对可在教师的启发、诱导下解决的问题和以发展学生认识能力、科学态度和意志力为目标的教学内容，可设计为"引导—发现"的教学方式，其基本程序为：教师设计问题情境—引导学生发现问题—提出解决问题的假设—收集有关材料—验证假设的正误，学生通过这一程序，可以学会提出问题，分析问题，解决问题，从而获得一定的知识和技能，并形成相应的能力。对学生通过自学，并在教师的指导帮助下能完成的学习内容，可设计为"自学—指导"的教学方式，其程序是：学习者的需要—自学学习材料—发现疑难问题—请求指导帮助—找出答案，得出结论，这种教学方式对培养学生的自学能力、掌握学科的学习步骤与方法有很大的帮助。

3. 做好备讲、导学的功课

从课前的导入语，课中的过渡语，到点拨学生回答的导语，再到课后的总结语，都要进行精心设计，仔细推敲，力求简明扼要，通俗易懂，为课堂教学和学生学习服务。

4. 认真"备好"学生

学生是学习的主体，要了解任教班级学生的阅读水平、理解能力、提出问题和探究问题的能力，深入了解学生现有知识的基础与薄弱环节，反复思考在课堂可能出现某些情况时该如何调控，恰当引导。如学生在某些方面比较薄弱，就要特意做好引导的准备。

二、优化创新课堂教学环节

把"教的课堂"转型为"学的课堂"，努力构建自主高效课堂，是优化创新课堂教学环节的有效措施。

1. 导入环节的最优化

可采取问题、实验、故事、观察等方式引入新课题，争取做到短时高效、平中见奇，牢牢地吸引学生的认知注意力，拨动学生思维之弦，为课堂教学营造良好的教学气氛，促进学生主动发展。如讲化学"核外电子排布规律"，我采用以下问题引入：①"核外电子是怎样运动的？"②"很多电子围绕一个原子核运动时，会相撞吗？"电子绕原子核运动是已有的知识，而怎样运动才不会相撞，则为不知。这种知与不知的矛盾使学生产生了探究的欲望。如"中和反应"我采用实验引入：将碱液滴入无色的酚酞溶液中，学生看到明显的红色出现，再边振荡边把酸液滴进，红色慢慢褪去。给学生以新知识的直观材料，引起学生浓厚的学习兴趣。又如"二氧化碳的性质"讲"狗死洞"的故事，提出"狗为什么会死？""为什么人安然无恙？"等问题引起学生探求欲望。我还采取每节课前进行课前小测的方式，一般出10个小题，满分100分，通过尝试发现其对巩固旧知识引入新知识起到很好的作用。

2. 新授知识的创新优化

学生求知欲被激发后，如何引导他们积极投入学习，并在教学过程中不断强化他们的求知欲，充分调动学生的积极性、主动性和创造性，使学生最大限度地参与探究新知识的活动，促进知识与能力的协同提高呢？

（1）以教学行为的改变来突显学生学习的主体地位，以学习方式的改变促进学生学会和会学。如"饱和溶液与不饱和溶液"是一节概念课，我改变以往由教师先讲解概念，然后学生通过各种题型训练理解概念的传统做法，将本内容改为学生实验，再通过提出以下问题让学生进行探究：①一定量的水中能否无限量地溶解硫酸铜？②如何判断某溶液是否饱和？③饱和溶液与不饱和溶液能否相互转化？如何操作？学生带着问题进行探究，由于实验操作不难，目的指向明确，可激发学生强烈的探究欲望，学生通过探究弄清了过程中的问题，并自主建构起知识框架，主动探究的学习过程得到了充分的体现。

（2）使教学过程真正成为学生主动求知、解决疑难的过程。实践新的教学方式，改变学生的学习状况，逐步培养学生在课前对新知识的自觉预习。根据学生预习过程中发现并提出的问题，教师引导各小组进行讨论，小组成员各抒己见，形成基本结论。当学生答案不统一时，出现问题不能解决时，教师才言简意赅地点评。学生完成本节有关的基础知识练习和测评后，接着尝试做新课内容中的练习题，再带着初步成功的兴奋或暂时的迷惑进行合作交流，学生在急不可待地心理驱使下，积极地询问、交流、互补和生成。这样，能让学生积极主动、充分地开展思维活动，使他们不仅掌握知识，更掌握求知的过程，并在过程中学会质疑、选择、比较。

（3）引导学生关注生活，如制作糖拌番茄直观感受细胞失水现象，引入细胞吸水和失水知识；利用水、保鲜膜、大碗、彩色珠做水制放大镜，引入凸透镜原理复习；利用铅笔、报纸研究静电；用白醋、鸡蛋、玻璃杯探究鸡蛋壳的主要成分是碳酸钙，当碳酸钙与食醋反应时生成二氧化碳，引入二氧化碳性质的学习；利用盐、玻璃杯、棉线、盘子、小勺和水研究海水制盐，引入蒸发相关知识的学习。

（4）充分发挥教师的组织、指导、帮助和促进作用。在教学中，我注意做到该点的时候点，该导的时候导，使课堂教学始终在教师的主导下进行，使学生总是处在积极的学习状况之中。在自主学习过程中，学生自己解释科学现象或验证科学原理，在问题解决情境中生成知识；学生自主决定实验内容，自己选择相关器材、发现解决方案，进行多样化的实践。这种直接经验，是创设高效课堂的关键性因素。例如学生提出问题：蛋壳放在醋中为什么会冒气泡？进而建立假设：可能鸡蛋壳的主要成分碳酸钙和醋酸反应产生二氧化碳气体，接着选择器材设计实验检验假设：把气体通入澄清石灰水中，最后得出结论：澄清石灰水变浑浊，则气体是二氧化碳。这样为学生充分地开展思维活动提供了丰富的感性材料。

3. 练习设计和评价标准的最优化

我将学生分成A、B、C三层次，A层为70分及以上的学生，B层为70分以下、60分及以上的学生，C层为59分及以下的学生。在教学时做到因材施教，分层指导，为主体参与创造最大的可能性：①在课堂提问时，由C层同学回答基础性的问题，使其有较高的正确率，增强其学习信心；稍有难度的问题，由B层同学回答，给他们展示自己的机会，开发他们的潜能，培养他们的竞争意识；A层同学回答有一定难度的问题，培养学习尖子。②设计出三个层次的作业，对不同层次的学生留不同的作业，布置不同的学习任务。A层同学的练习主要培养分析问题的思路，解决问题的方法和技巧，帮助他们提高分析问题及解决问题的能力；B层同学的练习着重培养学法，由浅入深步步攀升；C层同学的练习以加强基本知识的理解和记忆为主。这样，满足了不同层次学生的不同需求，使各类学生都得到发展，让每个层次的学生都能获得成功的喜悦。③对不同层次学生的学习效果和进度采用不同的评价标准。不同层次学生有着不同的学习目标，因此评价标准也有差异。我着重搜寻每个学生的闪光点，多表扬，多鼓励，对C层的同学给予更多的关照，多角度调理，并给予足够的耐心，肯定其微小进步，帮助他们树立信心，找回自信。每个单元考试后对不同层次学生的进步通过发奖状或奖品予以鼓励。

4. 课堂小结最优化

课堂临近结束时，教学内容的学习虽然已经结束，但从认知与思维的角度来看，还远远没有达到尽头。如何使课堂小结发挥其应有的作用？我通常以提问、抢答、小组竞赛、课堂小测试等方式引导学生围绕下列问题进行小结：①请你用简单的几句话概括我们今天所学的新知识。②你能回答以下问题吗？③你对今天所学的内容还有哪些不清楚的地方？④在实际生活中有哪些地方可以应用今天所学的知识？⑤学完这节课你还想到什么？这样使课堂教学的小结成为学生对学习过程的反思、情感的感悟、智慧的发展、思想的提升，让看似死记硬背的知识，变得能够磨炼思维、培养良好的情感，变得深刻而富有情趣。

三、正确理解教与学的关系

所谓高效课堂，从学生的角度来讲，就是以学生为中心，以快乐为根本；让学生动起来（身动，心动，神动）；有一定量（思维量，信息量，训练量）；主动学（肯学，想学，会学）。

当学生不能提出问题时，教师积极创设情境，引导学生发现和提出问题；当学生设计的方案不合理时，教师及时启发、点拨他们修改实验方案；当学生交流讨论出现争执时，教师恰当地协调关系，鼓励他们更深入探讨；当学生无法正确分析处理数据时，教师不失时机引导学生科学合理地整合数据，从中寻找规律，发现规律；当学生不能完整地表述结论时，教师给予善意的鼓励和有效的补充；当学生不能积极参与到学习活动中时，教师巧妙地设计学习情境，激发他们的学习兴趣和欲望，更多采取"激励性评价"等。教师只有恰当地定位自己在学习探究中的角色，才能有效地组织学生开展科学探究活动。

综上所述，高效课堂具有生活化、思维化、主体化、主导化等特点，激发学生的思维和内在动力，优化教学行为，是探索构建高效课堂的有效途径。

（本文刊登在《中学化学教学参考》2016年第2期上）

化古土为珠玉，学一法解万惑

——在线教学启示

特殊时期，特别课堂；网络连线，教育情缘；老师变身主播，从讲台前坐到电脑前，无论对学生还是老师都是一种全新的挑战和体验。因"疫"直播，它对老师提出了更高要求。我作为一名具有三十多年党龄的老教师，一路摸索，一路尝试，发扬"不用扬鞭自奋蹄"精神，迎难而上，勇于担当。我深信只有全力以赴让"空中课堂"更加精彩，让屏幕那边的同学们也能像面对面课堂一样，与知识没有距离，与成长不脱节，才能使空中课堂在责任、使命、感动中进行。

通过两个多月的网上教学，我最大的感受是每一节网上课堂都是面向全社会的公开课。从每天上课后导出的成员听课列表中我看到，有学校领导李部长听课，还看到年级主任钟洪涛的名字，以及广东省化学教研员程俊老师的听课记录，更有许许多多的同学家长。初三（4）班的夏天家长、初三（5）班的陈可豪家长、初三（6）班的邹凯扬家长等都经常和孩子一起听课。我深感比在学校每天上课还要更累、更忙，常常感到时间过得太快，不够用。每天都在制作课件、上课、检查作业、群中个别答疑解惑、课后辅导中度过，常常要忙到凌晨。

2020年3月16日，广东省化学教研员程俊老师在线听了我的课，课后给予很高评价，这是对我校化学组老师工作的认可。下面我结合自己网上上课的过程谈几点体会。

一、课前准备

1. 积极参加市、区、学校组织的在线课堂软件使用培训

2020年2月初我先后参加了市、区、学校组织的网上上课软件使用培训。特别是听了我校张亚勇老师的讲座，受益匪浅。为了达到更好的上课效果，我在网上购买了部分电脑配件。

2. 化学组全体老师精诚团结，群策群力，集体备课，资源共享

化学组老师在组长张丽老师带领下，发挥大备课组集体力量，多次召开备课组会，讨论教学计划，分配每个老师制作课件、出周末练习等任务。在正式上课前一天，备课组老师进行相互试课，发现问题，解决问题。我还利用晚上与学生连线，连远在湖北老家的学生陈可豪也主动加入试听课之中，当听到学生说效果很好没有回音、能看到能听到时非常开心。

3. 精心制作每一节课课件

为了上好每一节网课，我每天精心制作课件，将几个不同版本的课件同时打开，选取所需的部分，例如有的课件引入新课好，有的课件课堂练习好，有的课件总结归纳好，然后制作成适合自己所教班级学生上课的课件；并在上课前将同学们上传到群里的作业中的错题制作成课件进行讲评，有时会将同学的典型作业放到课件中。

二、认真上课

每节课上课程序：①各班科代表举手上台。②签到。③讲评作业。④新课（上课过程设置思考问题，提问），⑤知识点练习（举手回答或者在讨论区回答）。⑥本节小结。⑦基础训练、能力提升。⑧布置作业。⑨播放眼操。⑩导出学生上课列表。

我利用课件、视频、微课等多媒体手段进行教学，每节课进行签到，充分利用腾讯课堂中画笔、讨论、举手、答题卡抢答等功能开展教学，利用设置答题卡既可以掌握同学们的在线学习状态，又能迅速统计同学们的答题正确率，用记录本记录答题正确率，根据答题卡统计结果及时讲评错误率高的题目。"提出问题""回答问题""交流讨论""展示分享""讲解示范""迁移运用""及时小测"等多种教学手段的运用，可减少教师连续讲解的时间，有效降低远程学习学生注意力容易分散的弊端。我还充分利用点名功能、答题卡功能，检查学生是否听课；对答题同学进行奖励，同学们学习积极性非常高，很多同学下课了还积极主动举手在线问问题，下课后按照学校要求及时播放眼保健操，和同学们一起做眼操。我还建立了所教初三（4）、（5）、（6）三个班科代表群，及时召开三个班科代表视频会议，反馈上课情况，布置落实检查上课签到、听课情况，及作业登记任务。在关注全体同学学习状态的同时，我特别关注学优生和学困生的学习动态，分层布置学习任务，检查督促落实情况。每天上完课都将导出的学生上课成员列表发到科代表群里，看到有异常的我会通过QQ私聊给对应学生及家长，问明原因，进行落实。为了提高同学们学习化学的兴趣，我根据化学教学内容让学生在家利用家里现有物品动手自制汽水，自制白糖晶体，做有关酸碱盐内容的家庭小实验等，大大提高了学生的学习兴趣及动手能力。从放寒假开始，坚持每天关注所教初三（4）、（5）、（6）三个班同学化学作业完成情况，并及时解答同学们提出的化学作业及测试中的问题。有时学生凌晨提出问题，我看到后也及时解答，家长看到后非常感动。一次（5）班一同学在群里提出不懂的问题，我看到后马上打电话给他，直到学生听懂为止，家长万分感激。

三、精心布置作业，及时检查反馈

（1）每天下课后将作业分别发到班级同学学习群和班级化学群中。每天检查作业常常到凌晨，并将学生做错较多的题目总结归纳在课件中，在第二天上课时进行讲评。

（2）坚持每天将上课课件、视频、微课等整理打包后发到班级学习群和化学群中供同学们下载学习使用。

（3）建立初三（4）、（5）、（6）班化学科代表群，布置落实检查上课签到、听课情况，及作业登记任务。

四、智能检测，及时反馈

网课期间我校初三进行了两次大型网上智能检测，即红岭中学教育集团组织的（3月18日月考和4月6日集团统考）三个校区考试。考前组长张丽将制作的《化学检测说明》发到群里，化学组老师分别发到班级群中。考试期间我同时利用电脑、手机、平板电脑监督三个班化学考试，在老师及同学们的共同努力下，同学们圆满完成考试并取得了优异成绩。

（1）以考促学。考后老师及时加班加点进行网上阅卷，根据成绩及时了解学生学习现状，提出解决问题的方法。我让学生用纠错本进行认真订正，并要求他们经常翻看纠错本。

（2）以考促教。我校采用智能作业3.0系统进行测试，采用选择题智能批阅，迅速反馈。根据学生考试情况，教师不断反思，从而打造高效课堂。我利用智能系统每天精心选择10道选择题，供学生进行测试，学生解题能力明显提高。智能系统实现了"布置、完成、批阅、分析"的电子化流程，使作业、试卷批改、反馈更加快捷、高效。

（3）考后及时召开备课组及班级导师小组成绩分析会，根据成绩及时分析学生网课学习的得与失，查漏补缺。我针对不同情况，给学生分别打电话，在线对照考试答题卷逐一帮助他们分析考试中每道题出现的问题。

五、"教而不研则浅，研而不教则空"，积极申报广东省课题

自上网课以来，我先后参加了市、区教研活动八次。2020年3月18日上午我参加了福田区化学教研活动，并在会上进行了发言，谈了自己对如何不做教书匠，而成为一名研究型教师的看法，提出"教而不研则浅，研而不教则空"。福田区化学教研员张玉彬老师说我的发言有高度，有水平。我校化学组老师精心自编复习资料，为学生备考使用，受到家长及学生一致好评。

在线教学中，我还根据当前疫情防控特点，宣传透过疫情看学习化学的重要性。

我于2021年申报广东省课题《初中化学教学中融合生命教育的探索与实践研究》，本课题有福田区教科院张玉彬部长专家指导，有学校李部长、汪主任指导，我校化学组老师全部参与，经专家评审获批省重点项目课题，现已立项和开题，课题研究正在进行之中。因此在化学教学中教师要不断研究，教学中融合生命教育，对化学教师专业发展十分必要。

六、在线教学的几点思考

1. 如何构建高效课堂

①变"组织教学"为"动机激发"。②变"讲授知识"为"主动求知"。③变"巩固知识"为"自我表现"。④变"运用知识"为"实践创新"。⑤变"检查知识"为"互动交流"。只有课堂气氛活跃，学生学习兴趣浓厚，才能使学生学会主动学习、自主学习、探究学习，在学习过程中提高学生发现问题、提出问题、解决问题的能力，从而构建高效课堂。

2. 教学中运用心理学理论激励学生学习兴趣

①兴趣期望能激发学生的求知欲望。②情感期望能激发学生的学习热情。③成功期望能激发学生的自信心。为了更好地教学，我参加华南师范大学心理系研究生课程班《发展与教育心理学》系统学习并获研究生证书，并完成中学教师心理学B证学习，收获很大。

3. 教学中以驱动性问题引领课堂，引导学生基于问题学习，在问题解决的过程中培养学生思维能力

虽然我常年都在初三教学，仍不断追求卓越，践行"化古土为珠玉，学一法解万惑"的教育理念，学生只有一次中考，2020年是一个特殊的中考年，相信大家能共克时艰。期待通过老师们的不断努力和同学们的勤奋学习再创红岭中学园岭部中考的辉煌。

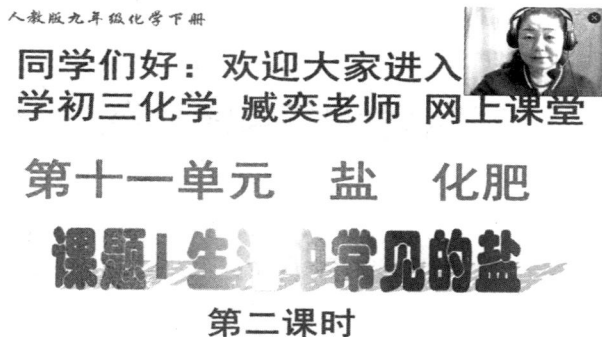

图4-2-1　红岭中学园岭部臧奕老师网上上课照片

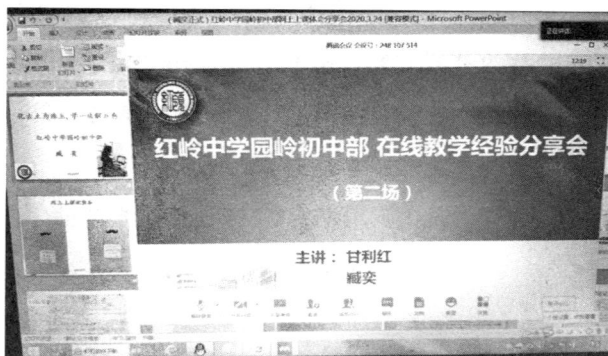

图4-2-2　红岭中学园岭部臧奕老师在学校
在线分享会上发言

211

图4-2-3　红岭中学园岭部臧奕老师同时用电脑、
手机、平板电脑监督三个班化学网上测试

中考化学复习策略及方法

　　2020年深圳中考文化课考试定于7月20日至21日举行。目前正是初三化学复习阶段，知识的深度、广度和难度逐渐加大，又面临着中考的压力。特别是经过前一阶段网课学习，学过的酸碱盐等重要化学知识有的淡忘、有的模糊、有的掌握不准确，如何快速提高学习能力，建立起一套高效能的信息存储处理系统，是提高复习效益的重要方面。因此，加强初三化学学法指导成为当务之急。复习有法，但也无定法，贵在得法。俗话说：授之以鱼不如授之以渔，"渔"就是教给学生的一种方法。学生掌握了有效的复习方法，就等于找到了一把打开知识大门的金钥匙，教师化古土为珠玉，学生才能学一法解万惑，学习起来就会如顺水行舟，操纵自如，游刃有余。

一、理解重点知识，形成知识系统

1. 认真研究深圳市初中毕业生学业考试说明，制定复习策略

化学考试说明是中考化学命题的具体依据，教学目标是课程的具体内容标准的体现，即依据课程目标、课程具体内容标准和教学实际从知识与技能、过程与方法、情感态度与价值观三方面来设计教学目标。复习中应合理分散教材的难点，强化知识的重点，对知识点的处理应基于教材，高于教材。明确考试的目的、能力要求和考查内容，力求抓住五点：①知识点；②考试点；③能力点；④德育点（爱国主义、科学史）；⑤实际点（联系工农业生产、国防科技、环保知识、日常生活的实际）。不猜题、不押题、不让学生做死题，少走弯路，以求实效。因此，在总复习中既不要随意降低要求，也不能随意拔高，要把握好"度"。深圳中考化学容易题24分，中等难度题10分，较难题6分。选择题15分，化学实验探究8分，物质之间转化8分，综合化学计算9分。分析往年中考命题走向，积极备考。重点弄懂考试说明中理解掌握、掌握、理解、熟练计算要求的对应知识点。

2. 注意紧扣课本，狠抓"双基"

初三化学知识的一个特点是：内容广泛，且分散渗透。总复习就要把分散的知识集中起来，以线网或图表形式把它们联系起来，从中找出规律性的东西。按照知识的有机组合，以课本为依据，按照考试说明进行全面、扼要、系统的复习，并充分利用比较法、提纲法、列表法、归纳法、竞赛法等形式进行。回到课本，并非简单地重复和循环，而是要螺旋式地上升和提高。重视教材母题，加强纵横联系；对课本的习题可改动条件或结论，加强综合度，以求深化和提高。重视基本概念、基本技能的复习。对一些重要概念、知识点做专题讲授，反复运用，以加深理解。回归教材、查漏补缺。先求准，再求多。复习到的知识点务必准确清楚，不错第二次，加强错题纠错，重点、难点、易错知识要多过几遍，确保在头脑中留下正确认识。

3. 归纳整理，提炼深化

一般来说，初中化学内容可以分为化学基本概念和原理、元素及其化合

物、化学实验、化学计算。对于化学基本概念和原理要理清概念、吃透原理，形成系统。一些概念和原理容易混淆，建议考生采用对比复习方法，如分子和原子、单质与化合物、纯净物与混合物等。我总结口诀给学生：干冰不是冰；纯碱不是碱；水银不是银；铅笔不含铅。另外复习基本概念和原理时要整体把握关键性词语，弄清楚使用范围和条件。如对质量守恒定律的理解要从适用范围和守恒条件等方面来把握。对元素化合物知识要注重梳理，变零为整，织成网络，反复运用。元素化合物这部分知识是初中阶段的考查重点，掌握一定要熟练到位。另外，实验部分如常见实验仪器、实验基本操作、常见气体的制备、混合物的分离及提纯、常见物质的鉴别等基础实验内容要做到熟练掌握。关于化学计算，复习时应把握计算实质和常见题型，总结规律和技巧。

4. 强化记忆，理解贯通

对于有些基础知识必须加强记忆，如：元素符号、化合价、化学式、物质的颜色、溶解性、物质的性质及相关实验的现象、金属活动性顺序等。而基本概念和原理不能死记，必须理解透彻，只有理解才会融会贯通，才能在考试中顺利解决问题。

二、突破难点知识，把握知识网络

1. 不搞"题海"，"一题"多练

复习任何课程都离不开习题训练，但要注意不能被"题海"淹没，多做题在一定程度上能加深对知识的理解，但解决新问题的能力却不一定能得到提高。有的同学谈到书本知识时头头是道，但解题时，尤其是遇到新问题时却不知所措，原因就是没重视能力的训练。其实，做五道同一能力层次、同一类型的题目，远不如做一道题，从五个不同的层次进行分析、探讨达到的效果，这五个层次是：①此题怎样做？②为什么这样做？③怎样想到这样做？④还可以用什么方法做？⑤改变条件或设问角度，此题还能演变出什么题目？做题时从这五个方面进行考虑，解题能力一定会得到提高，遇到新问题时就会举一反三，触类旁通，以不变应万变。

2. 综合应用，提升能力

解题能力是建立在对知识掌握的深、广度及熟练基础上的，对所解过的题要深入反思、归类总结，培养自己的联想能力，从而在考试中能快速、准确、有效地解出题目。模拟考试，实际上是从实战的角度来训练，一般很有针对性，而且比较综合，通过几次模拟考试，学生运用知识的能力往往有很大的提高。在全面复习的基础上抓住重要内容进行专题训练，尤其是有一定难度，有一定代表性的内容更要加强，提高学生思维的灵活性、严谨性和适应性。复习要注意培养学生思维的求异性、发散性、独立性和批判性，逐步提高学生的审题能力、探究能力和综合多项知识或技能的解题能力。

3. 重视各种错题，用好功能强大的"纠错本"

学生在复习或做题的过程中，不可避免地会有一些错误，这些错误往往是由学生对知识掌握得不够准确，或易混点、难点等造成的。准备一本错题集，错题放在一起，既可以归类分析，触类旁通，又可以做到举一反三。重视各种错题，采取有效补救措施，弥补不足。先找出错误原因，然后纠错。如：采用摘抄法，即将错题分类摘抄，加以注释；剪贴法，即将错误内容裁剪下来，按类别贴在纠错本上，并加以注释；将错题联系到课本知识点相应处，注明出处，标出错误原因。考试前再翻翻看看，还能加深理解，防止考试中再出现相同的错误。经常翻看错题本，重错概率等于零。

4. 精选专题、提升能力

专题复习要注重"精、透、准"。"精"指内容要精选；"透"指教师要讲透，学生要吃透；"准"指重点、热点方向要准确；不论什么题型都有各自的规律，掌握这些规律对解题是有很大帮助的。我们反对"题海战术"，但多种题型的训练却是必要的。教师必须在阅读多种资料的基础上，整理出适量题目给学生练，切不要照抄照搬。教师进行题型分析，即使学生已掌握解各类解题方法，也能对各种知识再重新复习一次，这种做法很受学生欢迎。

三、掌握近几年深圳中考化学试题的特点

（1）题型稳定，但考点不重复。

（2）不照搬资料原题，多为改编题或原创题。

（3）关注化学知识与生产、生活实际的联系。

（4）重视元素化合物及化学实验的考查。

（5）以课本知识为素材编制试题。

（6）以高中化学知识为媒介考查初中化学知识（多为化学反应），每年有一个新的化学方程式。

四、掌握深圳中考化学常见题型解题方法，提高解题能力

纵观近几年深圳市中考题不难发现，题型基本固定，一般有选择、化学实验探究、物质转化、综合化学计算四种题型，不同题型应采用不同的解题方法。

1. 选择题的解题技巧

近几年深圳化学选择题主要包括以下知识点：①化学与生活的关系。②化学用语的正误判断。③化学反应的微观理解。④物质组成方面的判断。⑤原子结构及相关信息的判断。⑥化学反应规律的判断与应用。⑦判断题（综合）。⑧简单化学实验操作与判断操作（除杂）。⑨溶解度曲线图的理解、判断与计算。⑩化学实验探究及现象判断解释（图像题）。选择题作为客观性试题，具有知识覆盖面宽，形式灵活多样，答案相近，迷惑性大等特点，因而在中考化学试题中，选择题在各类题型中所占比例最大，可以说选择题的解答好坏，直接影响整份试卷分数的高低。每次考试完毕，总有一些同学因选择题耗时过多，从而导致后面能做的题没有时间去做，惋惜不已。究其原因，主要是求解这类题的方法欠妥，习惯于常规方法去处理，结果造成"小题大做"。如果能够抓住客观性试题"不表述推理过程，方法灵活多变"的特点，实施"灵巧多变"速解策略，则可事半功倍。化学选择题一般由题干和选项两部分组成，其特殊的结构即决定了它具有多功能性。研究选择题材料的常见类型，探究其解法，是提高解题技巧，减少失误，提高成绩的重要途径。选择题题干中的关键词有：物质（包括化学式等），数据（包括质量等），化学反应方程式，微粒符号（包括示意图），及要求选择的选项是"正确的""不正确

的""错误的"。而选项中应注意的关键词有：足量的、过量的，适量的，一定是、不一定是，等等。在作答时一定要先找到解题的关键词，这样既有利于答题时能按要求正确选择、填写，也可为复查试卷时迅速把握题意，重新判断所选选项或答案是否正确争取时间。牢记只有一个选项是正确的。

2. 化学实验探究题解题技巧：找到实验目的，通读题

近几年深圳化学实验探究题主要是与气体制备相关的化学实验问题。考查重点为化学实验基本操作、实验方案的设计和评价的能力。具体考查提出猜想的能力，利用化学知识设计实验方案和实施实验的能力，实验分析与评价能力，要求学生主要从实验方案、实验装置、实验操作、实验结论、实验误差以及环境、能源等角度对实验进行分析和评价，创新改进实验方案，完善实验结论。

从近几年中考试题来看，中考实验试题的内容有向课本中的演示实验、学生实验、自然科学现象和结论的探索和验证转化的趋势。复习重点：课本上的学生实验和演示实验，以及活动与探究、家庭小实验等。复习方法：从原理、装置、操作、现象、结论等几方面来进行每一个学生实验和演示实验的复习，并从原理上对学生实验进行改造、重组和联合以完成新情境下类似的实验设计。化学是以实验为基础的科学，由于实验探究题比较符合化学学科特点，所以这类题型在近几年来的中考中是比较热门的题型，它着重考查学生的学习过程。有关科学探究的内容会涉及全书各部分知识，常见的包括：空气的成分、反应的催化剂、水的组成、合金的成分、微粒的性质、质量守恒定律、碳的化合物的性质、燃烧的条件及灭火的方法、金属锈蚀的条件及防锈措施、金属的化学性质、金属的活动性强弱、酸碱盐之间的关系等。

实验，最重要的就是实验目的，所有实验方案的设计与实验的反思与评价都围绕着实验的目的来展开。在把握不准实验目的时，考生可以通过通读题目的实验设计、实验步骤等明确实验目的；在进行实验评价时要从实验是否达到目的，实验方案是否简单、安全、快速、环保、经济，实验现象是否与实验结论相符等各个层面进行比较，得出结论。

3. 物质转化流程推断题解题技巧：找到突破口，顺藤摸瓜

近几年深圳中考化学试题中，以流程、框图形式出现的物质转化推断问题，考查重点是对元素及化合物知识体系的熟练程度和灵活运用能力。复习方法：以常见的金属和非金属单质及其化合物为素材，如氧气、氢气、二氧化碳、铁等，第一轮复习重点是建构知识网络，第二轮复习重点是建构知识体系和综合运用知识。一般来说，物质推断题可以采取估计可能、缩小范围、试探求解、精心验证的步骤来完成。推断题的突破口是一眼就能认出来的物质或反应，如沉淀、气体物质、一些特殊颜色的物质，在书写推断题答案时，要注意是要求书写名称还是化学式，涉及酸碱盐反应推断的试题还要注意写什么物质或什么溶液。物质的特殊颜色（如黑色固体有铁粉、炭粉、CuO粉末、Fe_3O_4粉末、二氧化锰，某些离子的颜色，如Fe^{2+}浅绿色、Cu^{2+}蓝色和各种沉淀的颜色等），特殊性质（如CO，H_2，C高温下具有还原性，CaO与水反应放出大量的热等），典型用途（如作干燥剂的CaO，焙制糕点、治疗胃酸的$NaHCO_3$，做建筑材料或补钙剂的$CaCO_3$等），反应的特殊条件（水通电分解，CO在加热条件下还原CuO或C在高温下还原CuO、Fe_2O_3等），都是推断题的突破口，找到突破口后，可根据突破口的具体位置进行正推或者逆推。

4. 综合化学计算题解题技巧：找准已知、所求

近几年深圳中考化学最后一题都是根据化学式或化学方程式的综合化学计算问题。考查重点：以考查基本原理的运用为主，如质量守恒定律的应用。复习重点：根据化学式、化学方程式的计算，结合对一些实验问题的判断等。计算题解题时先要弄清题中的原理，再弄清已知和所求。综合计算题的评分标准是分步给分的，"不全会不等于全不会"，哪怕写对化学方程式也能得到一定的分数。一个原理写一步，切不可列一步到位的综合式，防止计算结果出错而多扣了应得分数。做计算题要注意步骤清晰，解、设、列、答齐全，书写格式和单位、有效数字等都应规范。

总之，复习可帮助学生对所学知识进行归纳、整理、记忆，加深理解。复习是一个再学习的过程，不但要巩固过去所学的知识，而且要通过复习让学生加深、扩展知识，使学生进一步掌握学习知识的方法，在提高熟练程度基础上能灵活运用所学知识来分析、解决新的问题。在考试过程中，只要做好充分的思想准备，把握好每个环节，仔细审题，规范答题，相信同学们一定会取得优异的成绩！

（注：此文于2020年5月11日刊登在深圳报业教育传媒集团深学APP名家栏目上，并刊登在2020年5月29日的《南方教育时报》上）

2020年中考化学专题复习——图像题解题指导

近日深圳市教育局下发了关于命制深圳市2020年初中学业水平考试试卷有关事项的通知。文中明确化学全卷满分40分，其中选择题10个，共15分，化学实验1题，共8分，物质转化流程1题，共8分，性质变化计算1题，共9分。另外，2020年中考考试指南明确2020年中考化学容易题占25分，中等难度题占10分，较难题占5分。与2019年相比容易题增加1分，较难题减少1分。

图像题，是将变化过程中的某些量的变化以曲线、直线的形式表示的习题，这类题目具有形象直观、简明清晰、概括性强、知识面广、综合性强等特点。图像题不仅能考查同学们对化学基础知识的掌握程度，而且能考查观察、想象、分析、综合应用知识的能力，在近几年深圳中考化学试题的选择题及计算题中均有出现，是同学们感到最棘手的一类题。下面笔者根据近几年深圳中考化学题中出现的图像题进行分类归纳总结，谈谈解图像题的技巧和方法。

一、命题规律

识图、读图及用图表示化学变化规律的能力是近几年深圳中考化学考查的主要能力之一，对这种能力的考查通常借助坐标图像题来完成，一般出现在最后一道选择题及计算题中。此类试题从不同角度、不同层面设置图形来提供信息，以考查相关的化学知识。就其内容而言，主要有溶液pH变化曲线、金属与酸反应生成氢气质量的变化图像、与影响化学反应速率的因素相关的变化图像、有关溶解度的图像、化学反应过程图像等；从形式上来看，有单线图像题、多线图像题。

二、解题技巧

图像题是近年中考的热点题型，解答此类题，要做到"四看"：

一看坐标（横、纵坐标的含义）；

二看起点（图像的起点是否从0开始）；

三看拐点（图像的拐点和交点）；

四看终点及趋势（看图像的走向，如上升还是下降，是无限延伸还是平行于 x 轴的直线等）。

类型1：溶液pH变化曲线

表4-2-4

分类	酸碱稀释过程的pH变化图像		酸碱中和反应过程的pH变化图像	
	酸性溶液稀释	碱性溶液稀释	向酸溶液中加入碱溶液	向碱溶液中加入酸溶液
图像				

题目通常以溶液pH变化为图像纵坐标，横坐标常为加入某物质的质量、反应时间等。解答此类题目时尤其要关注图像起点和终点pH的范围，判断清楚参加反应物质的酸碱性以及加入的先后顺序。

【技巧点拨】 从反应曲线判断是酸加入碱还是碱加入酸：首先要根据图像起点pH的大小来判断起始溶液的酸碱性，然后根据曲线的走势和pH的变化确定加入溶液的酸碱性。

类型2：金属与酸反应生成氢气质量的变化图像

1. 等质量的铝、镁、铁、锌四种金属与足量相同浓度稀硫酸反应（如图 4-2-4所示），用A、B、C、D代表这四种金属。

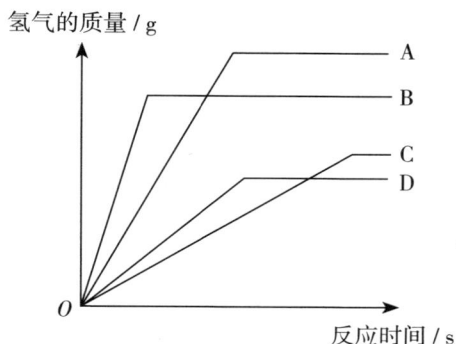

图4-2-4

A是铝，B是镁，C是铁，D是锌

【技巧点拨】等量金属足量酸，小结：越陡越活，越高越小（即曲线越陡金属活动性越强，曲线越高产生氢气越多，相对原子质量越小）。

2. 足量的Mg、Zn、Fe三种金属分别和相同浓度和质量的稀硫酸反应，产生的氢气质量与时间的关系。

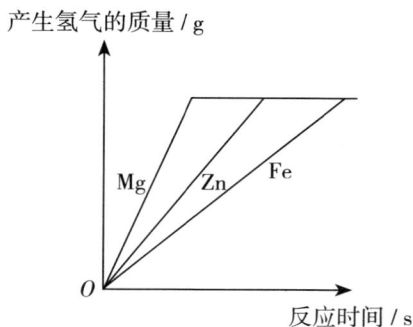

图4-2-5

【技巧点拨】足量金属等量酸，小结：酸不足，等酸等氢。

3. 分别向等质量的铝、镁、铁、锌四种金属中，加入一定质量的稀硫酸，产生气体的质量情况如图4-2-6所示。

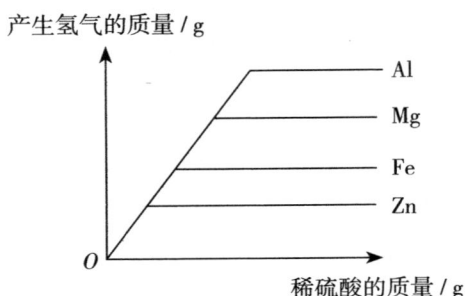

图4-2-6

【技巧点拨】等量金属变量酸，小结：越高越小。

4. 分别向等质量、等浓度的稀硫酸中加入Zn粉和Fe粉至过量，金属的质量与产生氢气质量的关系如图4-2-7所示。

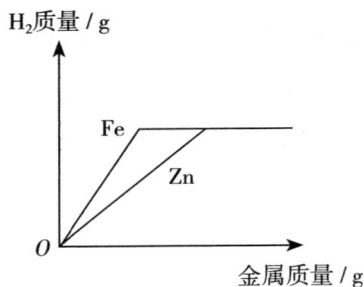

图4-2-7

【技巧点拨】等量酸变量金属，小结：越陡越小。

小结：

表4-2-5

举例	分别向等质量、等浓度的稀硫酸中加入Zn粉和Fe粉至过量	将足量的镁片、铁片分别放入等质量、等浓度的稀盐酸中	向等质量的铝和镁中分别加入足量的稀盐酸	分别向等质量的铁和锌中滴入浓度相同的稀盐酸至过量

续 表

图像				

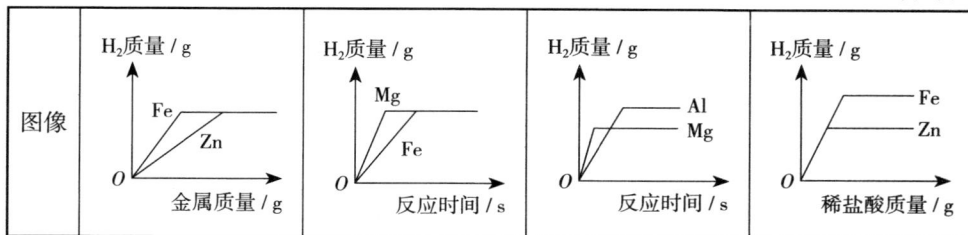

类型3：与影响化学反应速率的因素相关的变化图像

表4-2-6

图像			
分析	催化剂只改变化学反应速率，不改变生成物的质量	其他条件相同，固体颗粒越大，反应速率越慢	其他条件相同，反应物浓度越大，反应速率越快

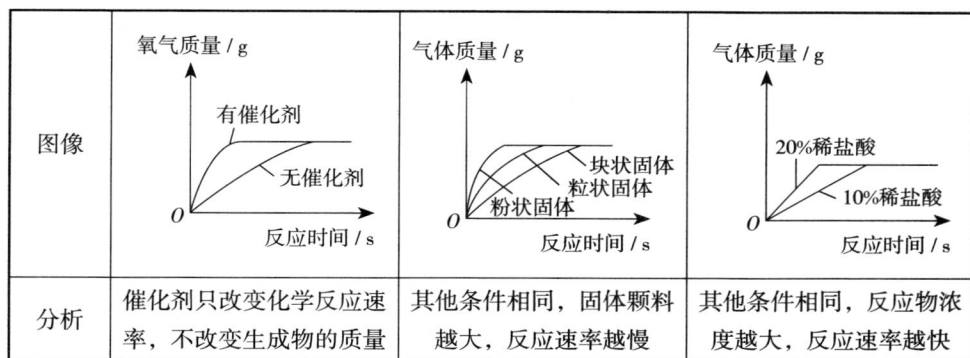

类型4：有关溶解度的图像（如图4-2-8）

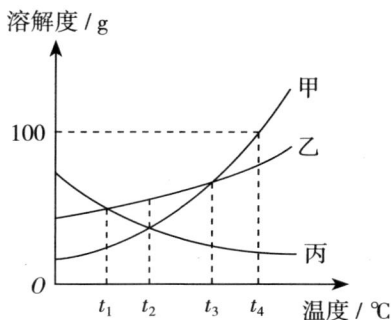

图4-2-8

甲曲线为"陡升型"，乙曲线为"缓升型"，丙曲线为"下降型"。

【技巧点拨】提纯：陡中有缓提纯陡，降温结晶；缓中有陡提纯缓，蒸发结晶。

例1：（2013年深圳中考第7题）下列曲线图的描述正确的是（C）

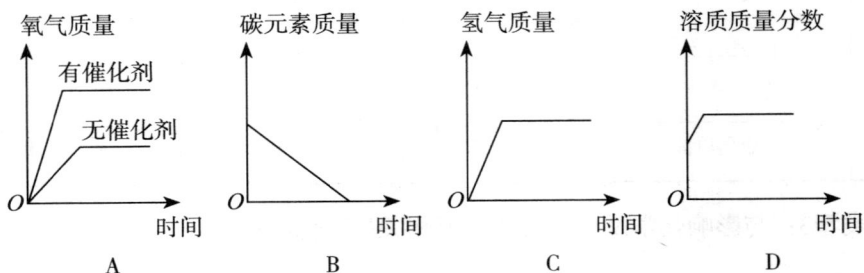

A. 图A表示等质量、等质量分数的双氧水分解，生成氧气的质量随时间变化的关系

B. 图B表示碳在含有氧气的密闭容器中燃烧，反应前后碳元素质量随时间变化的关系

C. 图C表示一定质量的锌粒与足量稀盐酸反应，放出H_2的质量随时间变化的关系

D. 图D表示在恒温条件下往硝酸钾饱和溶液中继续加入硝酸钾固体，其溶液的溶质质量分数随时间变化的关系

例2：（2019年深圳中考第9题）现有t_2℃时的溶液Ⅰ、Ⅱ各100 g，溶液Ⅰ中含物质甲50 g，溶液Ⅱ是物质乙的饱和溶液。物质甲、乙（均不含结晶水）的溶解度曲线如图4-2-9所示。下列说法正确的是（B）

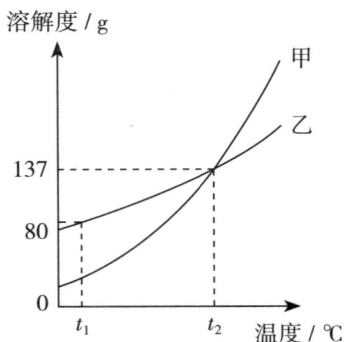

图4-2-9

A. t_2℃时，溶液Ⅰ是甲的饱和溶液

B. t_2℃时，溶液Ⅰ中甲的质量分数为50%

C. t_2℃时，溶液Ⅱ中含乙37 g

D. 从t_2℃降温至t_1℃时，乙不会从溶液Ⅱ中析出

总之，图像题着重考查学生数学思维与化学思维的结合，考生应从图像的"坐标、起点、拐点、终点、走势"五个方面结合来进行分析，从而得出正确答案。特别强调在解答有关金属与酸反应生成氢气质量的变化图像题时，只有横坐标是时间时，才能体现金属活动性强弱。在解答图像题时要注意仔细观察、分析图像，准确理解题意，弄清图像题中与曲线或直线变化有关的量，并且能根据图像中给定的量变关系，依据物质的性质、变化规律或通过计算解答。

（注：此文于2020年6月16日刊登在深圳报业教育传媒集团深学APP名家栏目上）

初三化学中考答题技巧及注意事项

2020年深圳中考即将到来，考生如何在中考中发挥出自己的最高水平，考出好成绩，笔者根据多年教学经验，给考生几点建议。

口号：认真审题、规范答题。慢做会，求全对，抓住中等题，一分不浪费，向规范书写要分数。沉着冷静、遇易不喜、遇难不乱、遇新不慌，重点突破，难题变易。

一、审题

要认真审题，它是快速、准确解答试题的重要环节。每一道题一定要从

头至尾认真读题，一字一句，准确把握题意，才能准确完成题目。仔细研读题目认真审题，看题时应注意的字眼：选择题，要求选"正确"或"不正确"；选"正确"或"错误"；选"是"或"不是"；选"能"或"不能"；选"最高"或"最低"；选"一定"或"不一定"。特别注意莫把盐酸误认为硫酸，符号看成名称，质量算成质量分数，错误的选项看成正确的选项等。

二、合理分配时间

要合理安排答题时间，稳中求快。考试时间紧，不可有先草草做一遍，再检查修改的心理，力求一次成功。时间安排有余地，要有足够时间检查试卷，答卷尽量使用规范语言。切不可为省时间对一看就知的题草草作答，这样容易使会做的题丢分，不会做的题也得不到分。看清题后，不能因为一个题做不出来而影响做其他题，合理分配答题时间。

三、字迹一定要清楚

试卷要保持整洁，特别注意不要将答案写在答题框外。

四、小括号内的要求要看清

小括号经常出现在填空题、计算题中，要看清是让写元素名称、元素符号、物质名称、化学式，还是化学反应方程式等，不能误答，还要看清计算要保留几位小数。试卷上有无未做的题目，尤其是试卷的反面。一定不要丢题、漏填。

五、答题思路要严谨

实验题、探究题、简答题、物质转化流程题要求思维高度集中，每一个步骤要记牢，解题时搞清实验步骤、实验目的，形成一个整体思路。文字叙述要严谨，做实验探究题时要认真阅读，注意题给信息，是少量、足量、适量，还是过量；有无现象，如沉淀、气泡，沉淀的颜色，如白色、蓝色等；溶液的颜色，如浅绿色、黄色、蓝色等，要先取样再操作，描述变化时要用"……变为……"的句式。

六、化学具体题型答题技巧

1. 选择题

选择题做完就涂在答题纸上，以免错行或忘涂。勿将答题纸折损或沾污。熟题要留心，避免思维定式，全当没做过。

2. 实验题：找到实验目的，通读题

化学实验基本操作，弄清楚是制取装置还是收集装置。答填空题时：看清选"是"或"不是"；"能"或"不能"；"一定"或"不一定"，从"大"到"小"或从"小"到"大"，是填序号、填名称还是填化学式等。

3. 物质转化流程题

流程题要读懂题目，运用所学知识及题目所给信息进行答题。

流程题结构：题头（引入信息）→题干（提取信息）→题尾（得到产品）。

流程题解题步骤：阅读题头→找关键字→弄清原料，明确目的；

精读题干→提取信息→弄懂原理，理解操作；

浏览题尾→认真审题→得到产品，规范答题。

4. 计算题：找准已知、所求，分步计算多得分

找准已知、所求，分步计算多得分。综合计算题的评分标准是分步给分的，"不全会不等于全不会"，哪怕写对化学方程式也能得到一定的分数。计算题要注意步骤清晰，解、设、列、答要齐全，相对原子质量要用试卷上的，每步计算注意要带单位。书写格式和单位、有效数字等都应规范。

七、中考化学答题注意事项

从历年答卷情况来看，一些学生由于思想过度紧张，粗心大意，导致得分较低。主要表现在以下几方面：

（1）不按要求答题。如把答案写在密封线外或答题框外，因阅卷老师无法看到而失分。

（2）写错别字。不少考生因写错别字、书写潦草使阅卷老师辨别不清而

被扣分。如"石蕊"写成"石芯"；"碳"和"炭"不分；"饱和"写成"饱合"；"长颈漏斗"写成"长劲漏斗"等。

（3）元素符号、化学方程式、计算单位写错。在化学学科中，每种元素、每种物质都有专用的化学符号，一些考生常将化学符号写错。如元素符号忘记了大小写的原则，化学方程式忘记配平，状态符号漏标注，反应条件未写清等；在化学计算中，有时单位不统一就代入计算，导致答案错误而失分，这都说明考生平时训练不够严格，出错率较高，基础知识掌握得不够扎实，考场情绪不稳定，粗心大意，答题不规范。

八、认真检查，改正错误

做完试卷后，要抓紧时间检查。着重从以下几个方面检查：一要检查试题是否全部答完，有无漏答或没有答全的；二要检查解题步骤是否完整、是否规范，检查时要认真细致，要有耐心，避免出现由于粗枝大叶而造成的一些错误；三要根据实际情况来判断答案是否合理。

（1）先根据自己平时考试曾经出现的问题，有针对性地检查。

（2）查化学方程式（是否配平，是否注明条件，是否标明气体或沉淀符号等）。

（3）查括号内的要求，有无按照括号内的要求作答。

（4）有无未完成的试题，特别是选择题，看试卷反面有没有题未做。

（5）查化学计算，包括相对分子质量的准确性，数据的准确性，步骤的完整性，一定要答。

（注：此文于2020年7月13日刊登在深圳报业教育传媒集团深学APP名家栏目上）

初三化学学习方法指导

化学是学生在初三才学习的一门学科，由于学生的认知程度和学习方法的差别，教学中经常出现部分学生刚开始学习时很有兴趣，也下功夫，但由于学习方法不对，成绩总不理想，学习兴趣逐渐下降的现象，因此加强化学学习方法指导是十分重要的。

一、认真抓好"预习、听讲、观察、复习、记忆、作业"六个学习环节

1. 预习

预习时要注意全面地预习一节教材，把握一节的整体内容，在头脑中形成一个初步整体印象，初步了解将要学习课程的基本内容和思路，巩固原有的相关知识和概念。同时找到教材的重点，画出自己不懂的地方，带着问题听讲，这样既能提高听课效率，又能使自己主动学习。

2. 听讲

听讲是学好化学的关键，非常重要。初三是化学系统学习的开始，只看书而不注意听讲、观察实验和思考，有的知识很难理解。因此，在做好预习的基础上，要集中注意力听课，同时要勤于思考，学会思考，使思维处于高度活跃状态，力争从不同角度去分析和理解所学知识。只有积极思考，才能使自己真正获得知识，实现由感性到理性的飞跃。积极回答和提出问题，因为"有疑才有思，有思才有悟，有悟才能进"。养成"先听后记"的习惯，听课的过程中，做一些笔记是必要的，但"听"和"记"毕竟是两回事。要学会巧妙完整地记笔记的方法，课上一定要养成"先听后记"的习惯，将听到的内容加以思考整理，提纲挈领地记录本节的重点、难点和课本上没有的内容，课后应全面

系统地整理笔记，将易错、易混或对自己有启发的地方以及自己对所学知识的理解、感受作整理记录。这个过程既可以提高每个同学的化学悟性，也可以使学生将知识消化、理解变为自己的知识。

3. 观察

化学是一门以实验为基础的学科，学生要认真、细致地观察老师的演示实验，认真做好每一次分组实验，对实验所用的仪器、药品、装置以及实验原理、步骤、现象和注意事项，都必须弄清、记熟。

在化学学习中，要注重培养自己良好的观察习惯和科学的观察方法。因为这是学好化学的重要条件之一。首先应注意克服把观察停留在好奇和好玩的兴趣中，要明确"观察什么""为什么观察"，尤其要在老师的指导下有计划、有目的地去观察化学实验中所产生的现象。

观察一般应遵循"反应前—反应中—反应后"的顺序，具体步骤是：
①反应物的颜色、状态、气味；②反应条件；③反应过程中的各种现象；④反应生成物的颜色、状态、气味。

观察实验现象要注意以下三点：一是观察反应物与生成物的状态，不要放过物质丝毫的变化；二是把看老师操作与听讲解分析结合，看清应怎样操作和应注意的事项；三是看与想相结合，看的过程中，要弄清为什么要这样操作和为什么会有这样的现象。

近年来的中考考题均突出了对学生实验能力的考查，诸如实验操作、实验设计和评价、实验报告的书写等方面的内容的考查。中考实验题的比例和难度也逐年上升。因此我们在平时的学习中要充分重视实验，要注意对实验目的、原理、操作、现象和结论的理解和掌握。

4. 复习

复习可采用课后复习、周后复习、单元复习、章节复习、综合复习等方式。复习的方法有复述、默写、做练习等。只有通过多次复习才能牢固地掌握知识。现行初中化学课本中有多个基本概念和原理，要求掌握的元素符号有二十多个，还有许多的化学式和化学方程式以及其他一些知识。这些内容都需要大家在理解的基础上记忆，它们多为学习化学的基础，若不能熟记，便会感到在"化学王国里"行走困难。要牢记化学的各个名词、定义，并且要仔细加以区分，比如单质和化合物，纯净物和混合物。复习是一次再学习的过程，是对所学知识进行再加工和提高的过程。

5. 记忆

记忆是知识、技能运用的基石。化学学科中有不少需要记忆的概念、符号、数据、化学方程式等。因此，运用科学记忆法及时复习和记忆，可以起到事半功倍的效果。记忆时应注意把一些枯燥无味且难于记忆的化学知识尽可能趣味化记忆。

常用的记忆方法主要有：

（1）理解记忆法：掌握概念和基本理论时，采用具体分析方法，详细分析适用的条件和范围。如学习溶解度定义时，要掌握四个要点：①一定的温度，②100克溶剂，③饱和状态，④溶解的克数。可概括为："定温百克剂，饱和单位克"。这样分析归纳便于理解和记忆。

（2）歌诀记忆法：针对需要记忆的化学知识，利用音韵编成歌诀，融知识性和趣味性于一体，使其读起来朗朗上口，利记宜诵。如把化合价编成：一价钾钠氯氢银；二价氧钙钡镁锌；三铝四硅五价磷；二三铁，二四碳；二，四，六硫都齐全；铜汞二价最常见。常见原子团的化合价：负一硝酸、氢氧、氯酸根；负二硫酸、碳酸根；负三记住磷酸根；正一价的是铵根。

（3）会意记忆法：把抽象的内容进行自我理解和再加工处理，然后进行巧记。氢气或一氧化碳还原氧化铜的实验操作可会意记作："气体早出晚归，酒精灯迟到早退"。在学习"水的电解"实验时，正极产生氧气，负极产生氢气，对于这个实验现象同学们总是混淆，我们可用谐音"父亲"来记忆"负氢"。

（4）浓缩记忆法：针对一类化学知识或规律，在深刻理解的基础上，选取有代表性的字或词缩略成提纲挈领的骨架进行记忆。如实验室制取氧气的七个步骤可浓缩为"查、装、定、点、收、离、熄"，可谐音记忆为"茶庄定点收利息"。过滤操作中的注意点在理解后可浓缩为"一贴、二低、三靠"。根据化合价写化学式的步骤可概括为：一排顺序二标价，第三约简再交叉。书写化学方程式的步骤可概括为：一写二配三注。根据化学方程式的计算步骤可归纳为：设、写、找、列、解、答。鉴别物质的过程可归纳为：一取样，二配液，三操作，四现象，五结论。

总之，我们应该在学习的过程中根据实际情况，总结出适合自己的记忆方法。

6. 作业

作业是学生巩固和消化所学知识，即学懂会用的体现，通过做题能巩固所学的知识，加深对概念、规律的理解和深化，活化知识；能学习解题方法，发展思维，将知识转化为解决问题的能力。做题的过程是学生思维品质和思维能力再提高的过程，对学生而言，做题后不要满足于解法、答案是否正确，关键在于要理顺所做题目解题的思路、逻辑关系，把握相关知识之间的内在规律，掌握了规律就能驾驭知识，迁移知识。做题还要善于积累，积累包括两个方面，一是成功经验，二是失败教训。可以把平时练习和考试中做错的题目积累成错题集，每隔一段时间把这些题再重新做一遍看看自己是否真正掌握了，把已经掌握的题做上标记进行淘汰，使不会的题逐渐减少，直到减少到零，这样既有针对性，又节省时间，可大大提高学习效率。

对于解题方法，可以想这道题用到了哪些概念和原理，解题的基本方法是什么，不这样解行不行，哪种方法最简捷，这便是"一题多解"。可以想能否通过改变物质、数据、操作顺序或已知条件和未知条件来重新解答，这便是"一题多变"。还可以回忆一下这道题的解题方法与过去做过的题的解题方法有无相同、相似之处，这便是"多题一解"。这样不仅可以加深对知识的理解，也能提高分析问题和解决问题的能力。

二、要学好化学先准备好两个笔记本

一个是"错题本"，专记自己在练习、作业、考试中的错题，分析出错的原因，记下正确和好的解法。另一个是"好题本"，专记一些好题，好的解题方法、解题技巧、解题规律，在考前看一遍能起到事半功倍的效果。

错题大多来自作业和考试。错题放在一起，既可以归类分析，触类旁通，又可以做到举一反三。考试前再翻翻看看，还能加深理解，防止考试中再犯相同的错误。把平时做错的题收入其中，并注明错在哪里，找出原因，每章小结时进行纠错检查交流。养成平时有空翻一翻，考前认真看一看的习惯。

如何正确使用错题本

一本好的错题本就是自己知识漏洞的题典，平时要注意及时整理与总结，在复习时错题本就是最重要的复习资料。错题本的记录内容一般有日期、来源、重要程度、考点、错误原因分析（如审题错误、概念模糊、思路错误、运算错误、粗心大意等）。

1. 分类整理

将所有的错题分类整理，分清错误产生的原因：概念模糊类、粗心大意类、审题错误类等，按错因查找易错知识点，给今后的复习带来便利。

2. 记录方法

注意老师对错题的分析，如解题的切入口、思路突破方法、解题的技巧、规范步骤以及小结等，并在该错题旁写总结，认清思维的错误原因。

3. 必要的补充

对于错题本中的错题，订正好了不等于漏洞补好了，还必须查找资料或课本，找出同类题型并做出解答，杜绝再犯同样的错误。

总之，学习方法有很多种，可能每个人都有自己的方法；同学们只有养成良好的学习习惯，不断总结、不断学习才能进步；循序渐进，锲而不舍，相信大家都能在中考化学上取得好的成绩！

（注：此文于2020年11月3日刊登在深圳报业教育传媒集团深学APP名家栏目上）

初三中考生寒假怎样过

"初三，我好慌，寒假到了，距离中考只剩下100多天了，真的能逆袭吗？最近就是学不进去啊！作业不想做，我好像真的完了……"这是很多初三同学感到焦虑困惑的地方。初三中考前这个寒假，再不自救真的来不及了！过完寒假，初三学生还有四个月就要中考了。对于很多准备不充分的中考生来讲，寒假结束，中考就像突然出现在眼前一般，让人猝不及防，措手不及。那么，初三学生该如何科学、有效地利用这个寒假安排学习和生活，为自己更好应对中考打下坚实的基础呢？

一、首先制订学习计划，认真查漏补缺，狠抓薄弱学科

1. 通过制订学习计划，努力将学习状态调整到最佳，高效率、高质量地完成自己的寒假学习

寒假里，完成寒假作业往往会呈现两个极端：一个是放假前两天拼命把所有的作业都写完，以后的时间光顾着玩，到了开学把知识忘得一干二净；另一种是先尽情玩，直到快开学的前几天才慌忙写作业，保量不保质。因此，寒假要有计划性地安排每天应完成的书面作业，为自己制订一套寒假学习计划，并坚持实施。

根据老师要求制订寒假各科学习计划表，以表格形式将各科作业按照内容每天安排好要完成的任务。每天学习时间最少保持在7~8小时（上课时间包括在内），学习时间最好固定在：上午8：30—11：30，下午14：30—17：30；晚上19：30—21：30。既不要睡懒觉，也不要开夜车；制订自己的学习计划，但主要是以保证每科的学习时间为主。例如：你数学定的是2个小时，但2小时过后任务还没有完成，建议你赶快根据计划更换到其他的学习科目。千万不要出

现计划总是赶不上变化的局面。

晚上学习的最后一个小时建议把安排设置为机动，目的是把白天没有解决的问题或没有完成的任务再补一下。

每天复习，文理分开，优势和薄弱学科交叉进行。不要前赶或后补作业。记住，完成作业不是目的，根据作业查漏补缺，或翻书再复习一下薄弱环节才是根本。

2. 认真、客观地对期末考试进行分析

看看哪些题失了分，弄清失分原因。比如，是基础知识没掌握好，还是学习态度不端正，或者是学习方法、学习习惯不好，要进行全方位的剖析。一般来说，分析试卷需要看以下几个维度：

（1）分析成绩

每次考试的难易程度与考查范围不一，所以分析成绩不能只看分数的高低，而是要与班级平均分比较，明确自己的优势学科与薄弱学科，这样才能根据自身情况，更有针对性地制订下一阶段的学习计划。

（2）分析错题

很多同学对于做错题，都有一个通用的理由：我其实会做，但是不知道怎么回事就是没做对；或者是，我粗心了。其实在学习中，"粗心"二字就是伪命题。粗心，是因为你对知识掌握的熟练度不够。粗心，是因为你对知识的基本概念不清楚。粗心，是因为你学习习惯有问题。总之，"粗心"的根本在于态度不端或者知识点掌握不到位。

所以分析错题的重点在于查漏补缺，找出初三第一学期的学习中，有哪些知识是自己很熟悉的，哪些是基本掌握，哪些是需要在寒假重点攻克的。用错题本将自己的错题原因记录下来。根据以上分析，进一步明确各学科需要着重解决的问题。

（3）分析排位曲线

一般情况下，排名比成绩更有参考意义。初三考试较多，试卷的难度也不稳定，成绩上下浮动其实比较正常。

在这种情况下，建议大家记录自己每次考试的排名情况（包括单科排名、总排名），绘制排位曲线，反省最高值与最低值时自己的学习状态，逐渐总结出属于自己的高效学习方法。

因为寒假时间有限，要坚持"把时间用在刀刃上"，所以，寒假学习中要多补习"瘸腿科目"，对薄弱环节进行加强分析，看看哪科没考好，冷静分析丢分原因，判断该科是不是弱科。如果是，则要抓紧寒假时间，多补弱科基础知识，避免中考时"瘸腿科目"拉分。

二、有计划地梳理学科要点，形成知识体系与纲要结构

分析试卷是基础，重点在于认清自己后，如何抓住寒假突围。成绩落后生要静下心来，加强基本概念和公式的记忆，将教材上的概念、规律、公式等知识梳理一遍。首先可初步整理出各章节中的重点、难点、考点，找到基本概念之间的联系，使每块知识形成体系。其次要将易混淆的概念、规律加强对比、区分，配以适当的练习进行巩固。再次，把重点、难点以及课本中的知识点融汇在一起，理出线索，可以用思维导图形成知识体系以便中考后期复习用。

三、收集和整理做过的错题，选择中考真题及时训练

寒假期间，要有针对性地进行知识复习，尽量多做历年中考真题。在做完一套真题试卷后，要及时核对答案，看看哪些题目丢分，弄清丢分原因。通过做真题可了解中考命题范围、题目深浅以及近年中考题型走势，适应深圳新中考改革。

同时，要把做错的题记录在错题集里，或用红笔做上记号，便于下一次复习。通过有选择性地做中考真题，可以体会和熟悉中考题型，同时对所学知识"融会贯通"，使训练更有效。

四、自律者出众，懒散者出局，自制力决定你能否成功

心理学研究表明：一个人能否成功，自制力的影响是智力的2倍还多。现在想来，逆袭的答案很简单，人人都知道，但能坚持做到的人总是寥寥无几。

多年教学中我发现，很多学生处于假学习、假努力、假作业状态，每天很辛苦却没有效果。经常听到有同学说自己很迷茫，但在目标清晰的初三，你所有的迷茫，都是因为懒。懒得努力，懒得上进，所以，在别人不断提升的同时，你却觉得自己的成绩一次不如一次。懒其实分两种：一种是行动上，一种是思维上。第一种几乎无可救药，因为谁也救不了自暴自弃的人，如果你懒得去做，那就代表，不是你不忙，而是你压根就不想忙。我们常常说：好记性不如烂笔头，其实讲的就是不要懒。别人发奋图强，你在偷懒。别人努力向上，你在放纵。于是，差距就出来了，一点点地出来了。第二种，许多人每天忙得焦头烂额，但收效甚微，那你要注意，是不是你的学习方式要改变呢，你的学习效率不高呢？你应该思考一下，勤思考，不要懒得思考，埋头就干也要时刻总结。

相信你一定听过这样一段话：20岁的贪玩，造就了30岁的无奈。30岁的无奈，导致了40岁的无为。40岁的无为，奠定了50岁的失败。50岁的失败，酿造了一辈子的碌碌无为！

该奋斗的年龄，不要选择安逸，不是每个人都能成为自己想要的样子，但我们都可以努力，努力成为自己想要的样子。没有谁的青春是在红地毯上走过的，你所受过的苦，吃过的亏，担过的责，扛过的罪，忍过的痛，终将变成光，照亮你前行的路。幸福都是奋斗出来的，越努力，越幸运！

决定学习成绩的因素很多，为什么自制力这么重要呢？自律者出众，懒散者出局，自制力决定你能否成功。因为自制力是你的内动力，只有自己有改变的想法，你才有逆袭的可能。从这个寒假开始逆袭！要真学习、真努力、真作业！相信你是最棒的！

2021年新的开始，自律起来，拼搏在今朝，收获在六月！祝初三同学们2021年度过一个有意义的寒假！

（注：此文于2021年1月28日刊登在深圳报业教育传媒集团深学APP名家栏目上）

第三节　家教篇

家长如何关心初中孩子的学习生活

一、问题思考

（1）为什么一样的老师教学，孩子的学习成绩却如此不同？

（2）为什么孩子很努力，学习成绩还是上不去？

（3）为什么孩子很聪明，却学习成绩不理想？

（4）为什么我找了老师给他辅导，学习成绩还是上不去？

（5）为什么初中的孩子很逆反，不听父母的话？

二、初中学生家庭教育应该注意的问题

俗话说"万事开头难"，孩子升入初中，是学业生涯的一次重要转折。对初一学生来说，学校变了，环境变了，同学变了，课程变了，不少学生往往会有一个适应和磨合的过程。与小学相比，初中最大的变化为"三多一少"，即课程多、授课教师多、作业多，休息时间少。"三多一少"说明中学阶段课堂节奏变快了，这时小学原有的学习方法已经不适用了。因此有些学生出现学习压力大、逆反、厌学、与家长发生矛盾、迷恋电子游戏、玩手机微信等一系列现象。出现这些现象的主要原因是我们的家长、老师们不了解孩子们的成长规律，按自己的意愿要求孩子，管理孩子。那么怎样解决这些问题，家长应该如何引导孩子的学习呢？

1. 初中生的生理特点

初中生处于童年期和青年期的过渡时期。这个阶段是孩子生长发育的第二个高峰期，主要表现在身体外形的改变、内脏机能的成熟及性的成熟三个方面。

2. 初中生的心理特点

初中生的情绪经常是两个极端，有时很兴奋，有时很低落抑郁。背后的原因，是进入了"第二反抗期"（第一个反抗期一般在两三岁）。两个反抗期，都是为了寻求自主，第一个是追求身体自主，第二个是追求精神自主。在这个年龄，社会已经把他们看成大孩子了，他们自己也要去寻找这样的心理认同。人长大是一个命题，但长大是很难的。有些父母其实是孩子长大的阻力，尤其是独生子女的父母，只是你自己都不觉得。很多独生子女存在问题，都是因为父母不允许他长大。当一个人感觉不到环境是允许他长大的，他能做的是什么？抗争！那么麻烦来了。家长说东，孩子说西，家长这时候用强力让孩子往东的话，你放心，你打不过他的，我见过太多例子了。聪明的家长是既不说东也不说西，而是说孩子这是你自己的事情，你自己决定吧。孩子一定会选东，因为他知道东是好地方，他之前不选东是因为你选了东。除了硬反抗的，还有软反抗的。孩子不跟你直接反抗，但是他就像熄了火一样，干什么都提不起精神。还有不硬抗也不软抗的，就是转移，天天打游戏，瞅都不瞅你。所以，不要和孩子打这个仗，你一定输。如果父母是沉重的水泥板，压在孩子上面，孩子要长大，他穿不透水泥板，就一定会长歪。放手让孩子长大本来就是我们的目的，但很多家长道理都明白，做起来很难。所以提醒妈妈们，一定要跟着孩子一起长大。在这点上，爸爸们往往做得好一点。

三、初中生家长应如何指导孩子学习

1. 正确和孩子沟通的四个建议

（1）少言。和初中生沟通，话要少一点，因为他会屏蔽你，听不进去。

（2）正确倾听。孩子和你说话时，手上的工作要赶紧停下来，认真听他说，不要打断，听完之后小结一下，确认是不是有误解。

（3）正确询问。孩子和你说假话，一定是你没用心听真话。人都是趋利避害的，讲真话要倒霉谁还讲真话。正确的询问方式：一是问的态度是要帮助他，而不是审问他；二是解除他的心理防御；三是为他保密，不管说什么。

（4）聊天要共情。为什么有的孩子情愿和别人说话，不愿和父母说话？一定是父母说话方式有问题。和任何人聊天，一开口，一定要表达对对方情绪的理解、共情，而不是分析对错。人人都有能力自己解决问题，孩子只是要你共情他，给他力量。

所以家长要做到：①正确面对考分。②认可孩子的努力。③创造和谐的家庭气氛。④不拿孩子与人比较。⑤正面鼓励孩子。⑥欣赏自己的孩子。⑦正确处理网络游戏。⑧克服自身焦虑。

2. 初中生的家长应如何帮助孩子学会学习管理

初中生一定要做的8项学习管理，即学习管理八环节：

（1）计划管理——有规律。

（2）预习管理——争主动。

（3）听课管理——重效益。

（4）复习管理——讲方法。

（5）作业管理——要自律。

（6）错题管理——常反思。

（7）难题管理——会溯源。

（8）考试管理——抓重点。

3. 九段学生的成长方案

如何成为一个好学生，关键在哪里？下面是一个告诉你如何学习，如何成为九段学生的成长方案。

（1）会听课+勤发言+常温习+勤交流+做总结+举一反三+细选择+找差距+做计划

（2）会听课+勤发言+常温习+勤交流+做总结+举一反三+细选择+找差距

（3）会听课+勤发言+常温习+勤交流+做总结+举一反三+细选择

（4）会听课+勤发言+常温习+勤交流+做总结+举一反三

（5）会听课+勤发言+常温习+勤交流+做总结

（6）会听课+勤发言+常温习+勤交流

（7）会听课+勤发言+常温习

（8）会听课+勤发言

（9）会听课

4. 给初中生家长的十条建议

（1）家长要善于倾听孩子的话。

（2）家长要学会交流。

（3）家长要善于发现并欣赏孩子的优点。

（4）家长要合理对待孩子的错误。

（5）家长对孩子的不足要有耐心。

（6）对待孩子家长要树立全面发展的观念。

（7）家长要建立对孩子的合理期望值。

（8）家长要与老师和孩子形成良好的配合。

（9）家长要为孩子树立榜样。

（10）家长要经常学习。

"罗森塔尔效应"产生于美国著名心理学家罗森塔尔的一次有名的实验。他和助手来到一所小学，声称要进行一个"未来发展趋势测验"，并煞有介事地以赞赏的口吻，将一份"最有发展前途者"的名单交给了校长和相关教师，叮嘱他们务必要保密，以免影响实验的正确性。其实他撒了一个"权威性谎言"，因为名单上的学生根本就是随机挑选出来的。8个月后，奇迹出现了，凡是上了名单的学生，个个成绩都有了较大的进步，且各方面都很优秀。

显然，罗森塔尔的"权威性谎言"发生了作用，因为这个谎言对教师产生了暗示，左右了教师对名单上学生的能力的评价；而教师又将自己的这一心理活动通过情绪、语言和行为传递给了学生，使他们强烈地感受到来自教师的热爱和期望，变得更加自尊、自信和自强，从而使各方面得到了异乎寻常的进步。

期待效应表明：每一个人都有可能成功，但是能不能成功，取决于周围的人能不能像对待成功人士那样爱他、期望他、教育他。

最残酷的伤害莫过于对自尊心和自信心的伤害。所以不论你的孩子现在多么"差"，你都要多加鼓励，最大限度地给他能支撑起人生信念风帆的信任和赞美。这样，你的孩子就一定会步入成功的殿堂。父母对孩子越抱有期望，孩子就越会对自己充满信心，就会越努力地使自己的行为符合这种期望。

初中是一个人一生中最关键的成长阶段，性格特点是似懂非懂，迈好初中第一步，顺利度过初中阶段，是每一位家长的心愿。因此，家长必须与学校、老师积极配合，顺利解决学生学习、生活中存在的各种各样的问题。

俗话说，好家长胜过100名教师。孩子的成长、伟人的抚育，必定倾注了父亲、母亲的辛勤汗水和智慧甘泉，也必定闪耀着无可替代的父亲、母亲教育的永恒之光。大家行动起来吧，做最优秀的家长，让孩子的笑脸更灿烂！让祖国的明天更辉煌！让亿万个家庭更幸福、更美好！家长好好学习，孩子天天向上。

（本文是臧奕老师在福田区春晖家长学校上课稿纲要）

①

②

图4-3-1　臧奕老师2020年11月24日在红岭中学园岭部给家长上课照片

图4-3-2　臧奕老师在福田区彩田学校给家长上课照片